U0139141

幼兒行為觀察與記錄

黃世鈺　著

五南圖書出版公司　印行

從一粒沙看世界，

可以觀微知著

再序

在少子化與多元化浪潮的衝擊中，對於幼兒行為進行有目標、有系統的觀察，並輔以書面或動態的歷程紀錄，以增進對幼兒的瞭解，進而作為針對問題、採取一系列適性輔導措施的依據，確有其積極的教育意義；此為「幼兒行為觀察與記錄」向來被列為大專院校幼兒教保相關科系必修學門的主因之一。

《幼兒行為觀察與記錄》一書在初版發行後，陸續接到許多鼓勵；本書最大的特色是：有別於譯著的扞隔與疏離且顯現植基於本土幼兒案例的貼切與熟稔；在兼具學理基礎與實務操作的撰述中，建構讀者整體性的認知概念與實際知能，能理論與實例交相印證，有利於就幼兒的個別差異、採取因材施教的有效輔導。

在「兒童教育與照顧法」研修爭議紛冗、幼托整合工作方興未艾之際，本書是含括幼兒教育與幼兒保育學門、兼容幼兒教保領域、因應未來0~2歲嬰幼、2~5歲幼兒園以及5~6歲國民教育向下延伸一年等各階段適用的教師必備專業素養。

作為一個長久耕耘幼兒教保領域的園丁，撰述專書是教學、研究與推廣工作的綜合成果，期盼讀者能在充分應用之際，仍能持續針砭、提供改進意見，讓作者能更加用功不斷成長，繼續潛心為幼兒教育的學理與實務奉獻棉薄。

黃世鈺 謹識於
樹人醫護管理專科學校幼保科
2008年3月

序

《幼兒行為觀察與記錄》是一本兼融理論與實務、適用於幼兒教育相關學術研究、系科學門研讀、以及提供社會大眾關懷幼兒發展、增進對於幼兒成長瞭解的專業用書。

全書包括文字撰述與案例光碟兩部分，體例上應用學習心理學「統整→分化→再統整」的原理，各章透過認知性的流程圖，在題綱與重點上進行歸納與統整的提示，並透過內文的闡釋與圖例，傳達各章題旨。為配合幼兒園的收托對象，是以2~6歲幼兒的觀察與記錄為主，0~2歲幼兒的案例為輔；同時嘗試在兼融學理認知與實際運用的前提下，以文圖並茂的呈現方式，論述對於幼兒各項行為觀察與記錄的方法和實例，並由前列性的導論引入核心性的闡述，最後以應用性的實例綜結。

前列性導論包括：第一篇幼兒行為觀察與記錄的基本概念，內含第一章幼兒與幼兒行為、第二章幼兒行為的觀察。核心性的闡述包括第二、三篇。第二篇幼兒行為觀察與記錄的主要內容，內含第三章幼兒粗大動作的觀察與記錄、第四章幼兒精細動作的觀察與記錄、第五章幼兒認知能力的觀察與記錄、第六章幼兒語言溝通的觀察與記錄。第三篇幼兒行為觀察與記錄的運用方法，內含第七章依呈現方式區分的方法、第八章依屬性歸類區分的方法、第九章幼兒行為觀察與記錄的要領。應用性的實例為第四篇幼兒行為觀察與記錄的實習案例，內含第十章幼兒行為觀察與記錄應用方法暨表格的實習案例、第十一章幼兒主要行為觀察與記錄的實習案例等。

本書能夠完稿付梓，要感謝產學合作的創世紀幼兒園，提供實徵研究的場所與充分配合；馮一金、黃嘉眉兩位準老師的參與；還有負笈求學的嬌兒痴女，協助蒐集文獻；及五南圖書公司陳念祖副總編的盛邀。

作者才疏學淺，不揣淺陋努力於學術探討與實徵研究、並且以追求學用合一期許撰書，其中不免疏漏，尚祈識者不吝予以斧正，以利修正時參考，不勝感激。

黃世鈺 謹識於

國立高雄應用科技大學師資培育中心

2006年6月

簡 目

詳目

表目錄

圖目錄

第一篇

幼兒行為觀察與記錄的基本概念

第一章

幼兒與幼兒行為

（本章題綱）

第一節　幼兒的界定與特質

一、幼兒的界定
- ㈠法規範圍
- ㈡發展階段
- ㈢醫療照護
- ㈣學制劃分

二、幼兒的特質
- ㈠新生兒
- ㈡嬰兒期
- ㈢幼兒期

第二節　幼兒行為的意涵

一、外顯的行為意涵
- ㈠可觀察的
- ㈡可測量的

二、兼含內隱歷程的行為意涵
- ㈠心理結構的
- ㈡意識作用的

三、心理表徵的行為意涵
- ㈠建構概念的
- ㈡問題檢索的
- ㈢訊息處理的

幼兒期（early childhood）是個體一生發展的基礎，也是個體終生成長的關鍵期（critical period）；在各式各樣的蛻變中，每位幼兒都在具有個別差異的前提下，各自以不同的速度日漸長大。

由於幼兒表達能力有待時間的累積慢慢成熟，因此，在成長過程中，父母、照顧者以及幼兒教師都必須經由各項表現的行為來瞭解幼兒。觀察與記錄（observation & record）是協助瞭解幼兒行為的起步。關懷幼兒，就從行為觀察與記錄踏實做起！

第一節　幼兒的界定與特質

幼兒是一個存在的實體，是生命的初始階段，象徵豐富的生命力、並且蘊含無限的發展可能。由於是初生之犢，幼兒有如白紙般的純潔無邪，深受原生家庭（original family）與生長環境中各項人、事、物所影響。

欲對幼兒行為進行觀察與記錄，有必要先釐清對於幼兒的概念、以及瞭解幼兒的特質。

一、幼兒的界定

對於幼兒的界定，常因行政措施、教育政策與衛生福利觀點各有看法；爰從下列法規範圍、發展階段、醫護照顧與學制劃分等不同向度來瞭解其內涵：

㈠法規範圍

從法規界定的範圍來說，依據內政部「兒童及少年福利法」所述：「……6歲以下兒童，通稱幼兒。」（內政部，2004）。幼兒，是指初生到6歲的兒童。

㈡發展階段

15歲以前泛稱童年（childhood），其中初生到6歲是童年早期（early childhood），亦稱幼兒；7到12歲是兒童（children）；13到15歲是少年（youngster）。

在發展心理學領域，一般稱個體自出生到滿2週歲的一段時間為嬰兒期（infancy）（張春興，2001）。也有稱出生後到2星期間為新生兒階段（即嬰兒階段），包含分娩期與新生期；從嬰兒晚期直到2週歲，稱為幼兒期；從2週歲直到性成熟——女孩約13歲、男孩約14歲間的兒童期，包括2至6歲間的兒童早期、以及6至14歲間的兒童晚期（late childhood）（胡海國譯，1986）。

㈢醫療照護

醫學上通常稱出生到2週左右的嬰兒為新生兒，世界衛生組織（World Health Organization, WHO）係以出生至4週內為新生兒期（neonate period）；而出生後二年間，是乳兒期階段（suckling period），也通稱為嬰兒期，包括：2至6個月的乳兒前期、以及7至24個月的乳兒後期；滿2歲後到6歲入小學以前為幼兒期（babyhood），包括：2至3歲的幼兒前期、3至5歲的幼兒中期、以及5至6歲的幼兒後期（光復書局編輯部，1975）。

㈣學制劃分

現行學制從小學開始納入滿6足歲適齡就學的系統，6歲以前稱為學齡前階段，幼兒為學前教育（preschool education）的對象，泛稱學前幼兒（preschoolers）（見圖 1-1）。

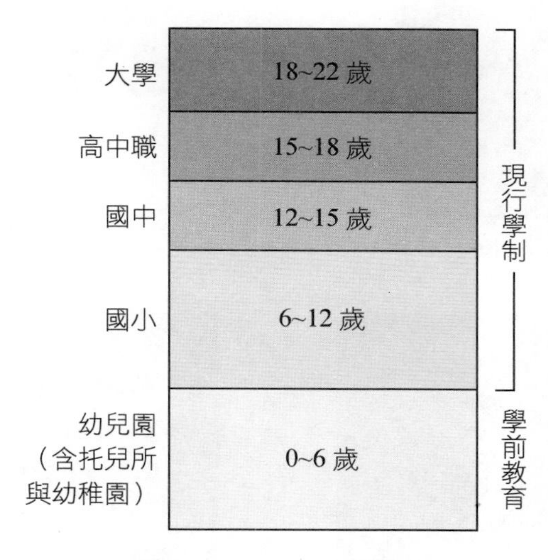

圖 1-1　教育學制圖

本書就童年早期的界定稱出生到滿 6 足歲為幼兒。其中包括：初生到 2 個月的新生兒、2 個月到 1 歲的嬰兒期、以及 2 至 6 歲的幼兒期。依據幼兒的共同與個別屬性，包括：嬰幼兒成長中心、托兒所與幼稚園（統稱幼兒園）等學前機構所接受託護與教育的對象。在幼兒園所中，滿 2 足歲到未滿 3 歲幼兒安置在幼幼班、滿 3 足歲到未滿 4 歲幼兒安

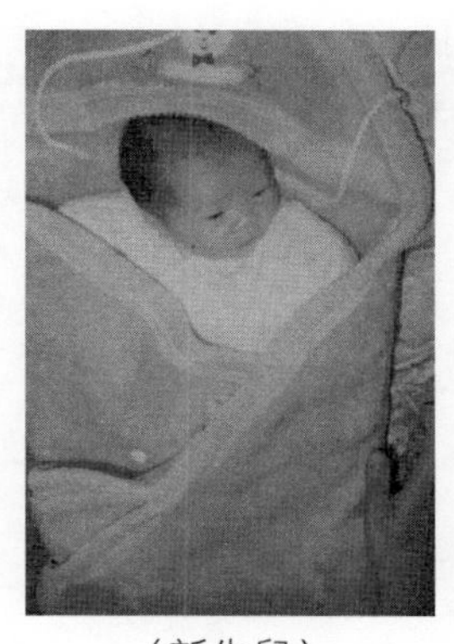
（新生兒）

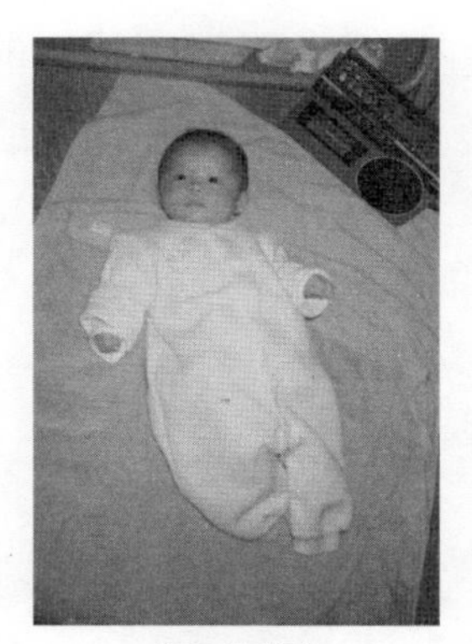
（嬰兒期）

（幼幼班）

（小班）

（中班）

（大班）

置在小班、滿 4 足歲到未滿 5 歲幼兒安置在中班、滿 5 足歲到未滿 6 歲則是大班幼兒。

從學前教育的範圍，本書配合幼兒園收托對象，以 2 至 6 歲幼兒作為行為觀察與記錄的探討樣本。

歸納對於幼兒的各項界定與本書所探討的對象，統整如下表（見表 1-1）。

表 1-1　幼兒的界定與本書的對象

法規範圍	發展階段	醫療照護	學制劃分	本書對象
0至6歲：幼兒	0至6歲：童年早期	出生2或4週：新生兒	6足歲以前：學前幼兒	出生2月：新生兒
		2月至2歲：乳兒期／嬰兒期		2月至1歲：嬰兒期
		2至6歲：幼兒期		2~6歲：幼兒期

二、幼兒的特質

從各項發展進程觀察幼兒行為，可以發現各階段幼兒具有許多共同的生理與心理現象，依照年齡階段，分別具有下列主要的特質：

㈠新生兒

出生到1個月間，從響亮的第一道哭聲開始，揭開肺部和血液自主呼吸運動的首頁，生理發展加速啟動。新生兒的眼球能轉動、手腳是無目的的胡亂揮動；最大的特質是吃和睡，以及與生俱來的反射性動作，和對周遭環境與人物的直覺反應：哭和安詳的情緒。

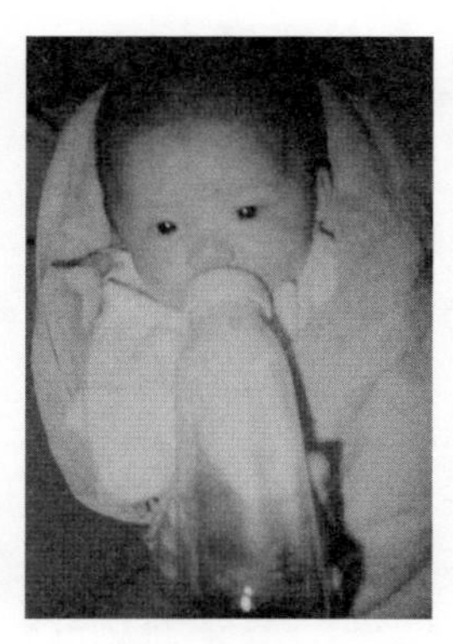

（新生兒的進食）

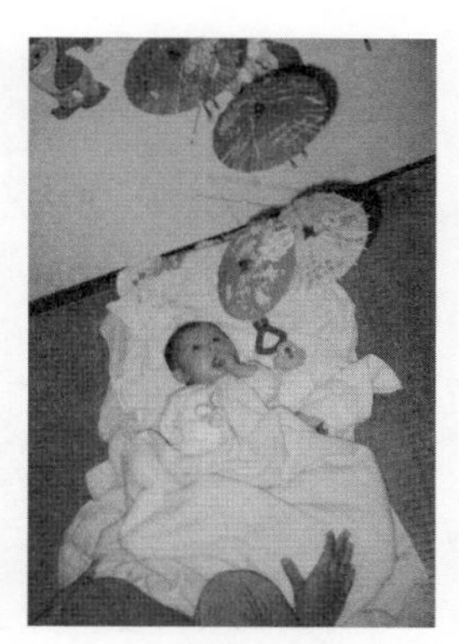

（新生兒眼球能轉動）

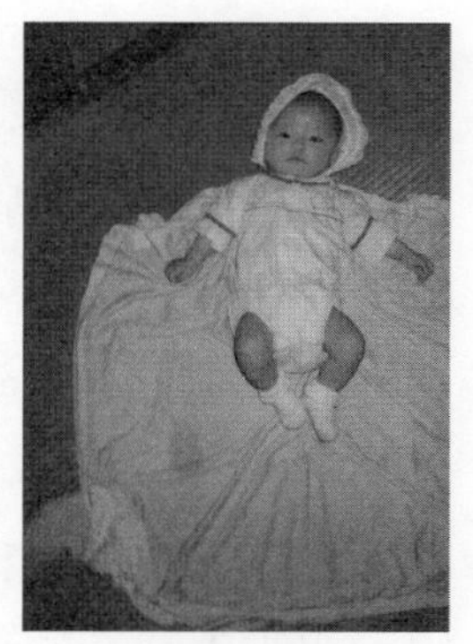

（新生兒手腳無目的揮動）

㈡嬰兒期

滿月到 1 周歲間，嬰兒的睡眠時間逐漸縮短到每天 16 至 20 小時，兩個月左右能開始分辨聲音、水平俯視、對逗弄的人微笑、並發出嗯、啊的無意義聲音；3 至 4 個月頭部能固定、可以在俯臥時抬頭、對色彩有反應、可以把頭轉向聲音的方向、會笑出聲音來；5 至 6 個月能翻身、托住腋下時會伸直雙腳想做站立的準備、會擺動手腳表示歡喜、也開始表示憤怒、透過不同的聲音表達要求、喜歡與大人接觸、做出揮手的姿勢；7 至 8 個月能坐得穩、會匍匐爬行、可以抓住眼睛所看見的、想要的東西、並且換手持物。

（俯臥時能抬頭）

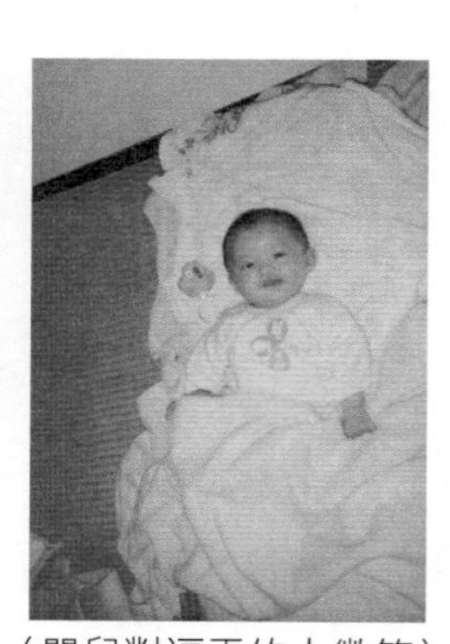
（嬰兒對逗弄的人微笑）

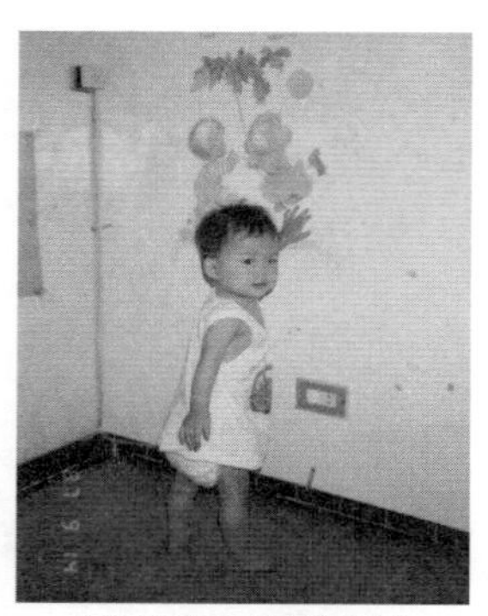
（做出揮手的姿勢）

9 個月以後直到 2 歲間，能扶著慢慢走、視野從平面轉向立體、更表現出對新奇事物的好奇心、會發出重複的雙唇音，如：爸爸、媽媽、怕怕等，且會重複和故意做出引起成人注意的動作等。

（能坐得穩）

（能扶著慢走）

㈢幼兒期

2 歲以後到 6 足歲前進入幼兒園階段，幼兒從拉雙手蹣跚學步走向爬梯上下、雙腳站立到單腳式的金雞獨立；手部由握－拍－抓－拿－取等較大動作，逐漸表現挖－挑－執－敲擊等細步的手指活動，會隨意拿筆從無目的的塗鴉、畫線、畫圓，慢慢畫出臉、身體和腳；從堆 2 塊－4 塊－8 塊、以至於立體建構的積木造型等，各項拼排、拆組和發聲或動感的玩具，都是幼兒遊戲和成長的重要「恩物」（gift）；健康、均衡與整體性的發展，是幼兒期奠定未來成長最重要的特質。

（幼兒能嘗試敲擊活動）

（小指肌肉的拼排工作）

歸納前述特質，就 Havighurst（1972）所揭櫫的「發展任務」（development task）觀，認為社會對於個體年齡成長的程度所期待達到的發展水準（張春興，2004），分別統整皮亞傑（Jean Piaget, 1896~1980）認知發展階段理論（cognitive developmental stage, 1962）、佛洛伊德（Sigmund Freud, 1856~1939）人格發展理論（personality development, 1930）與艾里克森（Eric H. Erikson, 1902~1994）心理社會發展理論（psycholosocial development, 1963），有關對於幼兒的特質的研究如下（見表 1-2）。

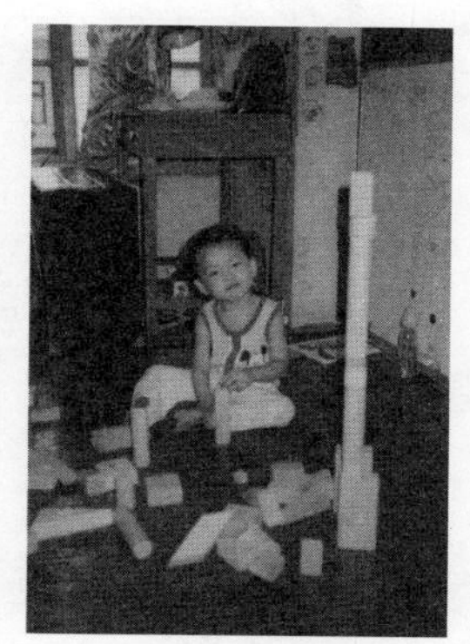
（建構性的積木造型）

表 1-2 幼兒的特質

年齡	發展階段	特質		
		認知發展	人格發展	社會發展
0至2（或）4週	新生兒			
2（或）4週至2歲	嬰兒期	感覺動作期：透過視／聽／觸等感覺與手的動作吸收外界知識	口腔期：靠吸吮／咀嚼吞嚥等口腔活動獲得滿足	信任／不信任：滿足依附性、具有安全感 自主行動／羞怯懷疑：自信負責
2至6歲	幼兒期	前運思期：不合邏輯的運思方式，集中於單一面向／缺乏守恆概念；無法反向思考／不可逆性；自我中心	肛門期：排泄的快感經驗，適度的自制與生活習慣培養 性器期：對自我性器好奇與觸摸，有手淫現象	自動進取／退縮內疚；好奇負責／缺乏自信

第二節 幼兒行為的意涵

從心理學的觀點探討幼兒行為，由於各學派的不同主張而產生各種論點（張春興，2004），對於幼兒行為的意涵，分別敘述如下。

一、外顯的行為意涵

古典行為論（classical behavior theory）者如：華森（John B. Watson, 1878~1958）、斯肯納（Burrbus F. Skinner, 1904~1990）等人認為：行為是可以觀察、可以測量的外顯反應或活動（explicit reaction / activity），因

此可以透過刺激與聯結的方式，有計畫的培養幼兒行為。

教育上，強調幼兒早期學習經驗的「銘印」（imprinting）現象，小鴨在被母鴨孵生後，首先安排和木頭鴨在一起，第一次看到會動的木頭鴨媽媽，很快的便對這些刺激產生依附性，慢慢模仿出一連串類似機械性的動作，連活生生的鴨媽媽都不容易取代（洪蘭譯，1999；Hess, 1959, 1973）。

二、兼含內隱歷程的行為意涵

新行為論（neo-behavior theory）者如：霍爾（Glanville S. Hall, 1844~1924）、托爾曼（Edward C. Tolman, 1886~1959）等人認為：刺激與反應之間包含著許多複雜的歷程，內隱性的心理結構、意識作用、記憶與心像等中介歷程、中間變項及假設概念等，均應列於行為考慮之內（張春興，2004）。

實驗室裡，白老鼠把原先在迷宮裡左跑右跑、隨機並探索碰觸的經驗聯結成為對於方位的概念（placement concept），在腦中形成認知地圖，於是獲得對於迷宮的整體認識，學到走出迷宮的方法（Davies, 2000）。

（幼兒知道要踮起腳尖，才能把好吃的點心送進嘴裡）

三、心理表徵的行為意涵

認知論（cognitive theory）者如皮亞傑、布魯納（Jerome S. Bruner, 1915~）等人認為，行為是經由知覺、學習、記憶、思考、推理、判斷等心理活動與表徵的歷程，具有注意、概念、問題檢索與訊息處理等意義。

在幼兒拼排或搭建積木時，腦海中所具有的建構與鷹架（construct & scaffolding）概念，是幼兒不按邏輯推理方式的直覺思維（intuitive thinking）、理解、發現進而創意的表現（Hughus, 2002）。

（專注的吹泡泡行為結合了知覺、學習、記憶、推理、判斷等心理歷程）

綜言之，心理學上認為行為是個體所表現的一切活動，幼兒行為意指幼兒所表現的一切活動。個體早期的行為多基於遺傳上事先設定的「固定行為型態」（fixed-action patterns），在出生後，經早期接觸的原生家庭環境中的人、事、物，所「釋放的刺激」（releasing stimuli）啟動，進而表現出各種行為（Squire & Byrant, 2003）。幼兒的行為可以依循漸進演化的發展階層而被不斷的重組與塑造，在分化和成長中，遺傳的機制和環境的潛移默化不斷地交互作用，使幼兒的行為具有成熟學習與認知成長的蘊義。

此外，在幼兒日常行為表現中，還有可能出現規則性與不規則性行為（regular & irregular behavior）的現象。規則性行為是指會例行性、經常性出現的個體活動，例如：飢餓、口渴、疲倦、睡眠等，具有共同性、集體性與常態化行為的傾向；不規則行為是指非例行性、並非經常性出現的個體活動，例如：驚嚇、恐懼、哈哈大笑或焦躁不安等，具有獨特性、個別性與特殊化行為的特質。

幼兒行為的發展隨著生、心理年齡的增加，漸進成熟與日益成長。各項作為進行觀察與記錄的關鍵行為，亦隨之由單純而複雜，並具有更多元的意涵。針對幼兒行為進行觀察與記錄，一向是具體關懷幼兒成長與發展的重要趨勢。然而，成長中的幼兒其行為表現，固然可以依循發展的脈絡掌握規則性行為，亦存在諸多突顯個別差異的不規則行為。

準此，本書依據發展的學理基礎探討幼兒行為的意涵，對於幼兒行為觀察與記錄的取向，主要從：粗大與精細動作發展、知覺能力、語言溝通等層面著手，並衍伸於社會性、知覺、情緒等方面的觀察與記錄，期使能對幼兒行為具有具體性的瞭解，並提供適性適需的輔導，以利於幼小銜接的轉銜教育、以及後續的學齡教育與輔導工作的準備。

本章重點

幼兒

重點一

一、幼兒的界定

㈠法規範圍：

6 歲以下兒童，通稱幼兒。

㈡發展階段：

出生到 6 歲是童年早期，稱為幼兒。

㈢醫療照護：

新生兒：出生~2 或 4 週；幼兒期／乳兒期：2 月~2 歲；幼兒期：2~6 歲。

㈣學制劃分：

6 歲以前稱為學齡前階段，幼兒為學前教育的對象，泛稱學前幼兒。

章-節-項：1-1-1

重點二

二、幼兒的特質

㈠新生兒：

最大的特質是吃和睡、以及與生俱來的反射性動作、和對周遭環境與人物的直覺反應：哭和安詳的情緒。

㈡嬰兒期：

1. 感覺動作期：透過視／聽／觸等感覺與手的動作吸收外界知識。
2. 口腔期：靠吸吮／咀嚼吞嚥等口腔活動獲得滿足。
3. 信任／不信任：滿足依附性、具有安全感。
4. 自主行動／羞怯懷疑：自信負責。

㈢幼兒期：

1. 前運思期：不合邏輯的運思方式，集中於單一面向／缺乏守恆概念；無法反向思考／不可逆性；自我中心。
2. 肛門期：排泄的快感經驗，適度的自制與生活習慣培養。
3. 性器期：對自我性器好奇與觸摸，有手淫現象。
4. 自動進取／退縮內疚；好奇負責／缺乏自信。

章-節-項：1-1-2

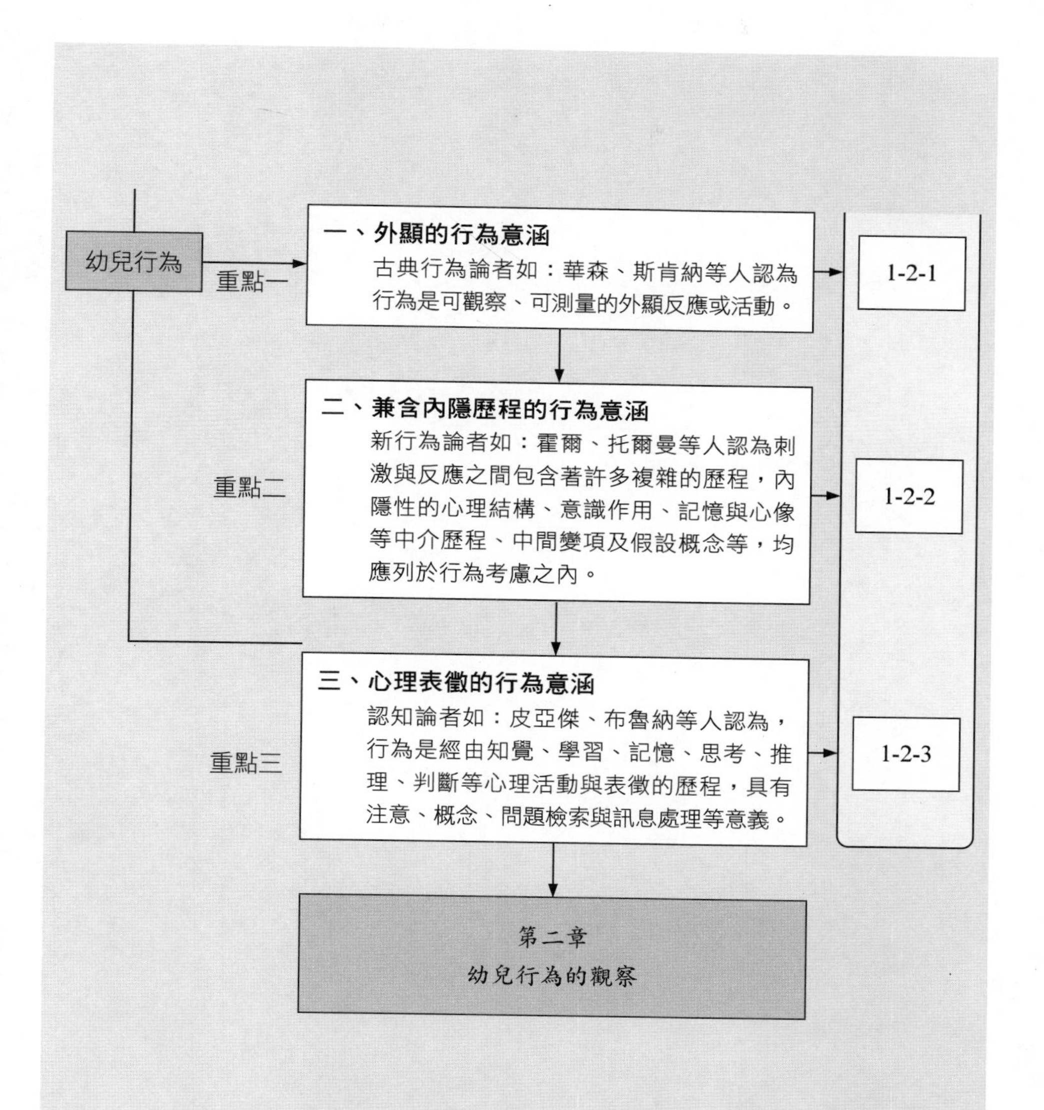
幼兒行為
重點一
一、外顯的行為意涵
古典行為論者如：華森、斯肯納等人認為行為是可觀察、可測量的外顯反應或活動。
1-2-1
重點二
二、兼含內隱歷程的行為意涵
新行為論者如：霍爾、托爾曼等人認為刺激與反應之間包含著許多複雜的歷程，內隱性的心理結構、意識作用、記憶與心像等中介歷程、中間變項及假設概念等，均應列於行為考慮之內。
1-2-2
重點三
三、心理表徵的行為意涵
認知論者如：皮亞傑、布魯納等人認為，行為是經由知覺、學習、記憶、思考、推理、判斷等心理活動與表徵的歷程，具有注意、概念、問題檢索與訊息處理等意義。
1-2-3
第二章
幼兒行為的觀察

第二章

幼兒行為的觀察

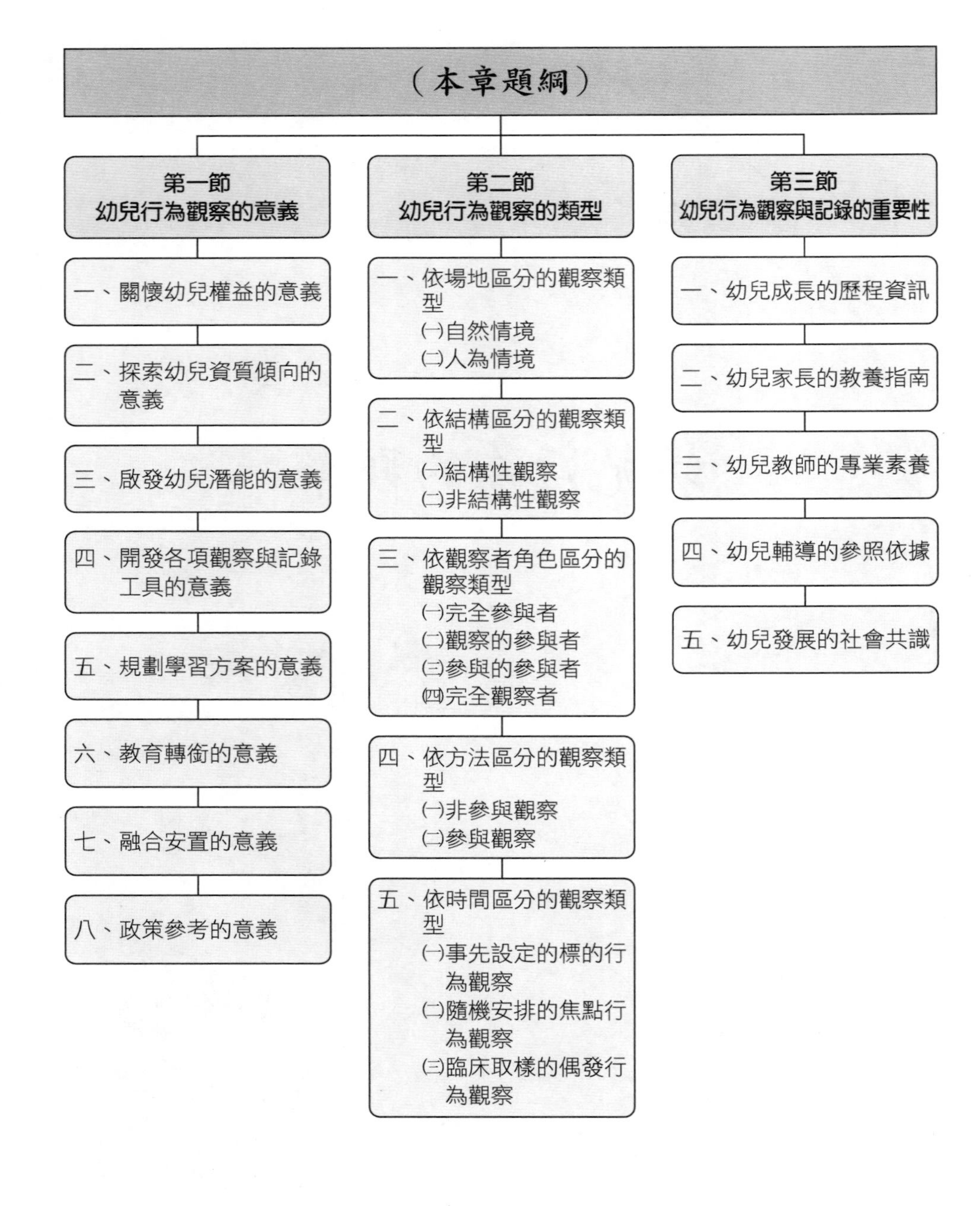
（本章題綱）
第一節
幼兒行為觀察的意義
一、關懷幼兒權益的意義
二、探索幼兒資質傾向的意義
三、啟發幼兒潛能的意義
四、開發各項觀察與記錄工具的意義
五、規劃學習方案的意義
六、教育轉銜的意義
七、融合安置的意義
八、政策參考的意義
第二節
幼兒行為觀察的類型
一、依場地區分的觀察類型
(一)自然情境
(二)人為情境
二、依結構區分的觀察類型
(一)結構性觀察
(二)非結構性觀察
三、依觀察者角色區分的觀察類型
(一)完全參與者
(二)觀察的參與者
(三)參與的參與者
(四)完全觀察者
四、依方法區分的觀察類型
(一)非參與觀察
(二)參與觀察
五、依時間區分的觀察類型
(一)事先設定的標的行為觀察
(二)隨機安排的焦點行為觀察
(三)臨床取樣的偶發行為觀察
第三節
幼兒行為觀察與記錄的重要性
一、幼兒成長的歷程資訊
二、幼兒家長的教養指南
三、幼兒教師的專業素養
四、幼兒輔導的參照依據
五、幼兒發展的社會共識

觀察是透過感官知覺的瞭解歷程。幼兒行為觀察是指針對某一位或某一群幼兒的焦點行為，採取包括：看見、聽到、觸摸、思考、發問、動作等個別性或綜合性的活動，具有集中注意力進行持續性、計畫性的蒐集個案資料的特性。

第一節　幼兒行為觀察的意義

就實質成效而言，進行幼兒行為觀察具有：關懷權益（concern children's right）、探索資質（exploring specialty）、啟發潛能（inspiriting potential）、開發工具（developing tools）、規劃方案（planning program）、教育轉銜（educational transition）、融合安置（inclusive placement）與政策參考（reference for policy）等積極性的意義。

一、關懷幼兒權益的意義

幼兒有被關懷的權益，在觀察中，幼兒受到關注與重視，不論是否覺察被觀察，經由觀察行為的歷程中所發現的諸多現況，是提供瞭解、接納與改進的第一手寶貴的資料。

基於發展的現象與個別差異的事實，透過有計畫、有目標的行為觀察，能夠有助於、並確知幼兒成長的實況，以利於選擇和提供各項早期介入的重要依據。

（觀察使幼兒更受重視與尊重）

二、探索幼兒資質傾向的意義

經由觀察，能夠發現幼兒的各項發展傾向；透過觀察歷程中的教育試探，能突顯幼兒在認知能力、社會性、溝通技巧、大小肌肉能力及粗大、精細動作表現的個別內在與個別之間的差異（intra- & inter-difference），是父母與幼兒教師採取各項充實或補救輔導的關鍵起點。

（觀察是探索幼兒資質的利器）

三、啟發幼兒潛能的意義

從觀察幼兒行為，能夠發現幼兒各項殊異的潛能，規劃適性輔導，是進一步有效啟發幼兒日後成長與輔導的主要途徑。

雖然尚在萌發階段，卻能透過系統化與專業性的觀察與記錄，從幼兒的常態與規律性的同質性行為表現裡，得窺幼兒潛藏的異質性稟賦；並能透過學理上的分析，呼應發展階段的常模，證諸具體性的行為表現，歸納幼兒可貴的發展潛能。

（觀察有助於發現幼兒的潛藏資質）

四、開發各項觀察與記錄工具的意義

在實務性的觀察記錄進程中，能發現歷次實施過程的優劣得失；同時因為時序更迭與幼兒生長發展的成熟度，將促使工具依循實際輔導需求進行必要的編修。

再者，為求能精緻地掌握各階段幼兒已表現的，或依然潛藏的特殊稟賦，進行更深入與細部化（depth & cells）的研究，配合需求、與時俱進地開發各項觀察與記錄工具、建立可以參照的評準（reference criterion），從幼兒日益豐富的行為表現中，提供更多元的觀察記錄，奠定實施幼兒教育的良好基礎。

（學習活動觀察也是一項評量歷程）

五、規劃學習方案的意義

緊接於觀察結果的解釋與發現，能夠依循課程本位評量（curriculum-based assessment, CBA）的原理，據以規劃學習方案，正向引導幼兒從日常學習與活動中，常態而自然漸進地潛移默化。

（觀察是學習方案的規劃基礎）

從教育與輔導的觀點，經由觀察能啟示規劃幼兒學習方案的內容向度與活動指標，亦引導學前教育的教學內涵與重點，落實觀察的功能。

六、教育轉銜的意義

轉銜是各階層教育中不可或缺的橋樑，針對幼兒行為進行觀察，可以評量幼兒發展與成熟的水準，瞭解合乎每一成長階段的水準，作為進行輔導與轉銜的考量依據。

相對於特殊需求幼兒，不論是資質優異（gifted preschoolers）或發展遲緩幼兒（developmental delay children），經由行為觀察的發現，能提供幼兒參與提早入學鑑定（early admission），或辦理延緩就讀（delay studying）國小一年級時可貴的事實資料。

（觀察是轉銜教育的考量依據）

七、融合安置的意義

經由觀察幼兒行為，能從觀察題項的內涵與取樣對象中，瞭解幼兒多元與歧異性的生長背景所導致的文化差異、以及對幼兒潛在影響。對於探討幼兒成長與學習的環境因素，包括：文化刺激與城鄉差異、不同背景父母的教養態度……等，均能從幼兒的行為表現中，透過觀察覺察其異質性與差距程度，對於學前階段的多元族群與常態化相處，深具融合安置的目的。

同時，經由幼兒行為觀察，激發幼兒教師探討融合教學情境中各項輔導策略，進一步探討適性的個別化輔導措施，對於學前教育推展文化不利（cultural disadvantage）或特殊需求（special needs）幼兒的融合安置，更具前瞻性。

（觀察能協助適性的融合安置）

八、政策參考的意義

進行幼兒行為觀察能彙集各項幼兒生長發展的進程與資訊，匯聚為政策擬定與實施的重要參考；並能作為落實幼兒教育成效的具體行動。

就行政實施的觀點而言，幼兒行為觀察是臨床的第一手資料，最直接能反映各項政策實施的影響和成效；幼兒行為的具體呈現、更勝於口語陳述與表達，能充分彰顯政策實施的利弊得失。

針對幼兒行為進行觀察具有多元與多重的意義，不僅是幼兒教師與父母，必須對於幼兒行為觀察培養執行的專業知能；對於所有關懷幼兒教育者，也應當對於幼兒行為觀察具有普遍性的通識素養（common sense）。

第二節　幼兒行為觀察的類型

綜述王文科（2001）、Frankel 和 Wallen（2003）的研究，觀察的類型，可因依據場地、結構、參與程度以及方法等向度加以區分。各類型性質與內涵統整如下：

一、依場地區分的觀察類型

包括：自然情境（natural setting）和人為情境（artificial setting）兩類。

（幼兒在自然情境中操作與互動）

自然情境就是已經存在的實際環境或是未經任何刻意安排和規劃的情境，例如大自然、原野的空間，以及幼兒日常的生活環境，幼兒已經習以為常在其間活動，但是並未因某種目的而刻意加以安排。

人為情境則是有目的的設計與規劃，為了達成某項目標而加以安排情境，例如因應研究所需的實驗情境就是一種人為情境；行為主義泰斗 Skinner 為瞭解制約反應研究而設計的「桃花源記」（Warden Ⅱ）就是有名的人為實驗情境。

二、依結構區分的觀察類型

包括：結構性觀察（structured observation）和非結構性觀察（unstructured observation）。

結構性觀察是指在預設的目標下，使用相關的工具，例如：量表、測驗或檢核表等，依照既定的方法、程序和步驟，逐一進行所欲觀察與記錄的目標行為之歷程；通常應用於觀察規則性、常態性與易於掌控影響因素的幼兒行為。

（結構性觀察能明確地達成目標）

非結構性觀察具有相當的彈性，沒有事先預設目的、工具、方法，由觀察者隨機、適性對於特定目標進行觀察；常用於不規則性、突發性的幼兒行為。

（透過遊戲能進行非結構式觀察）

自然情境與非結構式情境隸屬於自然式觀察（naturalistic observation）的範疇，觀察者只是記錄自然發生的幼兒行為，不進行任何操弄或掌控，例如幼兒在活動室裡的自然互動，觀察者不進行任何介入。認知心理學家 J. Piaget（1896~1980）是自然主義式觀察的服膺者，許多有關幼兒活動與發展的學理，都源於在自然情境中對於幼兒行為進行非結構式的觀察而發現與展開。

場地與結構觀察經常配合應用，形成：非結構性的自然情境（完全非結構性的田野研究，completely unstructured field study）、結構性的自然情境（結構性田野研究，structured field study）、非結構性人為實驗情境（非結構性實驗分析，unstructured laboratory analysis）與結構性人為實驗情境（完全結構性實驗觀察，completely structured laboratory observation）四種觀察類型（見表 2-1）。

表 2-1　觀察類型

	自然情境	人為情境
非結構性	完全非結構性 田野研究 1	非結構性 實驗分析 2
結構性	結構性 田野研究 3	完全結構性 實驗觀察 4

資料來源：取自王文科（2001），教育研究法，頁 359；Bailery, K. D.（1987）, *Methods of social research*, 244, New York: The Free Press Copyright 1987 by The Free Press.

三、依觀察者角色區分的觀察類型

包括：完全參與者（complete participant）、觀察的參與者（participant-as-observer）、參與的觀察者（observer-as-participant 以及完全觀察者（complete observer）。

㈠完全參與者

以裝扮角色（role pretense）隱藏觀察者的身分，深入觀察情境，儘可能與被觀察者自然的交互作用，在觀察過程中要抽離可能的影響，以中立持平的態度，蒐集預期的觀察資料；是可能獲得最多與最真實的第一手資料者。

（完全參與可置身幼兒情境真實感受）

㈡觀察的參與者

並不隱諱觀察者的身分，參與被觀察者的所有活動，常被應用於正式性的一人訪問式晤談（one-visit interviews），在資料蒐集上，要避免有意的提示性影響與未經覺察的誤解。

㈢參與的觀察者

在觀察前明確告知角色與目的，在進行觀察過程中，置身觀察場地，從自然互動裡彙集相關資料。

㈣完全觀察者

在場地之外，可能透過觀察窗（observational window）、視訊或攝錄影機，同步瞭解被觀察者的行為。

前述四項觀察類型對於幼兒行為觀察的情境投入程度，由上而下，排序如圖 2-1。

四、依方法區分的觀察類型

包括：非參與觀察（nonparticipant observation）、參與觀察（participant observation）兩類。

㈠非參與觀察

是指不進入情境的觀察、不與被觀察者產生互動的觀察；具有自然觀察、模擬觀察（simulation observation）的性質。

自然觀察是指隨著幼兒行為的自然發展與表現，在自然情境中進行觀察。

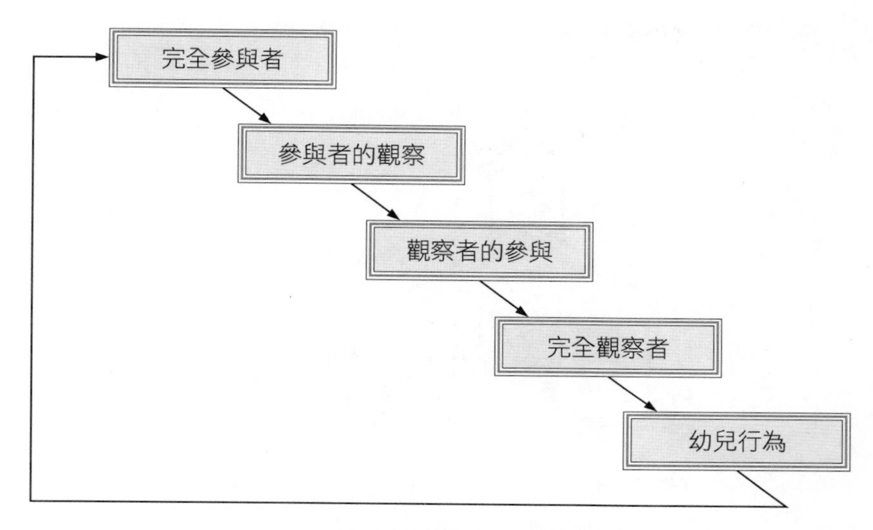

圖 2-1　各項觀察類型對幼兒情境的投入程度

模擬觀察針對無法或不常在自然情境中發生的行為，創設特有的情境進行觀察。除能控制干擾觀察的因素外，也適用於進行觀察者訓練。在教育上的運用，以個人角色扮演（individual role playing）與小組角色扮演（team role playing）最常見。

㈡參與觀察

觀察者身在情境中，以第一線的體會作為直接觀察的後盾，對於資料的真實性，容易建立說服的立論和發現。

參與觀察兼融外顯的（overt）與內隱的（covert）型態，依照觀察預期達成的目標，選擇採用。

觀察幼兒行為，有時候是幼兒教師在班級或學習情境中，帶領幼兒進行各種活動時同時進行；或是父母在家庭中，藉著親子間互動時觀察幼兒，都是典型的參與觀察。研究人員或是教師接受職前訓練、進行實習活動時，以及部分家長透過影帶觀察幼兒課室活動和學習表現時，則多屬於旁觀式的非參與觀察。

（觀察是獲得第一手幼兒行為資料的主要途徑）

五、依時間區分的觀察類型

包括：事先設定的標的行為（target behavior）觀察、隨機安排的焦點行為（focus behavior）觀察與臨床取樣（clinical sampling）的偶發性行為觀察（occasional behavior）三類。

㈠事先設定的標的行爲觀察

是依照有系統的規劃，為了達成某項目標而逐步進行的歷程；例如：結構性的研究計畫、縱貫性或橫斷性個案調查（longitudinal or cross-section case survey）等。

㈡隨機安排的焦點行爲觀察

是在幼兒活動場地中，就整體性的行為表現，視觀察者動機，針對某項具有明顯特質的幼兒行為持續進行關注的歷程；例如：例行性與規則性的幼兒日常行為、共同的生活習慣、或是課程活動中的操作表現等。

㈢臨床取樣的偶發行爲觀察

是觀察者置身現場後，由於幼兒臨床表現，針對幼兒突發性、隱藏性或互動性行為，才決定選取觀察的行為樣本，緊接著進行觀察的歷程；例如：幼兒在遊戲中的爭執、合作與衝突、或不經意顯露的特殊習癖等。

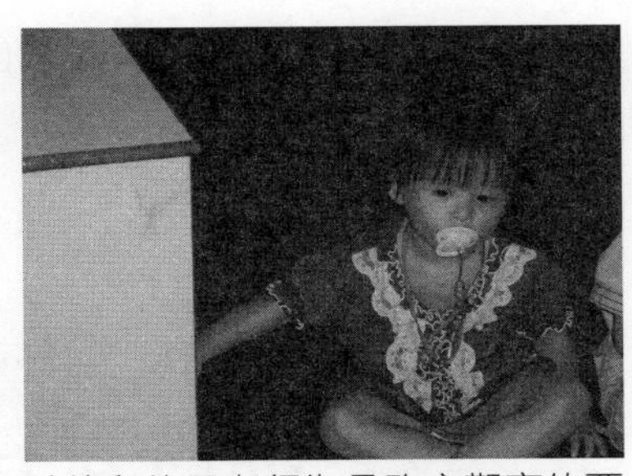

（幼兒的思考行為是臨床觀察的要項之一）

就幼兒教師每天的作息流程與父母居家親子相處的規律性而言，依照時間區分幼兒行為觀察類型，能務實性的達到瞭解幼兒規則性與不規則性行為的目的，對於某些潛藏的行為傾向，也有出乎意外的發現，是幼兒心理輔導上重要媒介。

為便於使用，將前述各項觀察類型統整如下（見表 2-2）：

表 2-2　各項幼兒行為的觀察類型

區分	觀察類型	
1. 依場地區分	⑴自然情境觀察	⑵人為情境觀察
2. 依結構區分	⑴結構性觀察	⑵非結構性觀察
3. 依觀察者角色區分	⑴完全參與者	⑵觀察的參與者
	⑶參與的觀察者	⑷完全觀察者
4. 依方法區分	⑴非參與觀察	⑵參與觀察
5. 依時間區分	⑴事先設定的標的行為觀察 ⑵隨機安排的焦點行為觀察 ⑶臨床取樣的偶發行為觀察	

在觀察幼兒行為時，不論採用何種觀察類型，都必須儘量避免產生以及消除觀察者效應（observer's effect）、降低觀察者的影響（observer impact）、以及經由觀察者期待（observer expectation）或觀察者偏誤（observer bias），所衍生的觀察誤差（observer mistake）與混淆（contamination）。

第三節 幼兒行為觀察與記錄的重要性

幼兒天真無邪，從牙牙學語到滔滔不絕，幼兒的行為通常會直接顯露其內在意象；也由於經常幼兒表裡如一的通性，有許多時候，可以從幼兒的行為表現瞭解幼兒的想法。幼兒養護與教育者最寶貴的教養經驗，大多來自於和幼兒相處歷程中觀察幼兒行為的收穫；而進一步將觀察的發現加以記錄，則形成傳遞經驗、縮短探索與嘗試的最佳捷徑。因此，對所有關懷幼兒成長發展的人而言，觀察與記錄幼兒行為遂成為必修的入門課程。最主要的原因，就在於體認觀察與記錄幼兒行為是和幼兒最初、最早的溝通橋。

經由觀察與記錄幼兒行為，其重要性可就人的角度，分別從對幼兒、家長、教師、行政措施、以至於對整體社會的影響，闡述有關對於幼兒成長的歷程資訊、幼兒家長的教養指南、幼兒教師的專業素養、幼兒輔導的參照依據、幼兒發展的社會共識等項如下：

一、幼兒成長的歷程資訊

觀察與記錄幼兒行為能漸進與形成性的匯聚幼兒成長歷程中各項資訊，是顯現幼兒發展脈絡、瞭解幼兒個別差異的成長寫真。經由觀察與記錄幼兒行為的線索，可以發現幼兒的同質與異質性。在參照主流社會一般大多數幼兒的常模下，尤能統整幼兒發展的序階與速度，釐清遲緩、常態與超常（delay, normalization & giftedness）的概念與認知，及時提供早期介入（early intervention）的各項服務。

（透過觀察與記錄，可以瞭解幼兒成長的脈絡）

二、幼兒家長的教養指南

觀察與記錄幼兒行為能系列性、按部就班的呈現幼兒發展的現象與實況，是協助幼兒父母與照顧者的教養指南。

經由觀察與記錄幼兒行為的線索，幼兒家長能夠明確地閱讀孩子的成長記錄，思考幼兒的特質，理性、持續並且能更主動地進行親師溝通，參考教師的建議，接受孩子在發展中的各種行為表現；同時，能更積極地尋求合宜的親子教養方法，不至於給予過當的期待，或要求孩子接受過多、超齡的學習，讓幼兒有正向、健康、適性的童年。

此外，若能經由家長參與幼兒行為觀察記錄的歷程，更是家長習得深入理解幼兒行為的最佳途徑，對於親職的體認與育幼知能的增長，尤有助益。

三、幼兒教師的專業素養

觀察與記錄幼兒行為能邏輯性的引導幼兒教師兼融學理認知與實務經驗，實踐學用合一的理想，奠定與充實幼兒教育專業知能。

經由觀察與記錄幼兒行為的線索，幼兒教師可以據而掌握同質性，規劃幼兒共同的學習方案以進行課程教學；並且，能進一步就幼兒的個別差異啟發潛能，配合早期介入，實施個別化教學，提供適性輔導，激發學習動機，培育幼兒的學習自信。

四、幼兒輔導的參照依據

觀察與記錄幼兒行為能提供行政單位明確理解幼兒發展歷程中的養護與教育需求，在幼托合一尋求整合的政策下，可以針對教育需求培育師資，規劃符合需求的在職研習。

同時，經由觀察與記錄幼兒行為的線索，行政措施上可以針對早期介入的相關服務，主動與積極的提供教師與家長在概念認知與實務技巧的支援，及時及早奠定健全的幼兒教育基礎。

五、幼兒發展的社會共識

（經由觀察與記錄所獲得的線索，能提供社會瞭解與關懷幼兒的真實面）

觀察與記錄幼兒行為能提供整體社會經由瞭解，建立支持與實踐幼兒教育的共識，進而影響政策的形成和決定。

再者，經由觀察與記錄幼兒行為的線索，整體社會能夠以平常心扶持與期待每位幼兒的健康、自然與適性成長，悅納孩子的個別差異與不同資質，提供正向的媒體教育與健全的成長環境。

探討觀察與記錄幼兒行為是讓幼兒健康茁壯的重要媒介，需要所有關懷幼兒教育者攜手落實，讓每一位孩子都能依循自我的發展節奏，快樂成長。

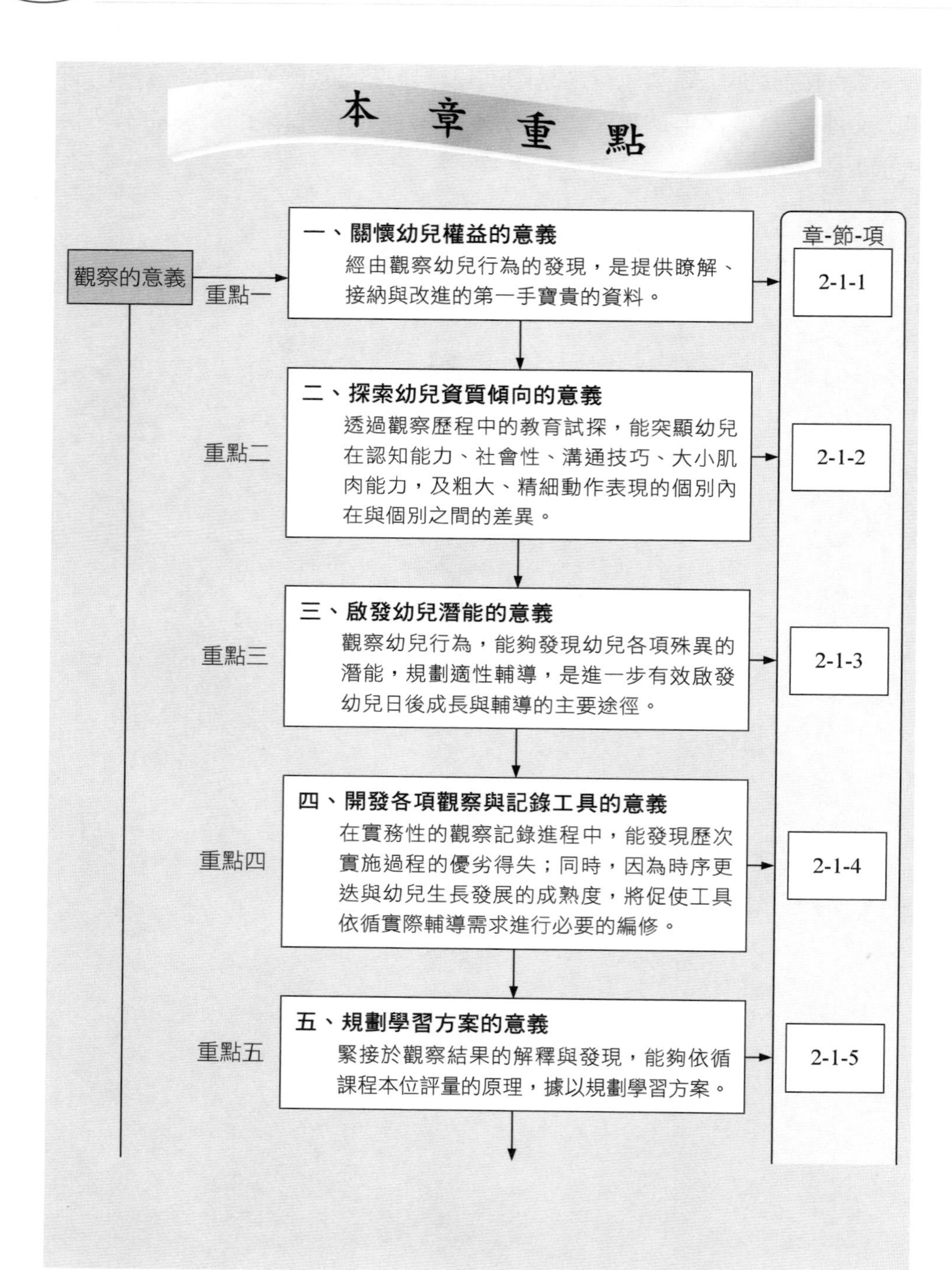
本章重點
觀察的意義
章-節-項
重點一
一、關懷幼兒權益的意義
經由觀察幼兒行為的發現，是提供瞭解、接納與改進的第一手寶貴的資料。
2-1-1
重點二
二、探索幼兒資質傾向的意義
透過觀察歷程中的教育試探，能突顯幼兒在認知能力、社會性、溝通技巧、大小肌肉能力，及粗大、精細動作表現的個別內在與個別之間的差異。
2-1-2
重點三
三、啟發幼兒潛能的意義
觀察幼兒行為，能夠發現幼兒各項殊異的潛能，規劃適性輔導，是進一步有效啟發幼兒日後成長與輔導的主要途徑。
2-1-3
重點四
四、開發各項觀察與記錄工具的意義
在實務性的觀察記錄進程中，能發現歷次實施過程的優劣得失；同時，因為時序更迭與幼兒生長發展的成熟度，將促使工具依循實際輔導需求進行必要的編修。
2-1-4
重點五
五、規劃學習方案的意義
緊接於觀察結果的解釋與發現，能夠依循課程本位評量的原理，據以規劃學習方案。
2-1-5

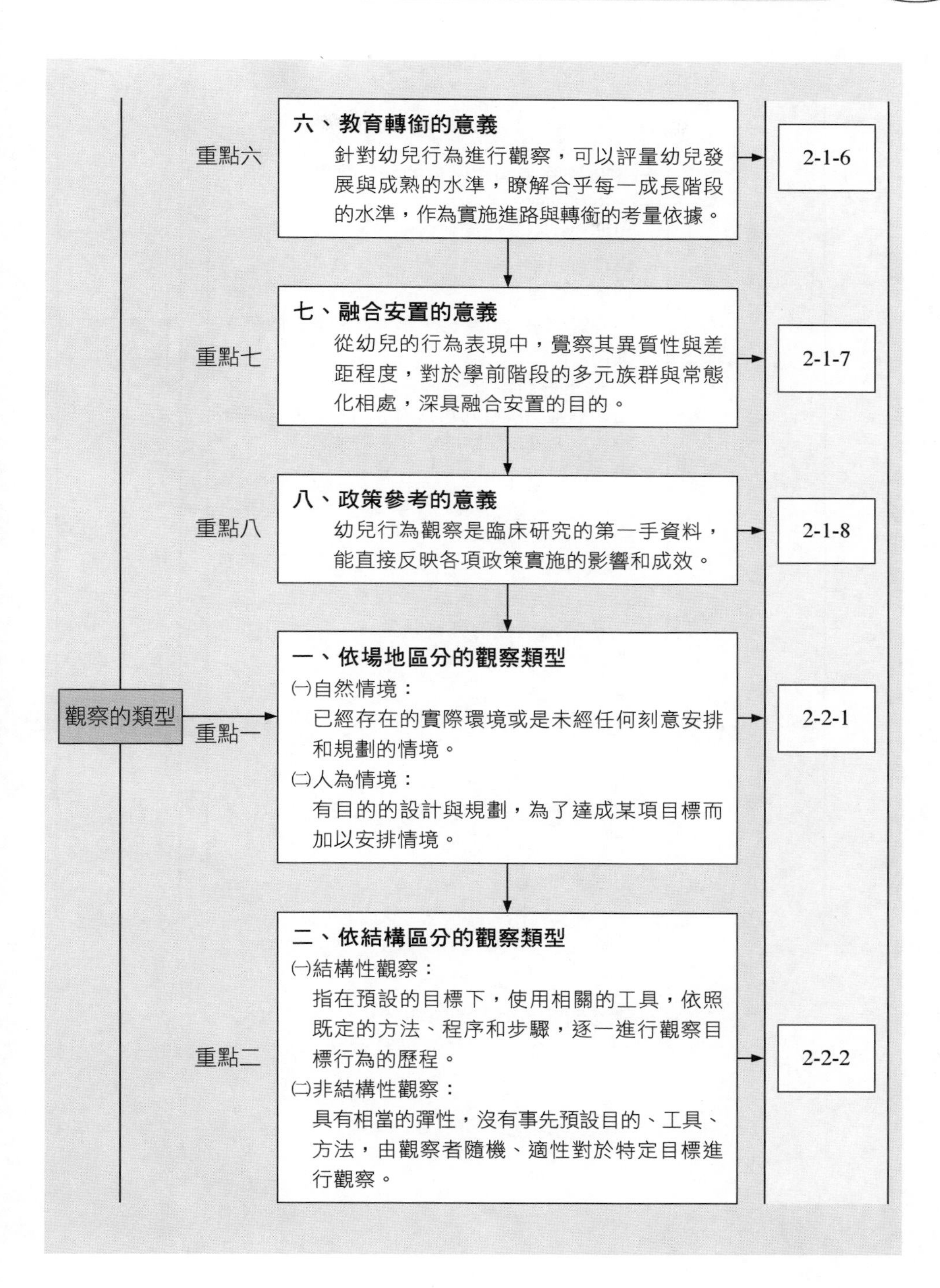
重點六
六、教育轉銜的意義
針對幼兒行為進行觀察，可以評量幼兒發展與成熟的水準，瞭解合乎每一成長階段的水準，作為實施進路與轉銜的考量依據。
2-1-6
重點七
七、融合安置的意義
從幼兒的行為表現中，覺察其異質性與差距程度，對於學前階段的多元族群與常態化相處，深具融合安置的目的。
2-1-7
重點八
八、政策參考的意義
幼兒行為觀察是臨床研究的第一手資料，能直接反映各項政策實施的影響和成效。
2-1-8
觀察的類型
重點一
一、依場地區分的觀察類型
㈠自然情境：
已經存在的實際環境或是未經任何刻意安排和規劃的情境。
㈡人為情境：
有目的的設計與規劃，為了達成某項目標而加以安排情境。
2-2-1
重點二
二、依結構區分的觀察類型
㈠結構性觀察：
指在預設的目標下，使用相關的工具，依照既定的方法、程序和步驟，逐一進行觀察目標行為的歷程。
㈡非結構性觀察：
具有相當的彈性，沒有事先預設目的、工具、方法，由觀察者隨機、適性對於特定目標進行觀察。
2-2-2

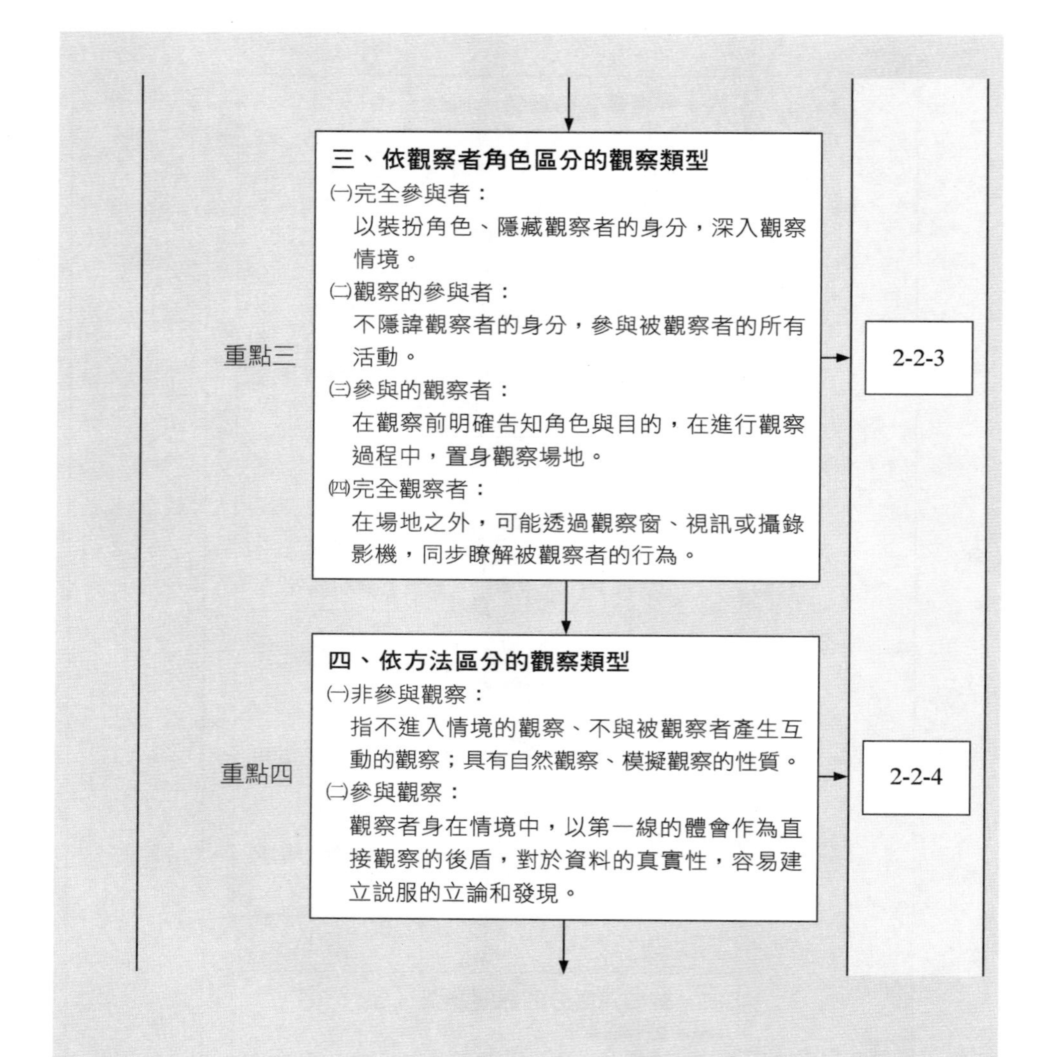
三、依觀察者角色區分的觀察類型
㈠完全參與者：
以裝扮角色、隱藏觀察者的身分，深入觀察情境。
㈡觀察的參與者：
不隱諱觀察者的身分，參與被觀察者的所有活動。
㈢參與的觀察者：
在觀察前明確告知角色與目的，在進行觀察過程中，置身觀察場地。
㈣完全觀察者：
在場地之外，可能透過觀察窗、視訊或攝錄影機，同步瞭解被觀察者的行為。
重點三
2-2-3
四、依方法區分的觀察類型
㈠非參與觀察：
指不進入情境的觀察、不與被觀察者產生互動的觀察；具有自然觀察、模擬觀察的性質。
㈡參與觀察：
觀察者身在情境中，以第一線的體會作為直接觀察的後盾，對於資料的真實性，容易建立說服的立論和發現。
重點四
2-2-4

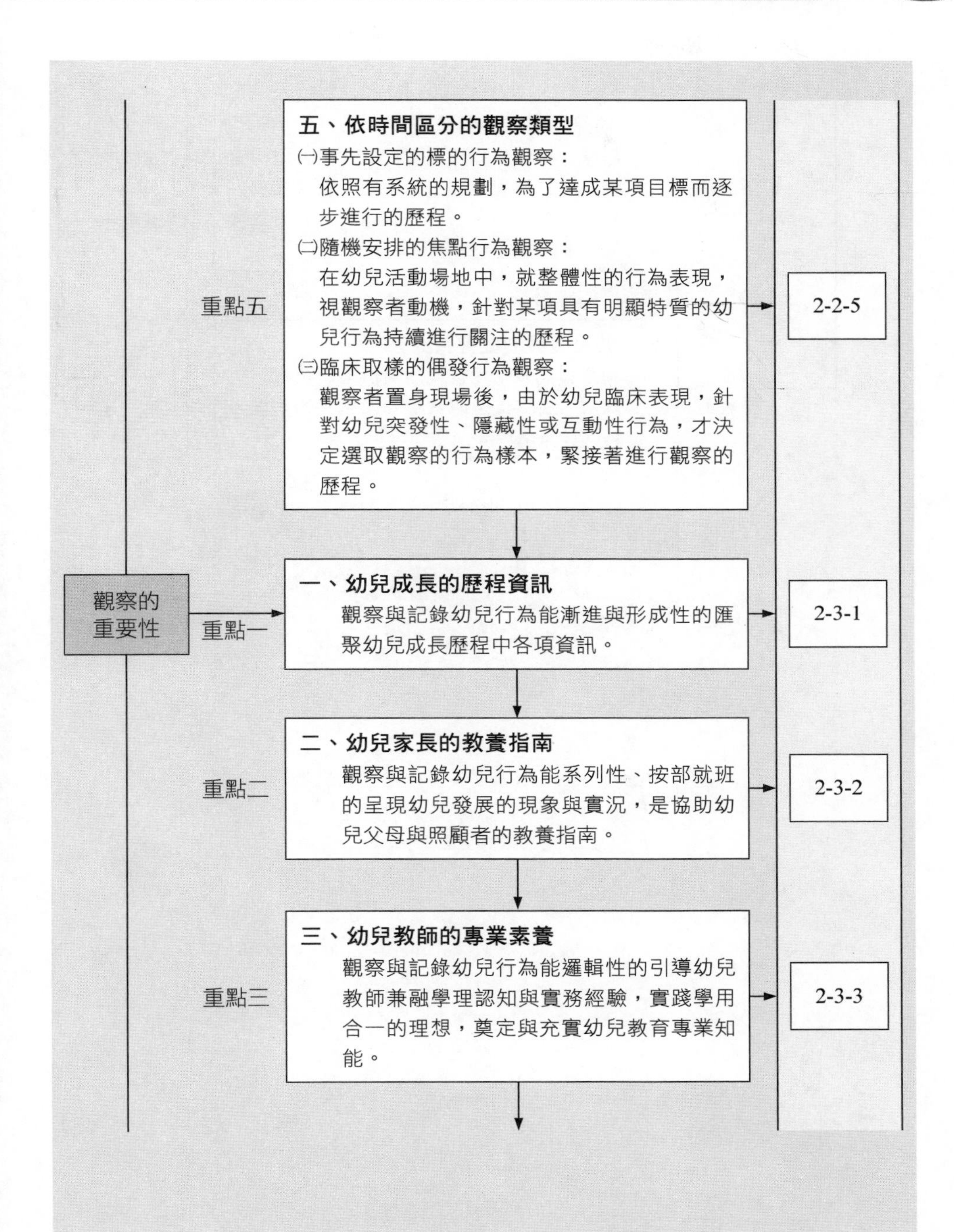
五、依時間區分的觀察類型
㈠事先設定的標的行為觀察：
依照有系統的規劃，為了達成某項目標而逐步進行的歷程。
㈡隨機安排的焦點行為觀察：
在幼兒活動場地中，就整體性的行為表現，視觀察者動機，針對某項具有明顯特質的幼兒行為持續進行關注的歷程。
㈢臨床取樣的偶發行為觀察：
觀察者置身現場後，由於幼兒臨床表現，針對幼兒突發性、隱藏性或互動性行為，才決定選取觀察的行為樣本，緊接著進行觀察的歷程。
重點五
2-2-5
觀察的重要性
重點一
一、幼兒成長的歷程資訊
觀察與記錄幼兒行為能漸進與形成性的匯聚幼兒成長歷程中各項資訊。
2-3-1
重點二
二、幼兒家長的教養指南
觀察與記錄幼兒行為能系列性、按部就班的呈現幼兒發展的現象與實況，是協助幼兒父母與照顧者的教養指南。
2-3-2
重點三
三、幼兒教師的專業素養
觀察與記錄幼兒行為能邏輯性的引導幼兒教師兼融學理認知與實務經驗，實踐學用合一的理想，奠定與充實幼兒教育專業知能。
2-3-3

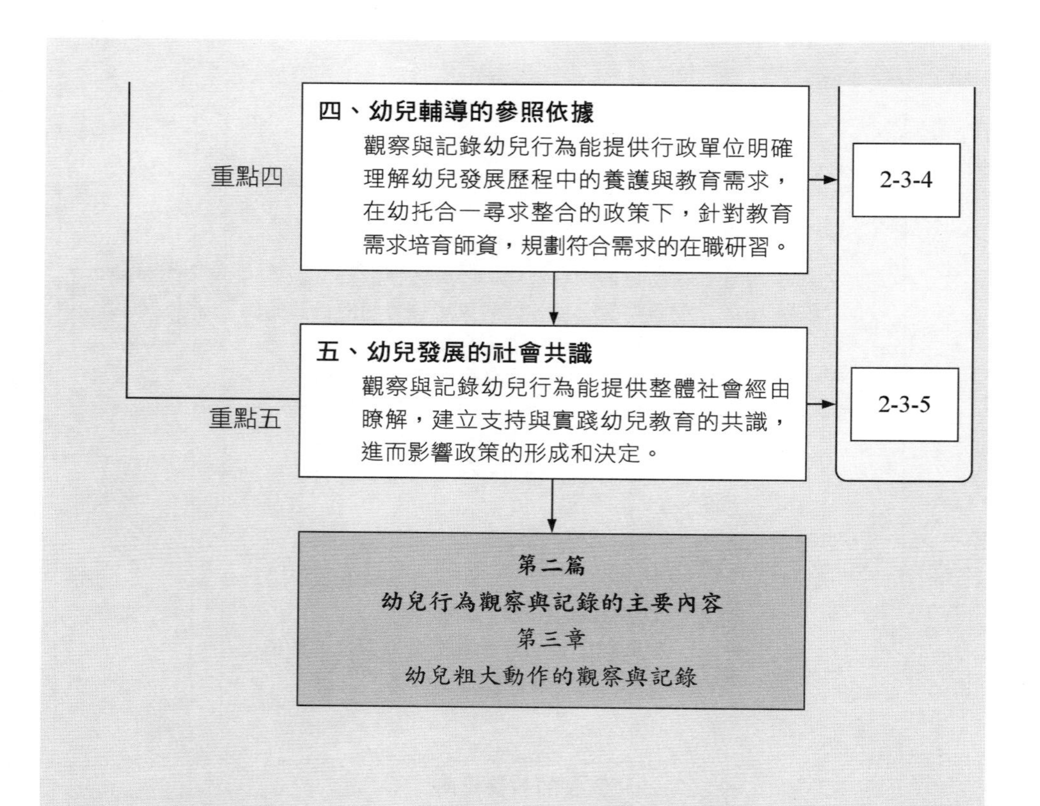
四、幼兒輔導的參照依據
觀察與記錄幼兒行為能提供行政單位明確理解幼兒發展歷程中的養護與教育需求，在幼托合一尋求整合的政策下，針對教育需求培育師資，規劃符合需求的在職研習。
重點四
2-3-4
五、幼兒發展的社會共識
觀察與記錄幼兒行為能提供整體社會經由瞭解，建立支持與實踐幼兒教育的共識，進而影響政策的形成和決定。
重點五
2-3-5
第二篇
幼兒行為觀察與記錄的主要內容
第三章
幼兒粗大動作的觀察與記錄

第二篇

幼兒行為觀察與記錄的主要內容

第三章

幼兒粗大動作的觀察與記錄

（本章題綱）

第一節 幼兒粗大動作的觀察特徵

一、未滿 2 歲幼兒粗大動作的觀察特徵
- (一) 4 個月幼兒的粗大動作發展特徵
- (二) 6 個月幼兒的粗大動作發展特徵
- (三) 9 個月幼兒的粗大動作發展特徵
- (四) 12 個月幼兒的粗大動作發展特徵
- (五) 18 個月幼兒的粗大動作發展特徵
- (六) 24 個月幼兒的粗大動作發展特徵

二、滿 2 歲至未滿 3 歲幼兒粗大動作的觀察特徵

三、滿 3 歲至未滿 4 歲幼兒粗大動作的觀察特徵

四、滿 4 歲至未滿 5 歲幼兒粗大動作的觀察特徵

五、滿 5 歲至未滿 6 歲幼兒粗大動作的觀察特徵

第二節 幼兒粗大動作的記錄指標

一、未滿 2 歲幼兒粗大動作的成長指標
- (一) 4 個月幼兒的粗大動作發展指標
- (二) 6 個月幼兒的粗大動作發展指標
- (三) 9 個月幼兒的粗大動作發展指標
- (四) 12 個月幼兒的粗大動作發展指標
- (五) 18 個月幼兒的粗大動作發展指標
- (六) 24 個月幼兒的粗大動作發展指標

二、滿 2 歲至未滿 3 歲幼兒粗大動作的記錄指標

三、滿 3 歲至未滿 4 歲幼兒粗大動作的成長指標

四、滿 4 歲至未滿 5 歲幼兒粗大動作的發展指標

五、滿 5 歲至未滿 6 歲幼兒粗大動作的成長指標

第三節 幼兒粗大動作的觀察與記錄實例

一、2 至 3 歲（幼幼班）幼兒粗大動作觀察與記錄的實例

二、3 至 4 歲（小班）幼兒粗大動作觀察與記錄的實例

三、4 至 5 歲（中班）幼兒粗大動作觀察與記錄的實例

四、5 至 6 歲（大班）幼兒粗大動作觀察與記錄的實例

依據兒童發展（Child Development）與發展心理學（Developmental Psychology）等相關學理的界定，幼兒動作發展係依循由簡到繁（簡單動作到複雜動作）、由近而遠（軀幹中心到四肢）、由上而下（頭部到腳部）等原則（Young, Biu, PethkongKathon, Kanani, & Adolphl, 2002）。

動作表現是幼兒最頻繁的行為，幼兒園通常在每天學習活動開始之前，安排全園幼兒的晨操或律動；炎炎夏日，幼兒最喜歡的游泳課之前，也有暖暖身的動作。

有關幼兒動作表現（motor display）的觀察與記錄，分從幼兒的粗大動作（gross motor）與精細動作（fine motor）兩個向度（Carlson & Moses, 2001）進行探討。

第一節　幼兒粗大動作的觀察特徵

幼兒粗大動作發展是指整體性的身體動作或是身體主要部分的動作之成長（Berdent, 1992）。

粗大動作包括：丟擲、攀爬、推拉、抬舉、走路、跳躍、跑步、平衡……等大肌肉活動。

粗大動作發展是幼兒肢體運用的根源也，是精細動作循序漸進發展的基礎。綜理研究文獻（國民健康局，2004；黃世鈺，2005），有關幼兒粗大動作表現的觀察與記錄，從年齡、身體動作與身體部位，統整幼兒的粗大動作觀察特徵，歸納如下：

一、未滿2歲幼兒粗大動作的觀察特徵

㈠ 4 個月幼兒的粗大動作發展特徵

身體部位以頭部、胸部與臀部的發展為主。身體動作著重俯臥、仰視與坐姿。

㈡ 6 個月幼兒的粗大動作發展特徵

身體部位以頸部、背部與軀幹的發展為主。身體動作著重頸部豎直、翻身與靠背坐。

㈢ 9 個月幼兒的粗大動作發展特徵

身體部位以上肢與臀部動作的發展為主。身體動作著重上肢爬行與坐地移位。

㈣ 12 個月幼兒的粗大動作發展特徵

身體部位以雙腳下肢的發展為主。身體動作著重學習步行。

㈤ 18 個月幼兒的粗大動作發展特徵

身體部位以雙手與下肢的發展為主。身體動作著重扶持與行走。

㈥ 24 個月幼兒的粗大動作發展特徵

身體部位以軀幹與下肢的發展為主。身體動作著重上、下位置的改變與踢球。

二、滿 2 歲至未滿 3 歲幼兒粗大動作的觀察特徵

身體部位以上、下肢個別動作的發展為主。身體動作著重在拋、丟擲、與雙腳離地跳躍的活動。

三、滿 3 歲至未滿 4 歲幼兒粗大動作的觀察特徵

身體部位以下肢靈活度的發展為主。身體動作著重上、下樓梯與單腳跳活動。

四、滿 4 歲至未滿 5 歲幼兒粗大動作的觀察特徵

身體部位以腳跟、腳趾與下肢持重的發展為主。身體動作著重腳跟走路與單腳連跳活動。

五、滿 5 歲至未滿 6 歲幼兒粗大動作的觀察特徵

身體部位以軀幹伸展與下肢持重的發展為主。身體動作著重單腳站立與雙腳立定跳遠活動。

第二節　幼兒粗大動作的記錄指標

依據發展常模，幼兒粗大動作的記錄指標，可參考國民健康局的分齡發展圖示，進行觀察（國民健康局，2004）。

一、末滿 2 歲幼兒粗大動作的成長指標

㈠ 4 個月幼兒的粗大動作發展指標

頭部、胸部可在俯臥時透過手肘抬高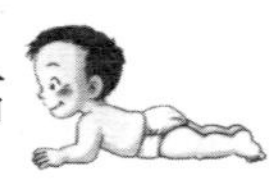；拉住雙手扶坐時，頭部會稍微後仰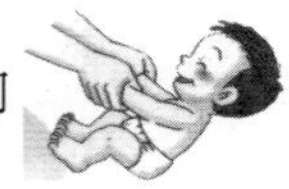；抱住腰部扶坐時，頭頸會稍微下垂。

㈡ 6 個月幼兒的粗大動作發展指標

抱住時頸部能豎直；軀幹能由俯臥或仰臥翻身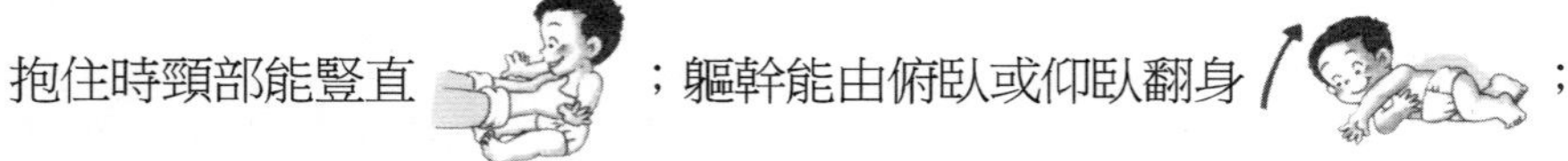；能獨坐在有靠背的椅子上。

㈢ 9 個月幼兒的粗大動作發展指標

會利用上肢，貼地匍伏爬行；能坐在地上，利用雙手移動臀部取物。

㈣ 12 個月幼兒的粗大動作發展指標

能夠雙手扶住桌沿學步 ；能由旁人牽住雙手向前移步 。

㈤ 18 個月幼兒的粗大動作發展指標

能穩健  與快速的行走 ；可以由旁人牽手或自己扶住欄杆上樓梯 。

㈥ 24 個月幼兒的粗大動作發展指標

會自行上、下樓梯 ；從椅子爬上爬下 ；也開始會用一隻腳踢球 。

二、滿 2 歲至未滿 3 歲幼兒粗大動作的記錄指標

喜歡向前拋或向下丟東西  ；能不需要扶住東西支持，雙腳離地向上跳躍 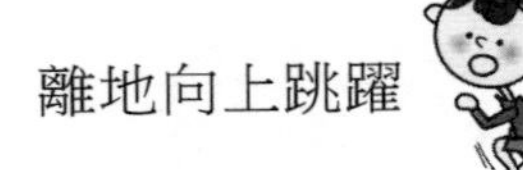 。

三、滿 3 歲至未滿 4 歲幼兒粗大動作的成長指標

能不須扶持或牽手，自行上、下樓梯  ；能雙手叉腰、單腳跳一下  。

四、滿 4 歲至未滿 5 歲幼兒粗大動作的發展指標

能玩腳跟接腳趾的遊戲  ；能雙手叉腰、單腳連續跳 5 下以上  。

五、滿 5 歲至未滿 6 歲幼兒粗大動作的成長指標

能單腳獨立、雙手不扶住東西、站立約 10 秒鐘  ；能雙腳併攏立定跳遠 45 公分以上  。

第三節　幼兒粗大動作的觀察與記錄實例

依據前述有關幼兒粗大動作觀察特徵與與記錄指標的相關資訊，參照國民健康局幼兒粗大動作主要的發展項目，從年齡階層區分，2 至 6 歲幼兒的粗大動作觀察與記錄的關鍵行為，包括：丟擲、雙腳離地跳躍、上、下樓梯、單腳跳、腳跟腳趾相碰、單腳連跳、單腳站立、雙腳立定跳遠等項；各項實例包括前述行為及相關的動作，以在幼兒園進行實徵性研究，所攝錄的實例，呈現如下：

（跳房子和跳圈圈都是伸展幼兒粗大動作的設計）

一、2至3歲（幼幼班）幼兒粗大動作觀察與記錄的實例

（軟、硬球丟擲可以幫助大手臂靈活）

（走路）

（推椅子步行）

（趴在桌上撿物品）

（丟擲垃圾）

（攀爬）

（溜滑梯）

二、3至4歲（小班）幼兒粗大動作觀察與記錄的實例

（樓梯能練習下肢粗大動作）

（上樓梯）

（下樓梯）

（單腳跳）

（趴躺）

（捲動小地毯）

（拼圖）

三、4至5歲（中班）幼兒粗大動作觀察與記錄的實例

（地板上的走線可以練習足步的粗大動作）

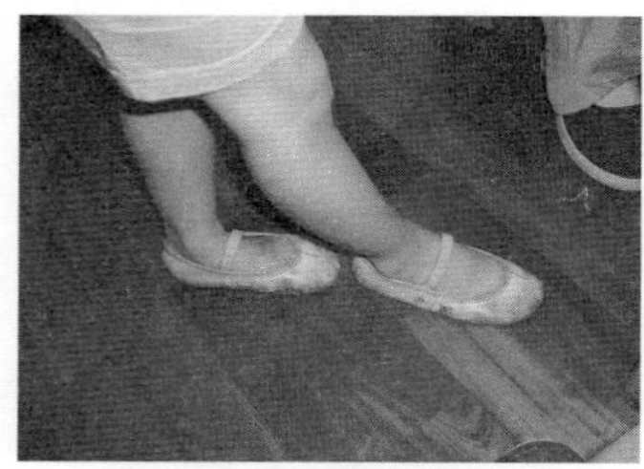

（腳跟腳趾交互換步伐）

（腳跟腳趾相碰）

（情緒走線）

（定向走步）

（踩線練習）

（單腳跳）

四、5至6歲（大班）幼兒粗大動作觀察與記錄的實例

（單腳跳）

（攀爬）

（雙腳立定跳遠）

幼兒各項連續性的粗大動作，可另行參考書後附錄的光碟資料。

本章重點

章-節-項

觀察特徵

重點一 → 3-1-1

一、未滿 2 歲幼兒粗大動作的觀察特徵

(一) 4 個月幼兒的粗大動作發展特徵：
身體部位以頭部、胸部與臀部的發展為主。身體動作著重俯臥、仰視與坐姿。

(二) 6 個月幼兒的粗大動作發展特徵：
身體部位以頸部、背部與軀幹的發展為主。身體動作著重頸部豎直、翻身與靠背坐。

(三) 9 個月幼兒的粗大動作發展特徵：
身體部位以上肢與臀部動作的發展為主。身體動作著重上肢爬行與坐地移位。

(四) 12 個月幼兒的粗大動作發展特徵：
身體部位以雙腳下肢的發展為主。身體動作著重學習步行。

(五) 18 個月幼兒的粗大動作發展特徵：
身體部位以雙手與下肢的發展為主。身體動作著重扶持與行走。

(六) 24 個月幼兒的粗大動作發展特徵：
身體部位以軀幹與下肢的發展為主。身體動作著重上、下位置的改變與踢球。

重點二 → 3-1-2

二、滿 2 歲至未滿 3 歲幼兒粗大動作的觀察特徵

身體部位以上、下肢個別動作的發展為主。身體動作著重在拋、丟擲、與雙腳離地跳躍的活動。

重點三 → 3-1-3

三、滿 3 歲至未滿 4 歲幼兒粗大動作的觀察特徵

身體部位以下肢靈活度的發展為主。身體動作著重上、下樓梯與單腳跳活動。

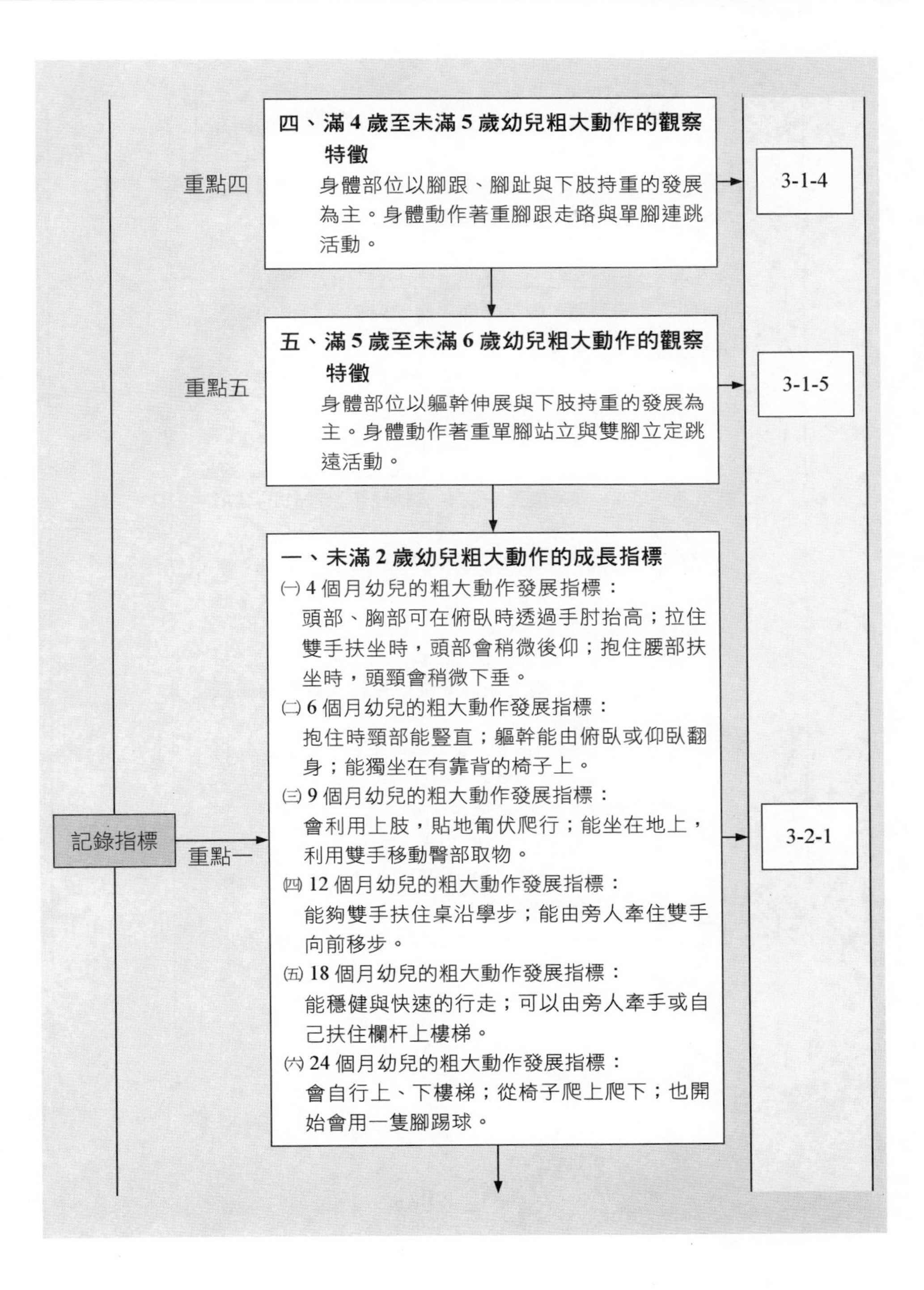

重點四
四、滿 4 歲至未滿 5 歲幼兒粗大動作的觀察特徵
身體部位以腳跟、腳趾與下肢持重的發展為主。身體動作著重腳跟走路與單腳連跳活動。
3-1-4
重點五
五、滿 5 歲至未滿 6 歲幼兒粗大動作的觀察特徵
身體部位以軀幹伸展與下肢持重的發展為主。身體動作著重單腳站立與雙腳立定跳遠活動。
3-1-5
記錄指標
重點一
一、未滿 2 歲幼兒粗大動作的成長指標
(一) 4 個月幼兒的粗大動作發展指標：
頭部、胸部可在俯臥時透過手肘抬高；拉住雙手扶坐時，頭部會稍微後仰；抱住腰部扶坐時，頭頸會稍微下垂。
(二) 6 個月幼兒的粗大動作發展指標：
抱住時頸部能豎直；軀幹能由俯臥或仰臥翻身；能獨坐在有靠背的椅子上。
(三) 9 個月幼兒的粗大動作發展指標：
會利用上肢，貼地匍伏爬行；能坐在地上，利用雙手移動臀部取物。
(四) 12 個月幼兒的粗大動作發展指標：
能夠雙手扶住桌沿學步；能由旁人牽住雙手向前移步。
(五) 18 個月幼兒的粗大動作發展指標：
能穩健與快速的行走；可以由旁人牽手或自己扶住欄杆上樓梯。
(六) 24 個月幼兒的粗大動作發展指標：
會自行上、下樓梯；從椅子爬上爬下；也開始會用一隻腳踢球。
3-2-1

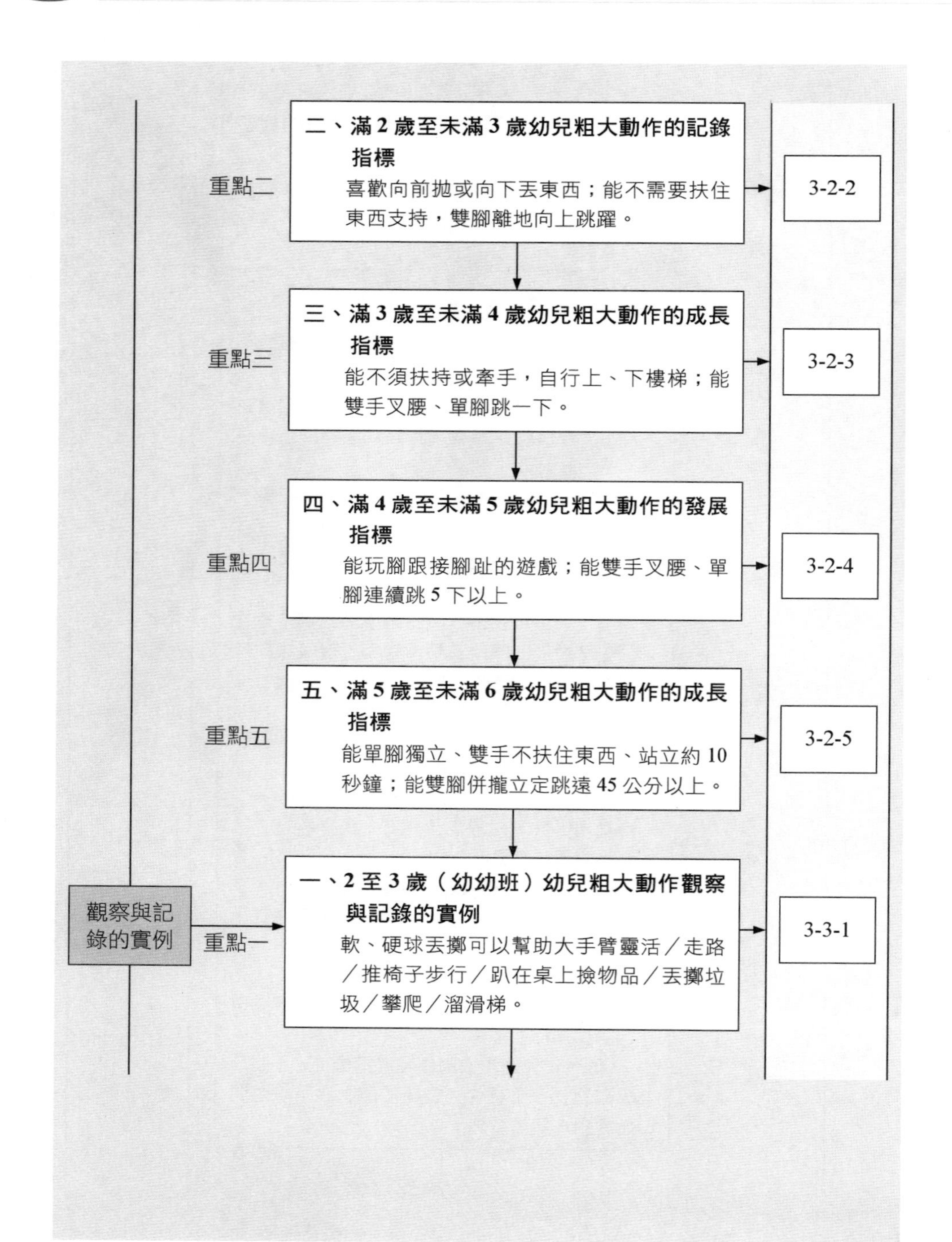

二、滿 2 歲至未滿 3 歲幼兒粗大動作的記錄指標
喜歡向前拋或向下丟東西；能不需要扶住東西支持，雙腳離地向上跳躍。
重點二
3-2-2
三、滿 3 歲至未滿 4 歲幼兒粗大動作的成長指標
能不須扶持或牽手，自行上、下樓梯；能雙手叉腰、單腳跳一下。
重點三
3-2-3
四、滿 4 歲至未滿 5 歲幼兒粗大動作的發展指標
能玩腳跟接腳趾的遊戲；能雙手叉腰、單腳連續跳 5 下以上。
重點四
3-2-4
五、滿 5 歲至未滿 6 歲幼兒粗大動作的成長指標
能單腳獨立、雙手不扶住東西、站立約 10 秒鐘；能雙腳併攏立定跳遠 45 公分以上。
重點五
3-2-5
觀察與記錄的實例
重點一
一、2 至 3 歲（幼幼班）幼兒粗大動作觀察與記錄的實例
軟、硬球丟擲可以幫助大手臂靈活／走路／推椅子步行／趴在桌上撿物品／丟擲垃圾／攀爬／溜滑梯。
3-3-1

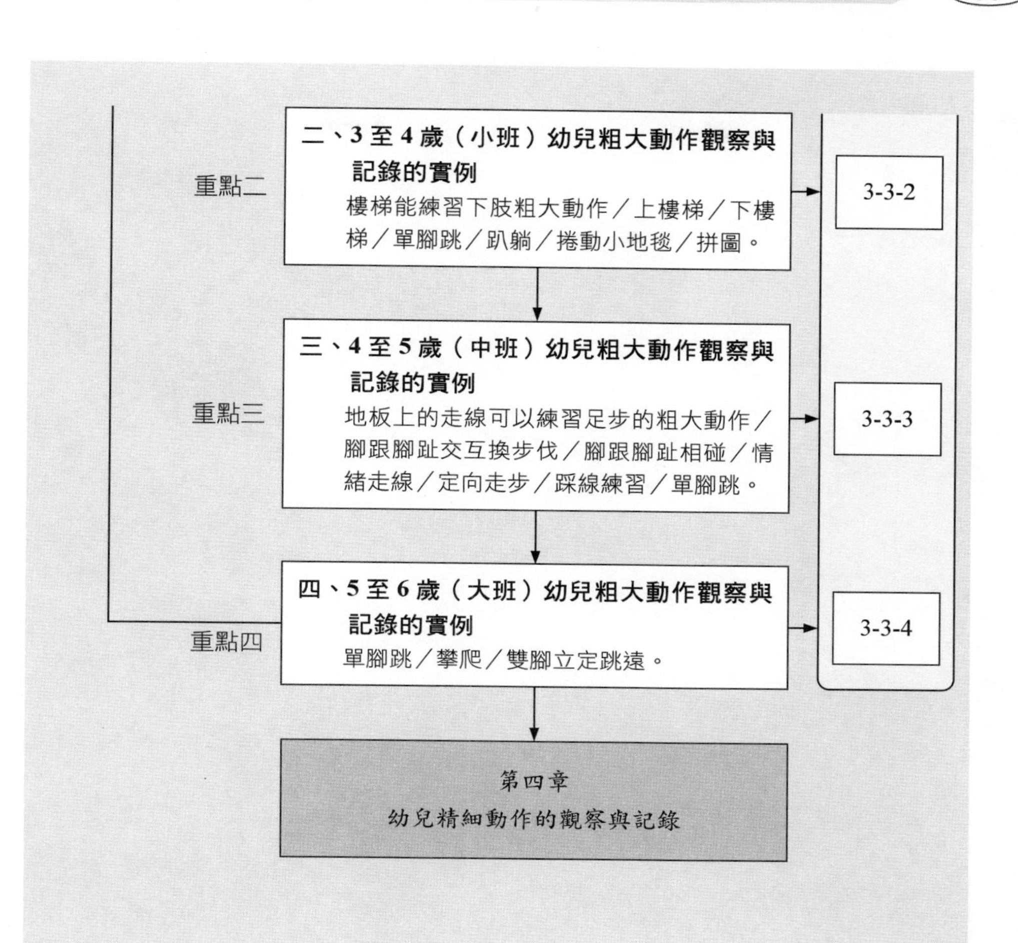
重點二
二、3至4歲（小班）幼兒粗大動作觀察與記錄的實例
樓梯能練習下肢粗大動作／上樓梯／下樓梯／單腳跳／趴躺／捲動小地毯／拼圖。
3-3-2
重點三
三、4至5歲（中班）幼兒粗大動作觀察與記錄的實例
地板上的走線可以練習足步的粗大動作／腳跟腳趾交互換步伐／腳跟腳趾相碰／情緒走線／定向走步／踩線練習／單腳跳。
3-3-3
重點四
四、5至6歲（大班）幼兒粗大動作觀察與記錄的實例
單腳跳／攀爬／雙腳立定跳遠。
3-3-4
第四章
幼兒精細動作的觀察與記錄

第四章

幼兒精細動作的觀察與記錄

（本章題綱）

第一節 幼兒精細動作的觀察特徵

- 一、未滿 2 歲幼兒精細動作的觀察特徵
  - (一) 4 個月幼兒精細動作的觀察特徵
  - (二) 6 個月幼兒精細動作的觀察特徵
  - (三) 9 個月幼兒精細動作的觀察特徵
  - (四) 12 個月幼兒精細動作的觀察特徵
  - (五) 18 個月幼兒精細動作的觀察特徵
  - (六) 24 個月幼兒精細動作的觀察特徵
- 二、滿 2 歲至未滿 3 歲幼兒精細動作的觀察特徵
- 三、滿 3 歲至未滿 4 歲幼兒精細動作的觀察特徵
- 四、滿 4 歲至未滿 5 歲幼兒精細動作的觀察特徵
- 五、滿 5 歲至未滿 6 歲幼兒精細動作的觀察特徵

第二節 幼兒精細動作的記錄指標

- 一、未滿 2 歲幼兒精細動作的記錄指標
  - (一) 4 個月幼兒精細動作的記錄指標
  - (二) 6 個月幼兒精細動作的記錄指標
  - (三) 9 個月幼兒精細動作的記錄指標
  - (四) 12 個月幼兒精細動作的記錄指標
  - (五) 18 個月幼兒精細動作的記錄指標
  - (六) 24 個月幼兒精細動作的記錄指標
- 二、滿 2 歲至未滿 3 歲幼兒精細動作的記錄指標
- 三、滿 3 歲至未滿 4 歲幼兒精細動作的記錄指標
- 四、滿 4 歲至未滿 5 歲幼兒精細動作的記錄指標
- 五、滿 5 歲至未滿 6 歲幼兒精細動作的記錄指標

第三節 幼兒精細動作的觀察與記錄實例

- 一、2 至 3 歲（幼幼班）幼兒精細動作觀察與記錄的實例
- 二、3 至 4 歲（小班）幼兒精細動作觀察與記錄的實例
- 三、4 至 5 歲（中班）幼兒精細動作觀察與記錄的實例
- 四、5 至 6 歲（大班）幼兒精細動作觀察與記錄的實例

幼兒的精細動作發展是指針對手眼協調，以及對於手、指頭等部位和動作的控制。

精細動作包括：抓握、畫圖、寫字、拼圖、使用刀、叉、筷子與剪刀、捏陶、扣鈕扣、拉拉鍊、縫補和木工等小肌肉活動。

精細動作發展延續粗大動作發展的基礎，是幼兒從事精緻與細密活動的起步。爰引前列文獻，有關幼兒各項精細動作表現的觀察與記錄內涵，分別論述於後。

第一節　幼兒精細動作的觀察特徵

從年齡、身體動作與身體部位，統整幼兒精細動作的觀察特徵，身體部位以手部的發展為主，身體動作則著重於手部的各項操作項目上。從2至6歲幼兒，分從各年齡階層，敘述其內涵，如下：

一、未滿2歲幼兒精細動作的觀察特徵

(一) 4個月幼兒精細動作的觀察特徵

手掌開闔、凝視與移物的動作。

(二) 6個月幼兒精細動作的觀察特徵

雙手活動、伸手取物和移開物品的動作。

㈢ 9 個月幼兒精細動作的觀察特徵

換手、持物和抓取的動作。

㈣ 12 個月幼兒精細動作的觀察特徵

揮、拍、撕裂與持取小物的動作。

㈤ 18 個月幼兒精細動作的觀察特徵

塗鴉、開瓶的動作；出現使用固定一手的習慣。

㈥ 24 個月幼兒精細動作的觀察特徵

堆疊、翻頁和倒水的動作。

二、滿 2 歲至未滿 3 歲幼兒精細動作的觀察特徵

仿畫直線、翻書與模仿摺紙的動作。

三、滿 3 歲至未滿 4 歲幼兒精細動作的觀察特徵

仿畫圓圈與用指頭夾物的動作。

四、滿 4 歲至未滿 5 歲幼兒精細動作的觀察特徵

仿畫交叉線與手指分合的動作。

五、滿 5 歲至未滿 6 歲幼兒精細動作的觀察特徵

仿畫人與幾何圖形的動作。

第二節　幼兒精細動作的記錄指標

參照國民健康局所載的幼兒發展常模，有關幼兒精細動作的記錄指標，分齡圖示如下：

一、未滿 2 歲幼兒精細動作的記錄指標

㈠ 4 個月幼兒精細動作的記錄指標

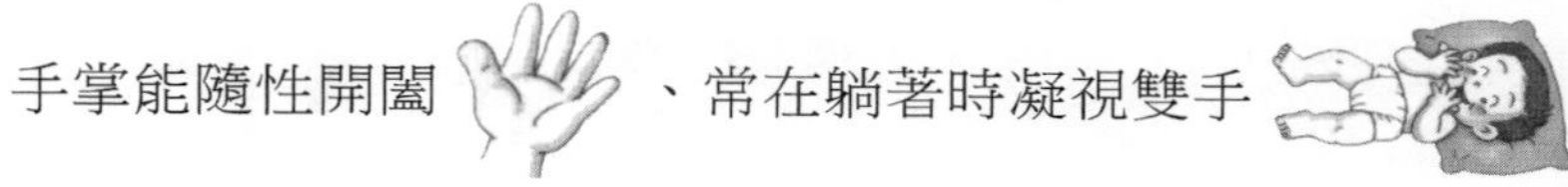

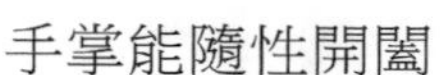

手掌能隨性開闔、常在躺著時凝視雙手、會換手拿搖鈴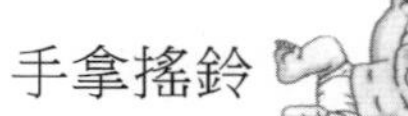。

㈡ 6 個月幼兒精細動作的記錄指標

會雙手互握、伸手取物，並且用手移開擺在臉上的物品。

㈢ 9 個月幼兒精細動作的記錄指標

會將物品換手拿、能雙手托住小杯子、以及抓取食物送進嘴裡。

㈣ 12 個月幼兒精細動作的記錄指標

會揮手再見和高興的拍手示意、能撕裂紙張、會用手指抓物放入杯中。

㈤ 18 個月幼兒精細動作的記錄指標

會開始握筆塗鴉、會嘗試把瓶蓋打開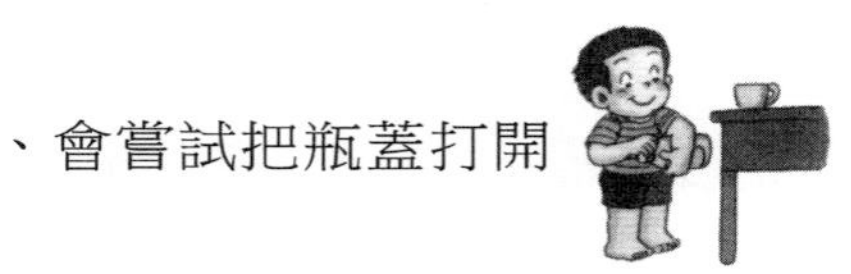、出現慣用固定一邊手的習慣。

㈥ 24 個月幼兒精細動作的記錄指標

能堆疊至少兩塊積木、會把圖畫書一頁一頁的翻開和會互相傾倒杯中的水。

二、滿 2 歲至未滿 3 歲幼兒精細動作的記錄指標

會看圖仿畫直線、會一頁一頁的翻看圖畫書、

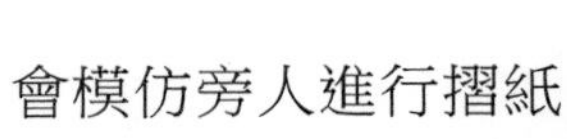
會模仿旁人進行摺紙。

三、滿 3 歲至未滿 4 歲幼兒精細動作的記錄指標

看圖模仿畫圓圈，並且至少會用三根指頭夾住筆塗鴉。

四、滿 4 歲至未滿 5 歲幼兒精細動作的記錄指標

能看圖模仿畫出十字形的交叉線，也會玩大拇指和其他手指分合的遊戲。

五、滿 5 歲至未滿 6 歲幼兒精細動作的記錄指標

會看圖模仿畫出人和明顯的器官部位，以及模仿著畫出三角形的幾何圖。

第三節 幼兒精細動作的觀察與記錄實例

依據前述有關幼兒精細動作觀察特徵與與記錄指標的相關資訊，參照國民健康局幼兒精細動作主要的發展項目，從年齡階層區分，2 至 6 歲幼兒的精細動作觀察與記錄的關鍵行為，包括：仿畫直線，翻書與模仿摺紙、仿畫圓圈、用指頭夾物／仿畫交叉線、手指分合、仿畫人、幾何圖形等項；各項實例包括前述行為及相關的動作，以在幼兒園進行實徵性研究，所攝錄的實例，呈現如下：

一、2 至 3 歲（幼幼班）幼兒精細動作觀察與記錄的實例

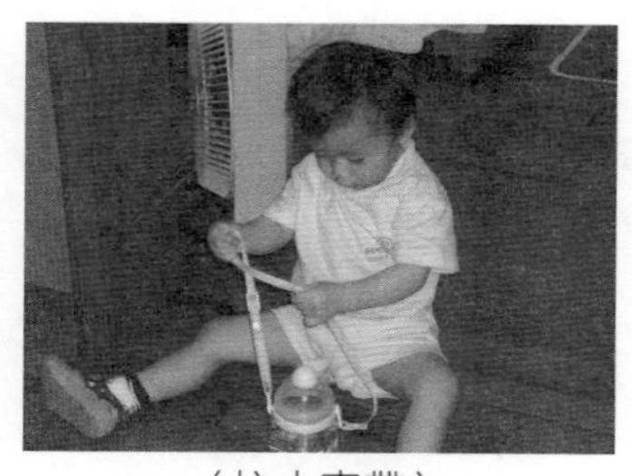
（拉水壺帶）

（拿湯匙）

（戳洞）

二、3至4歲（小班）幼兒精細動作觀察與記錄的實例

（畫線）

（手指取物）

（指尖取放物品）

三、4至5歲（中班）幼兒精細動作觀察與記錄的實例

（畫記）

（組合）

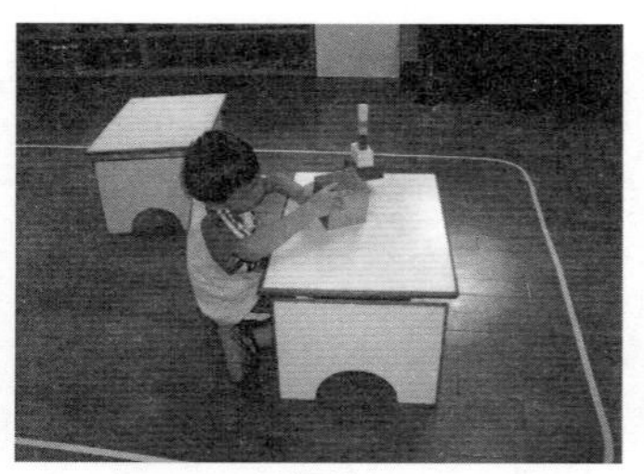

（拼裝）

四、5至6歲（大班）幼兒精細動作觀察與記錄的實例

（畫圈）

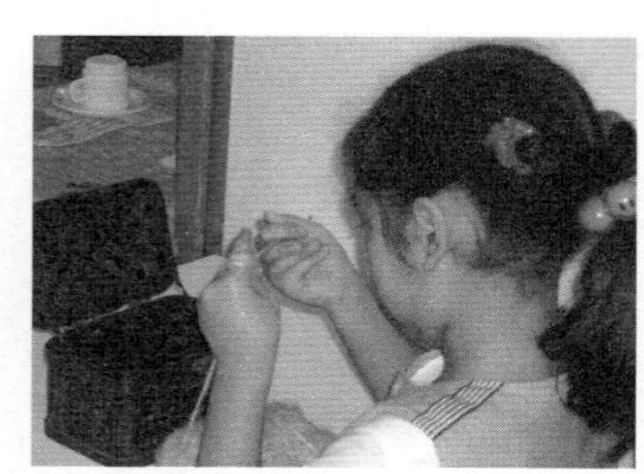

（勾毛線）

（穿鞋）

此外，執筆是幼兒精細動作中常見的觀察行為，在臨床教學上，就自發性的塗鴉與操作活動裡，各年齡層幼兒所顯現的執筆動作，記錄如下：

在小肌肉尚未發展靈活前，幼兒通常是拇指與食指握住筆的方式，這種現象通常用左或右手拿著筆都一樣。

本章重點

觀察特徵

重點一

一、未滿 2 歲幼兒精細動作的觀察特徵（4-1-1）

㈠ 4 個月幼兒精細動作的觀察特徵：
手掌開闔、凝視與移物的動作。

㈡ 6 個月幼兒精細動作的觀察特徵：
雙手活動、伸手取物和移開物品的動作。

㈢ 9 個月幼兒精細動作的觀察特徵：
換手、持物和抓取的動作。

㈣ 12 個月幼兒精細動作的觀察特徵：
揮、拍、撕裂與持取小物的動作。

㈤ 18 個月幼兒精細動作的觀察特徵：
塗鴉、開瓶的動作；出現使用固定一手的習慣。

㈥ 24 個月幼兒精細動作的觀察特徵：
堆疊、翻頁和倒水的動作。

重點二

二、滿 2 歲至未滿 3 歲幼兒精細動作的觀察特徵（4-1-2）

仿畫直線、翻書與模仿摺紙的動作。

重點三

三、滿 3 歲至未滿 4 歲幼兒精細動作的觀察特徵（4-1-3）

仿畫圓圈與用指頭夾物的動作。

重點四

四、滿 4 歲至未滿 5 歲幼兒精細動作的觀察特徵（4-1-4）

仿畫交叉線與手指分合的動作。

章-節-項：4-1-1、4-1-2、4-1-3、4-1-4

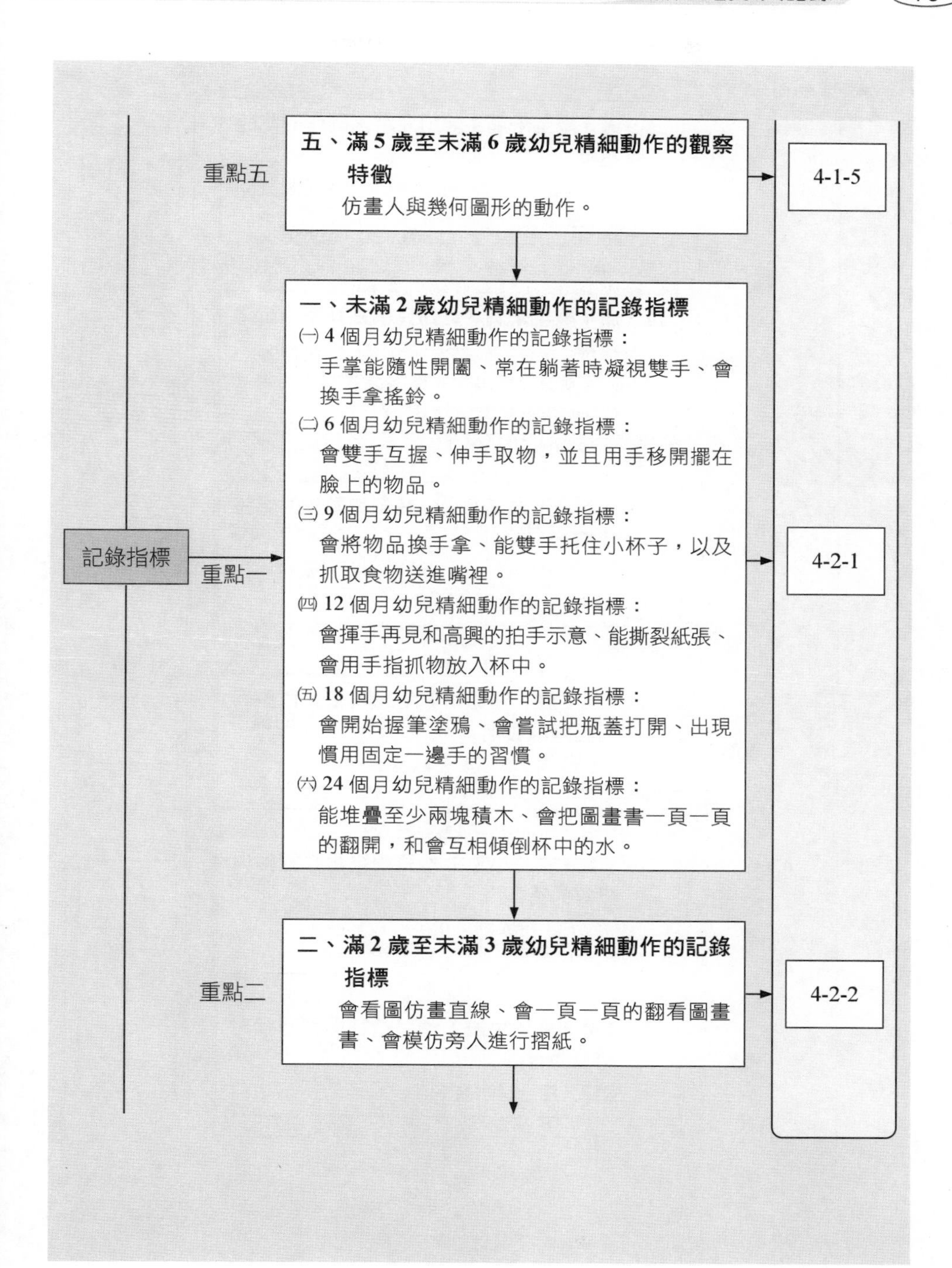
記錄指標
重點五
五、滿 5 歲至未滿 6 歲幼兒精細動作的觀察特徵
仿畫人與幾何圖形的動作。
4-1-5
重點一
一、未滿 2 歲幼兒精細動作的記錄指標
(一) 4 個月幼兒精細動作的記錄指標：
手掌能隨性開闔、常在躺著時凝視雙手、會換手拿搖鈴。
(二) 6 個月幼兒精細動作的記錄指標：
會雙手互握、伸手取物，並且用手移開擺在臉上的物品。
(三) 9 個月幼兒精細動作的記錄指標：
會將物品換手拿、能雙手托住小杯子，以及抓取食物送進嘴裡。
(四) 12 個月幼兒精細動作的記錄指標：
會揮手再見和高興的拍手示意、能撕裂紙張、會用手指抓物放入杯中。
(五) 18 個月幼兒精細動作的記錄指標：
會開始握筆塗鴉、會嘗試把瓶蓋打開、出現慣用固定一邊手的習慣。
(六) 24 個月幼兒精細動作的記錄指標：
能堆疊至少兩塊積木、會把圖畫書一頁一頁的翻開，和會互相傾倒杯中的水。
4-2-1
重點二
二、滿 2 歲至未滿 3 歲幼兒精細動作的記錄指標
會看圖仿畫直線、會一頁一頁的翻看圖畫書、會模仿旁人進行摺紙。
4-2-2

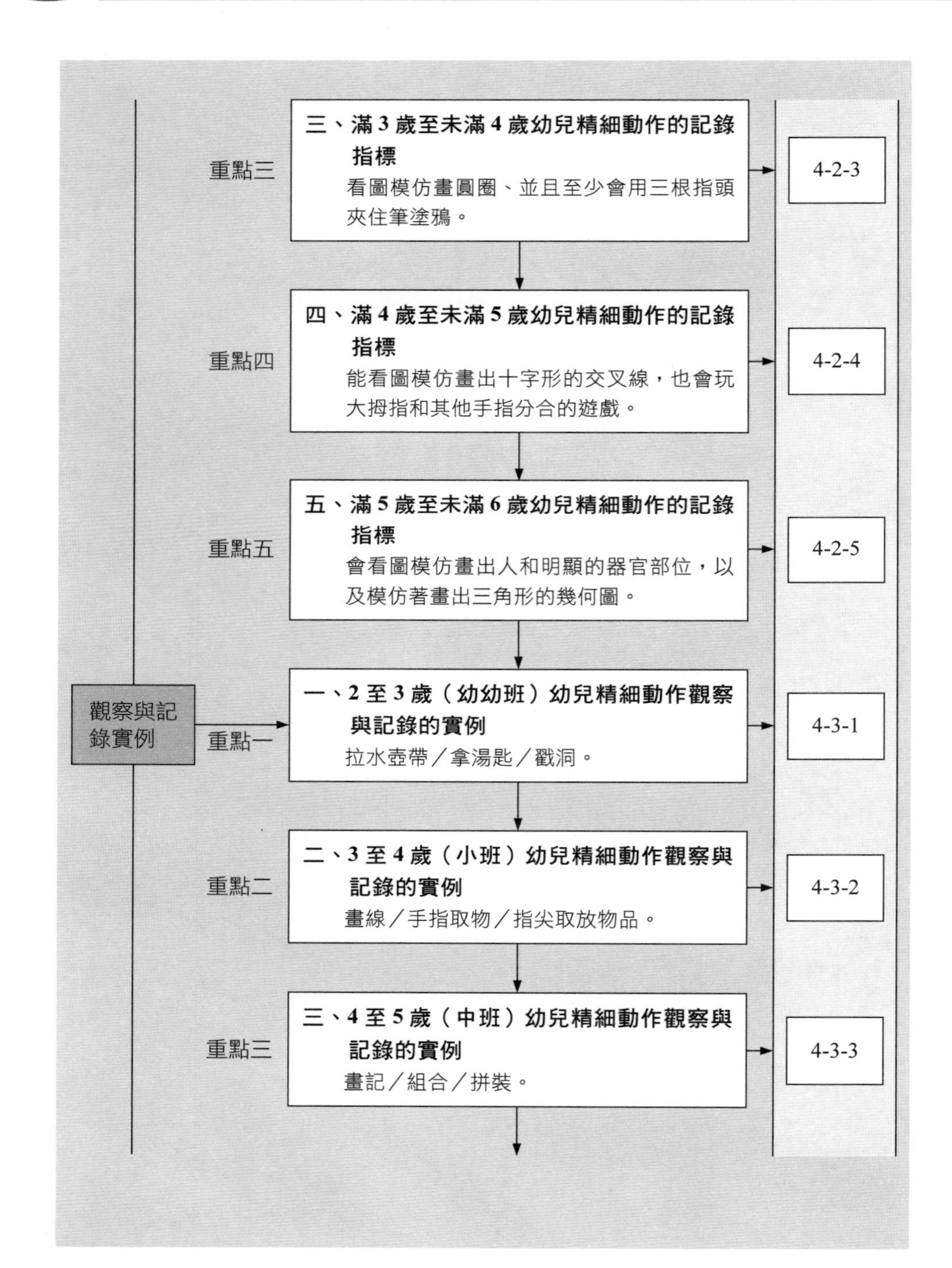

重點三
三、滿3歲至未滿4歲幼兒精細動作的記錄指標
看圖模仿畫圓圈、並且至少會用三根指頭夾住筆塗鴉。
4-2-3
重點四
四、滿4歲至未滿5歲幼兒精細動作的記錄指標
能看圖模仿畫出十字形的交叉線，也會玩大拇指和其他手指分合的遊戲。
4-2-4
重點五
五、滿5歲至未滿6歲幼兒精細動作的記錄指標
會看圖模仿畫出人和明顯的器官部位，以及模仿著畫出三角形的幾何圖。
4-2-5
觀察與記錄實例
重點一
一、2至3歲（幼幼班）幼兒精細動作觀察與記錄的實例
拉水壺帶／拿湯匙／戳洞。
4-3-1
重點二
二、3至4歲（小班）幼兒精細動作觀察與記錄的實例
畫線／手指取物／指尖取放物品。
4-3-2
重點三
三、4至5歲（中班）幼兒精細動作觀察與記錄的實例
畫記／組合／拼裝。
4-3-3

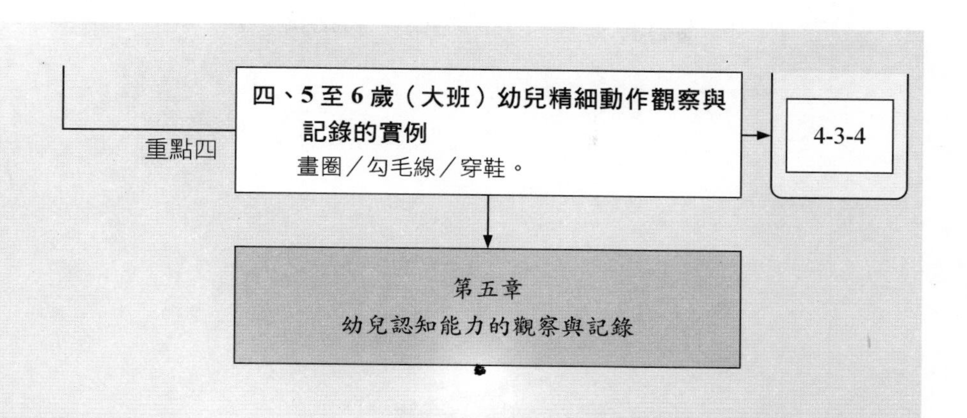
重點四
四、5至6歲（大班）幼兒精細動作觀察與記錄的實例
畫圈／勾毛線／穿鞋。
4-3-4
第五章
幼兒認知能力的觀察與記錄

第五章

幼兒認知能力的觀察與記錄

（本章題綱）

- 第一節 幼兒認知能力的發展
  - 一、感覺動作期的認知發展
    - (一)具體思考
    - (二)反射動作
  - 二、前運思期的認知發展
    - (一)2至4歲：前概念期
    - (二)4至7歲：直覺期
- 第二節 幼兒擬人化行為的觀察與記錄
  - 一、幼兒擬人化行為的觀察特徵
    - (一) Piaget 的實驗
    - (二)研究案例
  - 二、幼兒擬人化行為的記錄指標
    - (一) 2 至 3 歲幼兒的擬人化行為
    - (二) 3 至 4 歲幼兒的擬人化行為
    - (三) 4 至 5 歲幼兒的擬人化行為
    - (四) 5 至 6 歲幼兒的擬人化行為
- 第三節 幼兒保留概念的觀察與記錄
  - 一、幼兒保留概念的觀察特徵
    - (一)外觀認定
    - (二)守恆概念
  - 二、幼兒保留概念的記錄指標
    - (一) 2 至 3 歲幼兒的保留概念
    - (二) 3 至 4 歲幼兒的保留概念
    - (三) 4 至 5 歲幼兒的保留概念
    - (四) 5 至 6 歲幼兒的保留概念
- 第四節 幼兒直覺思考的觀察與記錄
  - 一、幼兒直覺思考能力的觀察特徵
    - (一)訊息處理
    - (二)直觀感受
    - (三)問題解決
  - 二、幼兒直覺思考能力的成長指標
    - (一) 2 至 3 歲幼兒的垂直思考
    - (二) 3 至 4 歲幼兒的垂直思考
    - (三) 4 至 5 歲幼兒的垂直思考
    - (四) 5 至 6 歲幼兒的垂直思考
- 第五節 幼兒類化能力的觀察與記錄
  - 一、幼兒類化能力的觀察特徵
    - (一)歸類心態
    - (二)過度類化
  - 二、幼兒類化能力的成長指標
    - (一) 2 至 3 歲幼兒的類化能力
    - (二) 3 至 4 歲幼兒的類化能力
    - (三) 4 至 5 歲幼兒的類化能力
    - (四) 5 至 6 歲幼兒的類化能力

認知能力（cognitive ability）是幼兒適應環境的重要利器。研究（Fireman, Kose, & Solomon, 2003）顯示：幼兒統整其認知基模（cognitive schema），在生活環境中，從發現事物（watch target）——知道什麼（to know what）、到如何思考（how to think）；透過以既有的認知結構吸收新知的同化反應（assimilation reaction），或是順應環境（adaptation environment）而改變既有認知結構的調適作用（accommodation treatment），包含：開始覺察與注意刺激的輸入知覺（input perception）、感受與反應刺激的內在處理活動（processing internal activity）、以及回饋與表現刺激的輸出外顯動作（output outward expressive motor functions）等複雜與統合的歷程，達到平衡發展（equilibrium development）的狀態（見圖 5-1）。

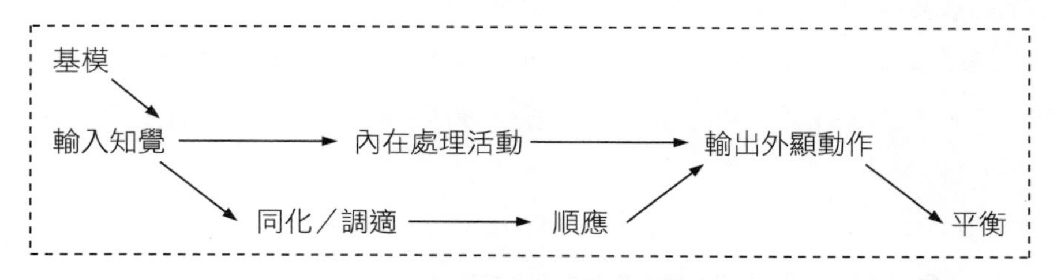

圖 5-1　幼兒認知歷程與發展

第一節 幼兒認知能力的發展

瑞士心理學家Piaget（1962/1975）從「認知發展論」（cognitive theory of development）的觀點，主張學前階段的幼兒認知發展，可以區分為下列兩個階段：

1. 0至2歲——感覺動作期（sensorimotor stage），又稱實用智慧期（practical intelligence）。
2. 2至7歲——前運思期（preoperational stage），又稱直覺智慧期（intuitive intelligence）。

各階段的發展相互關聯與連續，後期發展是前期成長的延伸，前期階段是後期延續的基礎（Bartsch, Horvath, & Estes, 2003; Piaget, 1962）。

歸納文獻（Fireman, Kose, & Solomon, 2003; Squire & Byrant, 2003），每一階段均有其各具特色的認知發展特徵，有關學前幼兒在感覺動作期與前運思期部分，統整如下。

一、感覺動作期的認知發展

0至2歲幼兒，係透過身體動作與感官知覺，在接受刺激與反應的連結作用（connection function）下，覺察、注意並接觸周遭世界。各項感覺動作期認知發展特徵，主要為具體思考（concrete thinking）與反射動作（reflex motor）兩項。

(一)具體思考

幼兒無法理解與使用抽象的語言、思考和符號，必須透過具體存在

的物體，利用感官和動作，例如；吸吮和抓取等方式，探索周遭環境與人、事、物。

具體思考的認知參照架構，是「此時此地」（here and now），在眼見始為真的前提下，對於時間和空間的概念相當有限；容易針對現有存在的實體物產生反應，且由於受到短期記憶（short-term memory）的影響，經常呈現簡單與重複的肢體動作。

㈡反射動作

包括：足底反射（Babinsky reflex）、握拳反射（Darwinian reflex）、驚嚇／摩羅反射（Moro reflex）、退縮反射（withdrawal reflex）、搜尋反射（rooting reflex）與頸部反射（tonic neck reflex）等項。各項反射動作沒有受到大腦意識的影響，直接對所接受到的刺激產生固定反應。

感覺動作期的幼兒常見下列兩種反射動作：

1. 同一刺激、引起相同反應的單純化反射動作。
2. 與生俱來、非經學習如吸食與適應生活的自然化反射動作。

經由神經功能的成熟，單純與自然化的反射動作會逐漸褪減或消失；至於瞳孔對強弱光線的縮放，或觸碰冷熱刺激的肌肉伸縮等反射動作則終生存在。

各項感覺動作期的認知發展特徵，歷經：反射期（reflexes stage）、初級循環反應（primary circular reaction）、次級循環反應（secondary circular reaction）、協調性次級循環反應（coordination secondary circular reaction）、第三級循

環反應（tertiary circular reaction）與心智表現（mental representation）等六個階段。

依據年齡分期，歸納如表 5-1。

表 5-1　感覺動作期的認知發展特徵

年齡（月）	分期	認知發展特徵
1. 出生至 1 個月	反射期	根據觀察與反射動作學習
2. 1 至 4 個月	初級循環反應	由於基本需求的滿足重複行為反應
3. 4 至 8 個月	次級循環反應	對感興趣的操作一再重複
4. 8 至 12 個月	協調性次級循環反應	開始有目的的結合與組織反應動作
5. 12 至 18 個月	第三級循環反應	具有基礎的保留概念喜歡躲藏遊戲
6. 18 至 24 個月	心智表現	依靠事物的外觀解決問題

資料來源：Fireman, G., Kose, G., & Solomon, M. J.（2003）. Self-observation and learning: the effect of watching oneself on problem solving performance. *Cognitive development,* 18, 345.

隨著日漸成熟與發展，感覺動作期的幼兒逐漸從反射動作發展到有目的的活動，進入前運思期。

二、前運思期幼兒的認知發展

前運思期的認知發展特徵可區分為下列兩各階段。

(一) 2 至 4 歲——**前概念期**（preconceptual stage）

主要特徵包括：將無生命體擬人化的想法（animistic thinking）、以及缺乏保留概念（conservation thought，或稱守恆概念，conservation conception）。

在擬人化方面，幼兒認為摘花或拔樹葉，樹會感到痛；同時，幼兒也

覺得太陽有生命，會跟著人的背後走，所以太陽會發光、人有影子；因此，前概念期幼兒仍然缺乏辨別人與物相互關係的能力。

保留概念表現在幼兒單純經驗的記憶認知特質上。例如：幼兒認為原來相同重量的圓形泥球，在其中一個另外揉成長條形後，改變形狀的結果，兩個球的重量並不相同，意即幼兒尚未發展出形狀改變而質量不變的守恆概念。一項在詢問有關幼兒兄弟關係測驗（sibling relation test）中，可以發現幼兒能說出自己有哥哥，卻認為哥哥沒有弟弟。這些現象同時註解幼兒專注於所關心的焦點（centration focus），卻忽略其他事物的注意力；以及幼兒水平性單向（horizontal decalage）思考，不能思慮後續行為的無邪特性，即為幼兒缺乏與保留概念相關的理解式可逆性（understand reversiblity）。

㈡ 4至7歲——直覺期（intuitive stage）

主要特徵包括；具有直覺思考（intuitive thinking）、物體關聯性（relating objects）、以及過度類化（over generalization）的傾向。

在直覺思考上，幼兒慣用半邏輯推理（semilogical reason）來解釋操作物的處理方法，例如：幼兒認為人會動，是因為有人在後面推，所以人能走路移動位置。

在物體的關聯性上，幼兒對於整體和部分的關係（part-whole relation）容易混淆。能簡單排列順序，但是缺乏完成系列性工作

（seriation task）的持續力；同時對於數量與總量的類別性問題（quantifying and class-inclusion problem）尚未釐清；例如：看到7條狗玩偶與3隻貓玩偶，總數是10個動物玩偶時，幼兒知道狗比貓多，但是無法理解整體動物玩偶比個別的狗玩偶數量多的道理。

過度類化則顯現在恐懼黑暗（fear dark）的心理現象，幼兒因為害怕黑暗，也加深獨處時的焦慮感與依附需求（attachment needs），同時對於黑衣人敬而遠之。當幼兒的學習行為開始顯現表徵性功能（symbolic function）及發展時間與空間概念時，漸能內化事件或物體，可以初步運用語言、圖形等符號進行心象、模仿、想像遊戲與圖畫等操作認知活動，但仍缺乏體積、數目與質量等保留知能（conservation knowledge）；亦能透過遊戲，處理簡單的分類工作（classification task）。

綜言之，歸納有關前運思期幼兒的認知發展特徵於下（見表5-2）。

表5-2　前運思期幼兒的認知發展特徵

年齡（歲）	分期	認知發展特徵
2至4歲	前概念期	擬人化、缺乏保留概念
4至6歲	直覺期	直覺／水平性單向思考、物體關聯性／過度類化

依據前述有關幼兒認知發展特徵的學理基礎，本章以擬人化、保留概念、直覺思考與類化等項認知能力，分別作為2至3歲（幼幼班）、3至4歲（小班）、4至5歲（中班）與5至6歲（大班）幼兒，進行觀察與記錄的關鍵行為。

第二節 幼兒擬人化行為的觀察與記錄

擬人化是幼兒對周遭事物賦予生命的一種思考現象與態度。依據 Piaget 等人的研究，認為幼兒對於實體世界（physical world）與純心理世界（purely psychological world）產生混淆，是由於幼兒具有擬人化的行為傾向（Piaget, 1929; Berdent, 1992）。

一、幼兒擬人化行為的觀察特徵

幼兒擬人化行為的觀察特徵，源於幼兒對於週遭人事物的「泛靈觀」（animism）。在幼兒單純的人際接觸中，經常天真無邪的相信所有的人和事、物都有生命（Owen, 1987）。會不會行動或是移動（action or movement），經常是幼兒直覺判斷是不是活著、有沒有生命現象的關鍵。

㈠ Piaget 的實驗

在 Piaget 的實驗裡，有兩項訪談幼兒擬人化發展特徵的實例，節錄如下（Piaget, 1929, 1969）。

第一項是 1929 年「實驗者的問題」（experimenter's question）內容如下：

實驗者的問題	幼兒的回答
你活著嗎？	是的，因為我沒有死。
蒼蠅活著嗎？	是的，因為它沒有死。
太陽活著嗎？	是的，因為它製造白天。
蠟燭活著嗎？	是的，因為可以點亮。
風活著嗎？	是的，因為它讓人覺得冷。
雲活著嗎？	是的，因為它會下雨。

第二項是「Kenn和Vel的對話」：

Kenn：水活著嗎？……是的！……為什麼？……它會動……；火有生命嗎？……是的，它會動……。

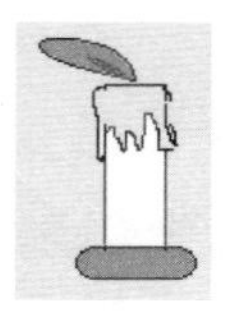

Vel：太陽活著嗎？……是的！……為什麼？……它能照亮……；蠟燭有生命嗎？……沒有！……為什麼沒有？……當它有光的時候才有生命，如果蠟燭不亮，就沒有生命……；腳踏車活著嗎？……當它走的時候就是活著，不走的時候，就沒有生命了。

㈡研究案例

Richards和Siegler（1984）在一項早期研究中，比較4至5和5至6歲幼兒，發現：兩項年齡階層幼兒對於「是不是有生命」具有下列不同的觀點（見表5-3）。

表 5-3　4 至 5 歲和 5 至 6 歲幼兒擬人化觀點的差異

年齡	類別（%）				
	人	動物	樹	植物	無生命事物
4 至 5 歲	75	100	6	12	12
5 至 6 歲	75	100	25	25	6

研究結果顯示，隨著心智發展與成熟，幼兒的擬人化行為亦隨之改變。

幼兒擬人化的行為特質，是幼兒心智想像（mind imagination）的投射歷程。當幼兒顯現擬人化行為時，記憶中新與舊、真實與虛幻（reality & imaginary）的想像融合成為一種擬似的意象（Piaget, 1969），讓幼兒超越現實狀況，以為周遭所有的玩具、布偶、動物，都是他的友伴，可以和他一起玩，可以和他對話。在童年無憂無慮、充滿好奇與幻想的快樂時光，是幼兒各項擬人化行為最寶貴的資產。

研究顯示：幼兒擬人化行為，具有預期想像（anticipatory imagination）、再生想像（reproductive imaination）與創造想像（creative imagination）等項發展特徵（Holliday, Reyna, & Hayes, 2002）。

預期想像使幼兒超越時空，假想未來可能或即將發生的事情；4 歲以前的幼兒，會因為喜歡的圖畫書被取走、玩偶消失或寵物不見，想像與害怕失落而嚎啕大哭。再生想像使幼兒喚起記憶，回到過往曾經發生過的事件裡；4 至 5 歲幼兒由於曾經感受過的快樂、哀傷，或其他愉快、不愉快的經驗再度發生，而重新感受當時相同的情緒。創意想像激發幼兒無中生有的胡思亂想，在海闊天空的遐思裡，產生前所未有的新點子；5 至 6 歲的幼兒，在獨立與想像的心智發展中，顯得詭計多端、慧黠伶俐。

二、幼兒擬人化行為的記錄指標

從前述各項幼兒期擬人化行為的觀察特徵中，可以瞭解幼兒對於卡通動畫、真實情境搭配虛擬空間、超神奇幻境、穿越時空等題材的讀物與戲劇充滿興趣的天性。

準此，從年齡階層，統整前列對於幼兒擬人化行為發展特徵的闡述，探討幼兒擬人化行為的記錄指標，如下：

㈠ 2 至 3 歲幼兒的擬人化行爲

會指認圖片陳述、對著玩偶或寵物喃喃自語和談天說地，或是在塗鴉過程中融入想像情境。

㈡ 3 至 4 歲幼兒的擬人化行爲

喜歡假想遊戲，愛玩家家酒的角色扮演活動。

㈢ 4 至 5 歲幼兒的擬人化行爲

經常堆建積木、搭蓋想像中的摩天大樓，並對成品賦予意義和理由化的解釋（reasonable explanation）。

㈣ 5 至 6 歲幼兒的擬人化行爲

對組合模型飛機充滿期待，從拼圖中，得意的體會自己別出心裁的創意（見圖 5-2）。

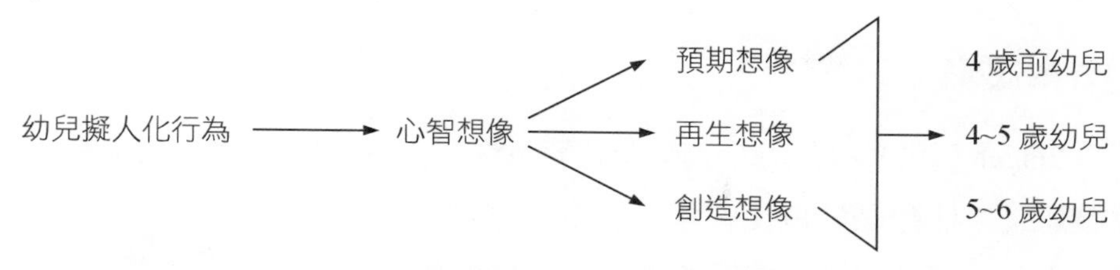

圖 5-2　幼兒擬人化行為的成長指標

資料來源：作者歸納文獻製圖。

第三節　幼兒保留概念的觀察與記錄

保留概念是幼兒對於自己曾經觀察或經歷的人或物品，在其重量不變而外觀形象改變後，仍然能夠保有對於未改變前的印象，並加以指認的歷程（Tomlinson-Keasey, Eisert, & Kahle, 1979）。幼兒隨著年齡的增長，逐漸瞭解物體重量沒有改變而外觀形狀改變，結果仍和原物體相同的道理。

一、幼兒保留概念的觀察特徵

1930 至 1940 年代中，Piaget 透過兩排同樣數目、被稱為「最初狀態」（initial state）的硬幣，經過重組成為不等長的排列後，再指認「最後狀態」（final state）的硬幣，觀察是不是有一排硬幣變得比較多？Inhlder 和 Piaget（1958）在實驗室中，也進行把圓形黏土搓成長條形，或把圓形玻璃容器的水倒入長條形玻璃容器，詢問幼兒兩者是否異同的研究。

實驗發現，幼兒容易出現下列傾向：

㈠外觀認定

Piaget（1975）發現幼兒無法給予簡單、一般性的答案；只是容易從外觀認為：比較長的就比較多，因為「它們比較長！」。有時候幼兒會認為湊在一起的硬幣比排成一列的多，「因為它們聚在一起！」幼兒比較難以分辨被移動後的硬幣數字並沒有改變；不若成年人會注意到硬幣並沒有增加或減少的現象。

㈡守恆概念

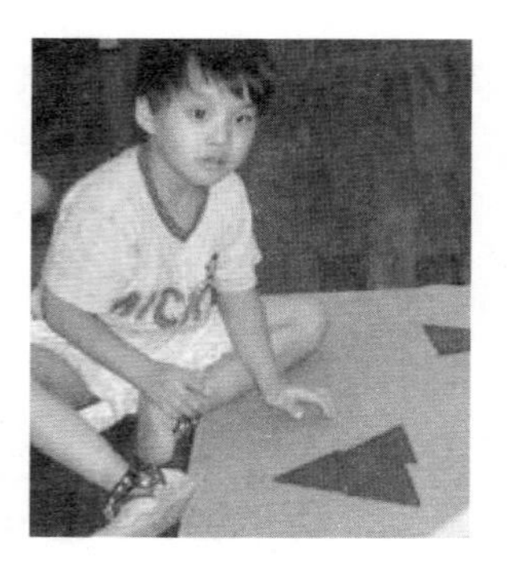

個體保留對於物體重量不因形狀改變或位置移動而受影響的心理傾向，也稱為守恆概念。伴隨認知經驗的豐富與發展的成熟度，個體由數量守恆（conservation of number），漸次發展到容積守恆（conservation of volume）與空間守恆（conservation of space）；這些認知特質，蘊含幼兒因為受到具體物的視覺與接觸刺激，進而產生學習後的記憶保留（memory retention）現象（Szagun, 2001）。在幼兒發展歷程中，學習是幼兒接受刺激或經由練習後的立即性短暫記憶（instant & short-term memory），保留則意涵漸進性的長程記憶（gradually & long-term memory）（Reyna, Holliday, & Marche, 2002）。

二、幼兒保留概念的記錄指標

幼兒由於發展成熟，並循序漸進獲得保留概念與相關認知技巧，亦因年齡階層而有不同的成長指標。文獻上曾針對學前幼兒進行有關「保留實驗」（conservation task）的研究（Thomas, 1979; Valler, 1981），內容包括幼兒對數量、長度、物質、空間、重量與面積等項，結果發現：一直要到 6 至 7 歲，幼兒對數量才具有較為清晰的概念；至於物質與長度，必須在 7 至 8 歲間才能加以分辨；空間和重量約在 9 至 10 歲間；面積則須到 12 歲才能理解。換言之，保留概念、守恆與不可逆反應在學前階段尚未發展健全。

準此，從心理發展的向度，探討幼兒缺乏保留概念的行為表現，顯現出「存在才有（to be is to have）、眼見為真（to see is truth）」的特質（Bruce, Davis, & Gunnar, 2002）。就幼兒年齡階層，統整保留概念的成長指標，如下：

㈠ 2 至 3 歲幼兒的保留概念

忘記被收藏的玩具，對突然出現的玩具，興趣遠大於長久放置放於眼前、沒有更換的一堆玩具。看不到熟人，即使聽到聲音，也會感到害怕而哭泣。

㈡ 3 至 4 歲幼兒的保留概念

對於事物顯現喜新厭舊的態度、對於熟人戀舊而親熱、對於陌生人表現冷漠與排斥、上廁所則會擔心因為關門被隔離而心生恐懼。

㈢ 4 至 5 歲幼兒的保留概念

喜歡玩躲貓貓的遊戲，開始嘗試循著聲音找人，會記得拿出收好的玩具來玩。

㈣ 5 至 6 歲幼兒的保留概念

知道簡單的數字和數量間的關係、會尋找失物、不輕易更換抱著的心愛玩偶（見圖5-3）。

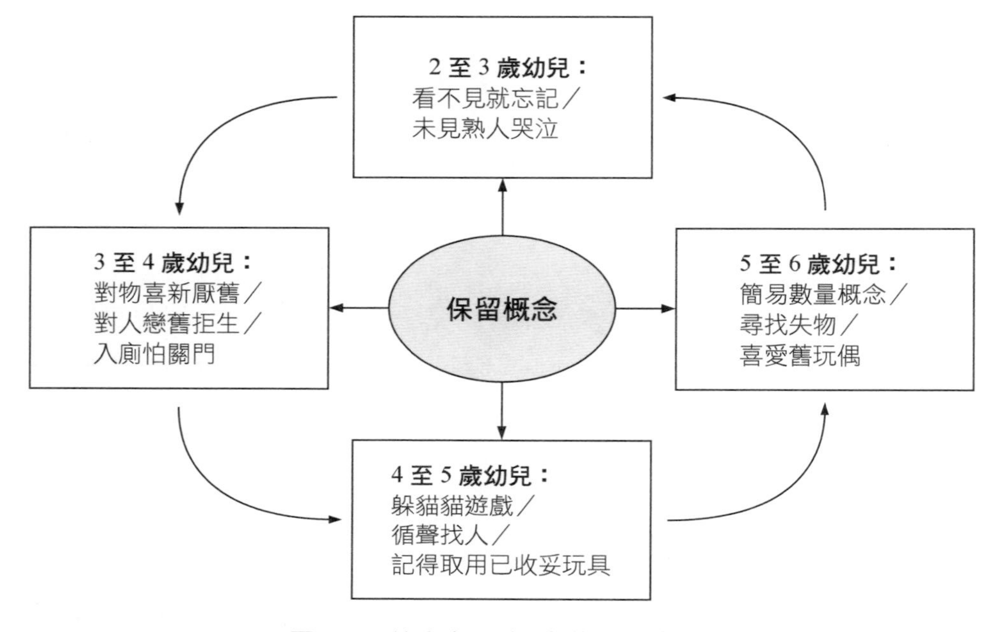

圖 5-3　幼兒保留概念的成長指標

第四節　幼兒直覺思考的觀察與記錄

直覺又稱為直觀，是指未經思考或推理的歷程，對所看見或面臨的事物，憑個體主觀的感覺與經驗，做出立即與直接的反應。思考是訊息處理（information process）的策略之一，直覺思考兼融功能型與聚斂式（function & convergent type）屬性，是一種單向（one-direction）與垂直的思考型態，通常缺乏理性判斷，也不考慮行為後果（Newcombe, 2003），顯現出「做了就算，做了就忘」的態度，類似俗話說「不管他」的果決和衝動。

一、幼兒直覺思考能力的觀察特徵

在認知發展過程中，Piaget 認為直覺思考是幼兒心智成長裡訊息處理系統的一部分，是一種有機性的模式（organismic model），隨著年齡與成熟度日益增加，蘊含著幼兒認知能力在質與量（qualitative & quantitative）雙方面的改變，並表現在下列訊息處理、直觀感受與問題解決等方面（O'Neill & Chongm, 2001; Ruffman, Rustin, Garnham, & Memon; 2001）。

㈠訊息處理

直覺思考是幼兒在前運思期判斷事情與處理問題的方式，Miller（1989）和 Siegler（1983）曾進行「直覺思考的訊息處理與電腦中央處理機的運作之類比研究（analogy research）」，分從輸入、記憶、處理過程與輸出等四項流程加以說明（見表 5-4）。

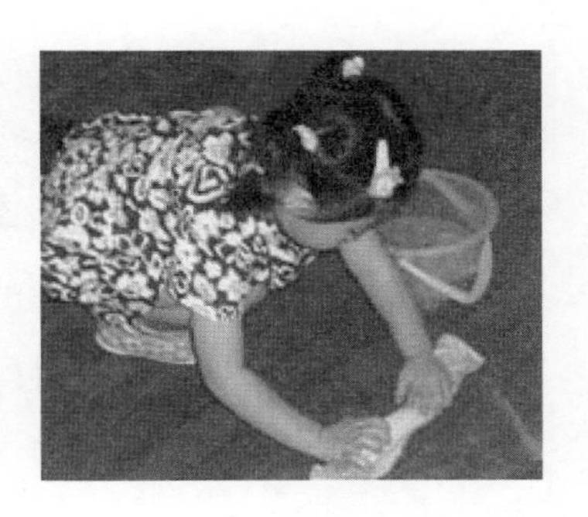

表 5-4　垂直思考的類比研究歷程

流程	電腦	直覺思考
輸入	鍵盤、滑鼠、數據機	眼睛、耳朵、鼻子、舌頭、皮膚或手指
記憶	磁碟、軟碟、硬碟	大腦記憶、認知覺察
處理	中央處理機	感覺、經驗、印象
輸出	螢幕、列表機	口說、行為反應、書寫

㈡直觀感受

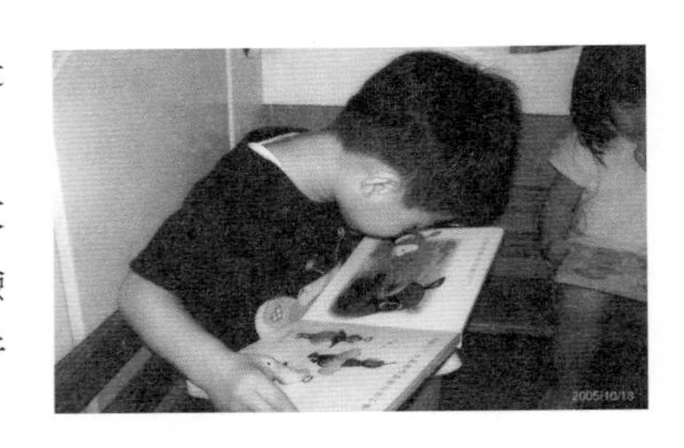

從流程中可以發現，直覺思考是透過感官知覺的直接感受（視、聽、嗅、味覺、觸碰或撫摸等），經由大腦記憶或認知覺察、透過感覺、經驗或既存印象處理、直接顯現語言、行為或文字等反應型態。

㈢問題解決

幼兒由於生活範圍有限、人際接觸侷限於照顧者與家人，生活單純且思慮簡單，以直覺思考作為面對各項問題解決的方式，正是童稚天真無邪的寫照。從負向角度來說，由於不計後果的特質，直覺思考使幼兒容易執著與剛愎、甚至萌生一意孤行的任性與嬌氣。就積極面審視，直覺思考可以反應幼兒真實心境、感受與需求，順勢引導合邏輯性的思考模式。

二、幼兒直覺思考能力的成長指標

幼兒的直覺思考是受到限制的，由於不同的家庭背景與年齡階層，其生活經驗、人際接觸與認知視野也產生個別差異。

從思考的屬性探討，垂直思考依據幼兒年齡發展的序階，呈現下列類型（Huffman & Cummings, 2002）。

㈠ 2 至 3 歲幼兒的垂直思考

是屬於方向性的聯想式思考（associative thinking）型態，習慣隨機性處理問題，具有漫無目的、天馬行空的特質，想到哪裡算哪裡，隨時產生意念，但是說不出一個所以然來；聯想式思考只是短暫記憶，通常幼兒指看故事書時，會激發出自言自語的陳述現象；或是憑空幻想、把毫無關聯的人或動物組合一起。

㈡ 3 至 4 歲幼兒的垂直思考

是屬於過程性的捷徑式思考（heuristic thinking）型態，習慣不假思索，具有不按牌理出牌解決問題的特質。當幼兒抽不出玩具箱時，會如法炮製曾經敲打取出的方式；若是曾經只要哭喊，父母或照顧者就會立即前來代勞，捷徑式思考亦會顯現幼兒依賴成性、便宜行事的行為。

㈢ 4 至 5 歲幼兒的垂直思考

是屬於運作性的聚斂式思考（convergent thinking）型態，習慣以單一、固定、封閉性答案解決面臨的問題；具有以既有想法、依據印象處理事情的特質。當幼兒想要拿取置物櫃上的糖果罐時，印象裡比自己高的爸媽伸手可及，於是想到拿椅子墊高，卻不會顧及附有輪子的椅腳會滑動，可能讓自己重心不穩摔下來；也不會想到玻璃罐從高處拿取可能掉下來摔破、砸傷的危險。聚斂式思考的另項特質是習慣尋求單一與固定性答案，若是教師在幼兒尚未說出自己的觀點前，就說出答案或解決的方法，很可能容易影響幼兒處理的態度，會使幼兒照著解答思考。

㈣ 5 至 6 歲幼兒的垂直思考

是屬於結果性的複製式思考（reproductive thinking）型態，習慣蕭規曹隨、重複案例遵循舊法來表現行為，具有遵照指示和規定重複行事的特質。在教具操作與遵守班規時，會依照乖寶寶的典範，重複讓老師或教養者滿意，並獲得稱讚的行為；當教師在幼兒進行創作以前，就提供示範或案例，很可能形成幼兒照本宣科、依例練習、墨守成規的行為。複製式垂直思考，和幼兒道德成規前期（preconventional level）由於缺乏辨別是非的能力、因恐懼受到懲罰而遵守規定的特質有異曲同工處。若是教師一味以注入式方式教導幼兒，則可能形成幼兒填鴨式學習和記憶背誦的習慣（Villiers & Pyers, 2002）（見圖 5-4）。

（垂直思考是引導培養獨立思考的途徑之一）

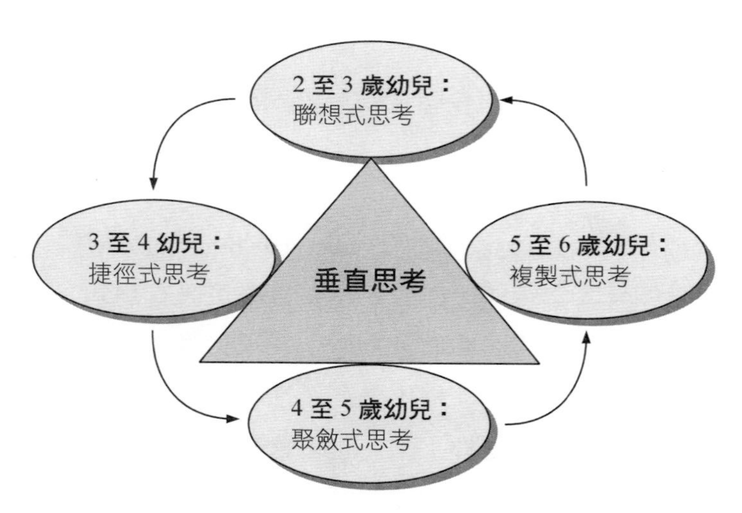

圖 5-4　幼兒垂直思考的成長指標

第五節 幼兒類化能力的觀察與記錄

類化是一項推論性的判斷，透過經驗，或是已經習得的認知與技能，對於重複出現的相類似、相對應的刺激與情境，針對其屬性或型態，給予普遍性的歸類。學理上，對於抽象認知的歸納，稱為抽象類化（abstract generalization）；對於具體事物的的推論，稱為具體類化（concrete generalization）（Jones & Smith, 2002）。

依據Bruner（1964）表徵系統（representive system）心智論的看法，幼兒的類化能力是動作表徵與形象表徵期重要的的智能發展（Sloutsky & Fisher, 2001）。

參照Piaget認知發展論的觀點，類化是前運思期幼兒進行初步分類的起步。

一、幼兒類化能力的觀察特徵

簡易分類（simple category）是幼兒類化能力的發展特質。幼兒的類化能力，包括：分類心態（categorical attitude）與過度類化（over generalization）兩項發展特徵。

㈠分類心態

幼兒具有簡易分類的認知能力，主要是經過由分類心態產生分類行為（categorical behavior）、形成分類知覺（categorical perception）、建立分類概念（categorical concept）等歷程。

由於年齡與成熟度的影響，使幼兒的生活範圍日益擴展，認知與經驗隨之增加。當面臨似曾相識或是非常熟悉的人事物重複出現時，小腦海中自然憑知覺產生分類心態，並且在記憶裡進行分類行為；進而以此類推，形成分類知覺，對於相同或相似的刺激，產生類屬的心理傾向；最後建立分類概念，發展出具體的以此類推與觸類旁通等類化行為（見圖 5-5）。

㈡過度類化

幼兒的類化行為要避免過度類化的現象，心理學實驗中的鬍鬚經驗（beard experience）（Baillargeon & Wang, 2002），幼兒因為撫摸小貓可愛的白毛被咬，對老人的白鬍鬚也心生畏懼；當幼兒被魚刺梗住喉嚨後，應該學會小心吃魚的習慣，而不是害怕或不吃魚的心態。成語中「杯弓蛇影」、「一朝被蛇咬、十年怕草繩」的故事，也是過度類化的寫照。

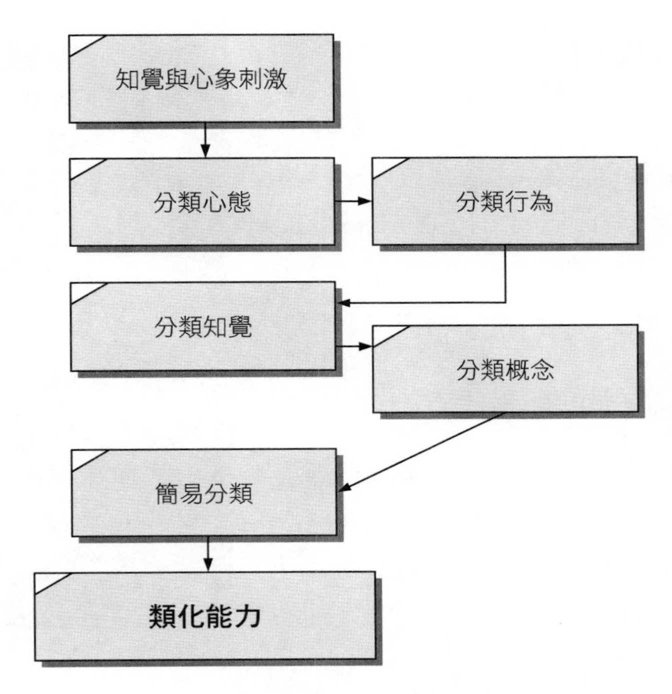

圖 5-5　幼兒類化能力的發展特徵

二、幼兒類化能力的成長指標

就學習類型而言，幼兒的類化能力是經由相同刺激所引起的制約反應（conditional reaction），各項不同制約反應促使幼兒現有的認知能力進行歸納與組織，產生幼兒遷移為具有外在效度（external validity）的相關學習（Casasola & Cohen, 2002）。

綜合前述，依照幼兒年齡階層，有關幼兒類化能力的成長指標，包括下列各項行為：

㈠ 2 至 3 歲幼兒的類化能力

2 至 3 歲幼兒正處於具體物接觸時期，由於直觀體會的經驗，使幼兒對於所接觸的人事物產生初步印象（initial impression），形成腦海中的記憶，建立類化能力。

㈡ 3 至 4 歲幼兒的類化能力

3 至 4 歲幼兒正處於知覺感受時期，經由視、聽、觸、動與嗅覺的接收刺激，形成分類知覺，並具有基礎的區辨能力（discriminative ability），知道把人和動物分開，吃的食物和穿的衣服並不一樣，由此建立類化能力。

㈢ 4 至 5 歲幼兒的類化能力

4 至 5 歲幼兒正處於群類集合（grouping collection）時期，能瞭解歸納的意義，會從功能性的角度，簡單歸屬人事物；例如：男生、女生各自一群，衣服和裙子是不同類型的分法，由此建立類化能力。

㈣ 5 至 6 歲幼兒的類化能力

5 至 6 歲幼兒正處於遷移類推時期，已經具有分類概念，經由認知理解，可以掌握顯著的屬性，進行人事物的分類；並

就自我經驗，依循類化的方式，遷移其他學習或類推於相似情境。例如：從會數認數字到排碗筷湯匙；從知道量的大小，明白錢幣和鈔票的數量等，由此建立類化能力。

前列各項幼兒類化能力的發展指標，統整如圖 5-6。

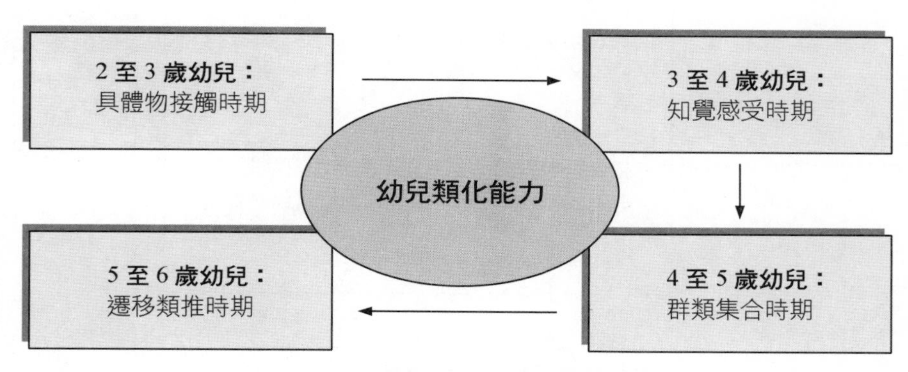

圖 5-6　幼兒類化能力的成長指標

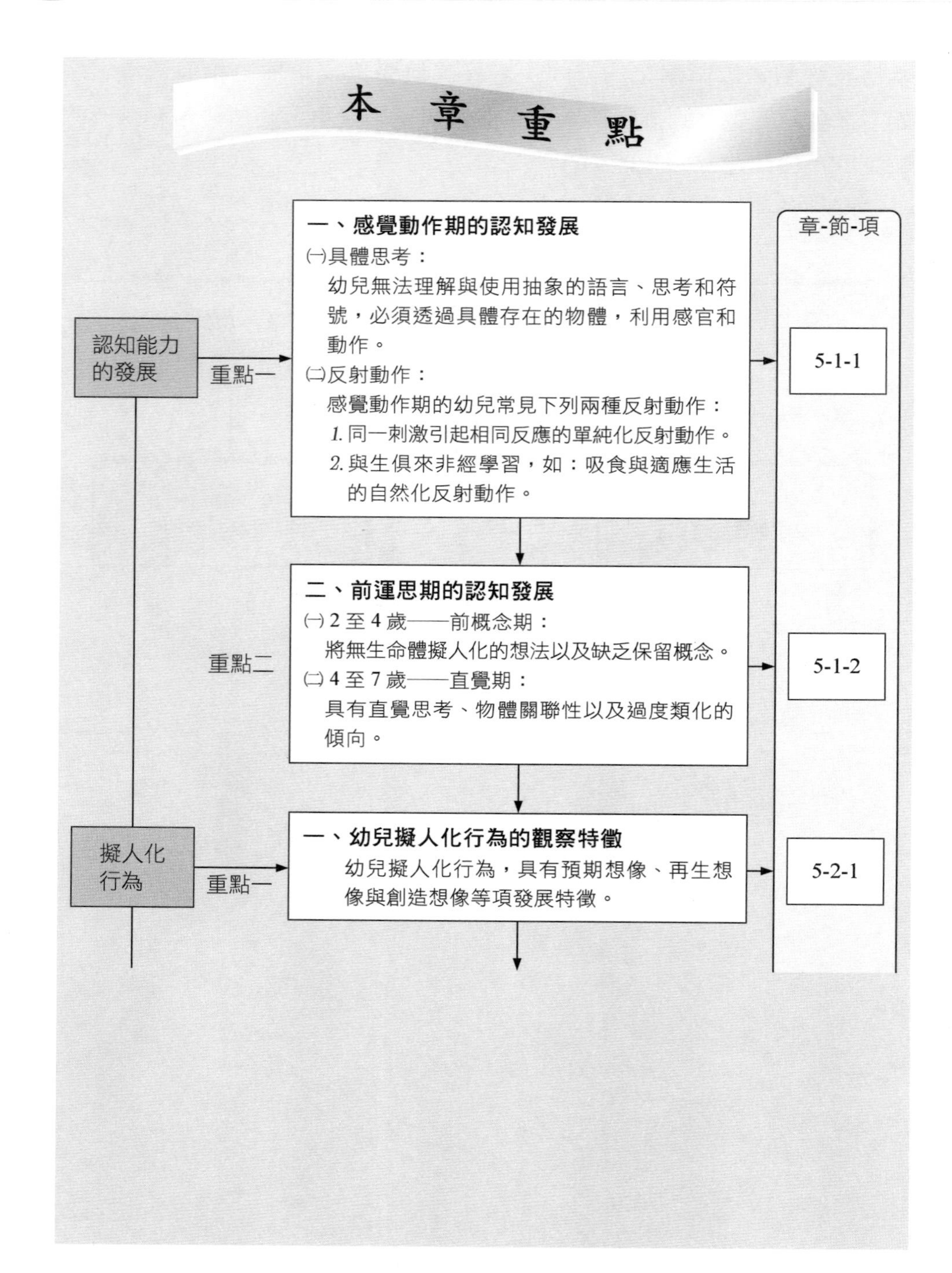
本章重點
章-節-項
認知能力
的發展
重點一
一、感覺動作期的認知發展
㈠具體思考：
幼兒無法理解與使用抽象的語言、思考和符號，必須透過具體存在的物體，利用感官和動作。
㈡反射動作：
感覺動作期的幼兒常見下列兩種反射動作：
1. 同一刺激引起相同反應的單純化反射動作。
2. 與生俱來非經學習，如：吸食與適應生活的自然化反射動作。
5-1-1
重點二
二、前運思期的認知發展
㈠ 2 至 4 歲——前概念期：
將無生命體擬人化的想法以及缺乏保留概念。
㈡ 4 至 7 歲——直覺期：
具有直覺思考、物體關聯性以及過度類化的傾向。
5-1-2
擬人化
行為
重點一
一、幼兒擬人化行為的觀察特徵
幼兒擬人化行為，具有預期想像、再生想像與創造想像等項發展特徵。
5-2-1

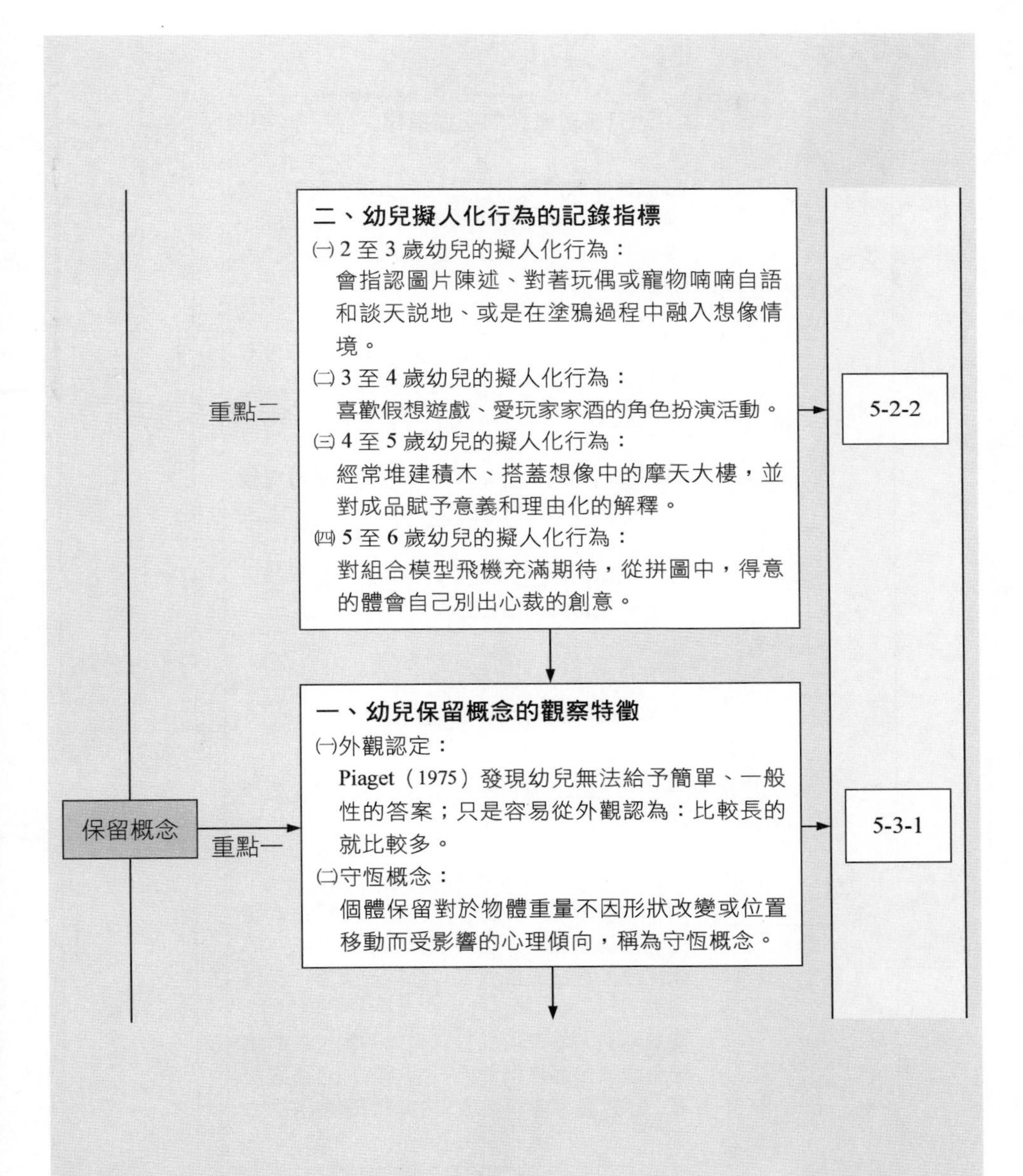
二、幼兒擬人化行為的記錄指標
(一) 2 至 3 歲幼兒的擬人化行為：
會指認圖片陳述、對著玩偶或寵物喃喃自語和談天說地、或是在塗鴉過程中融入想像情境。
(二) 3 至 4 歲幼兒的擬人化行為：
喜歡假想遊戲、愛玩家家酒的角色扮演活動。
(三) 4 至 5 歲幼兒的擬人化行為：
經常堆建積木、搭蓋想像中的摩天大樓，並對成品賦予意義和理由化的解釋。
(四) 5 至 6 歲幼兒的擬人化行為：
對組合模型飛機充滿期待，從拼圖中，得意的體會自己別出心裁的創意。
重點二
5-2-2
保留概念
重點一
一、幼兒保留概念的觀察特徵
(一)外觀認定：
Piaget（1975）發現幼兒無法給予簡單、一般性的答案；只是容易從外觀認為：比較長的就比較多。
(二)守恆概念：
個體保留對於物體重量不因形狀改變或位置移動而受影響的心理傾向，稱為守恆概念。
5-3-1

二、幼兒保留概念的記錄指標

㈠ 2 至 3 歲：
忘記被收藏的玩具，對突然出現的玩具，興趣遠大於長久放置放於眼前、沒有更換的一堆玩具。看不到熟人，即使聽到聲音，也會感到害怕而哭泣。

㈡ 3 至 4 歲：
對於事物顯現喜新厭舊的態度、對於熟人戀舊而親熱、對於陌生人表現冷漠與排斥、上廁所則會擔心因為關門被隔離而心生恐懼。

㈢ 4 至 5 歲：
喜歡玩躲貓貓的遊戲、開始嘗試循著聲音找人、會記得拿出收好的玩具來玩。

㈣ 5 至 6 歲：
知道簡單的數字和數量間的關係、會尋找失物、不輕易更換抱著的心愛玩偶。

重點二 → 5-3-2

一、幼兒直覺思考能力的觀察特徵

㈠訊息處理：
直覺思考是幼兒在前運思期判斷事情與處理問題的方式。

㈡直觀感受：
直覺思考是透過感官知覺的直接感受（視、聽、嗅、味覺、觸碰或撫摸等），經由大腦記憶或認知覺察，透過感覺、經驗或既存印象處理，直接顯現語言、行為或文字等反應型態。

㈢問題解決：幼兒由於生活範圍有限，人際接觸侷限於照顧者與家人，生活單純且思慮簡單，以直覺思考作為面對各項問題解決的方式。

直覺思考能力 → 重點一 → 5-4-1

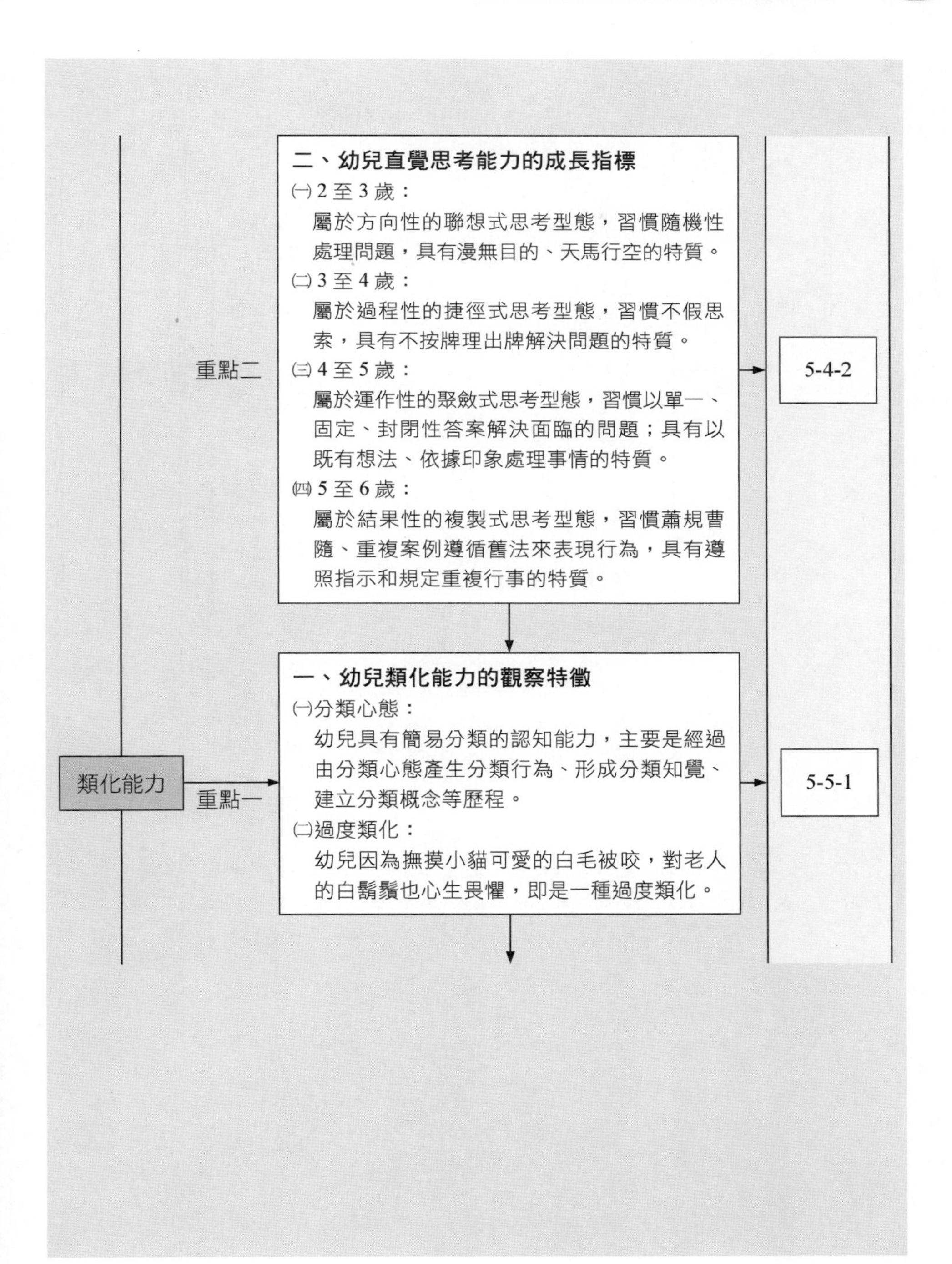
二、幼兒直覺思考能力的成長指標
㈠ 2 至 3 歲：
屬於方向性的聯想式思考型態，習慣隨機性處理問題，具有漫無目的、天馬行空的特質。
㈡ 3 至 4 歲：
屬於過程性的捷徑式思考型態，習慣不假思索，具有不按牌理出牌解決問題的特質。
㈢ 4 至 5 歲：
屬於運作性的聚斂式思考型態，習慣以單一、固定、封閉性答案解決面臨的問題；具有以既有想法、依據印象處理事情的特質。
㈣ 5 至 6 歲：
屬於結果性的複製式思考型態，習慣蕭規曹隨、重複案例遵循舊法來表現行為，具有遵照指示和規定重複行事的特質。
重點二
5-4-2
類化能力
重點一
一、幼兒類化能力的觀察特徵
㈠分類心態：
幼兒具有簡易分類的認知能力，主要是經過由分類心態產生分類行為、形成分類知覺、建立分類概念等歷程。
㈡過度類化：
幼兒因為撫摸小貓可愛的白毛被咬，對老人的白鬍鬚也心生畏懼，即是一種過度類化。
5-5-1

二、幼兒類化能力的成長指標

㈠ 2 至 3 歲：

由於直觀體會的經驗，使幼兒對於所接觸的人事物產生初步印象，形成腦海中的記憶。

㈡ 3 至 4 歲：

經由視、聽、觸、動與嗅覺的接收刺激，形成分類知覺，並具有基礎的區辨能力。

㈢ 4 至 5 歲：

能瞭解歸納的意義，會從功能性的角度，簡單歸屬人事物。

㈣ 5 至 6 歲：

已經具有分類概念，經由認知理解，可以掌握顯著的屬性，進行人事物的分類；並就自我經驗，依循類化的方式，遷移其他學習，或類推於相似情境。

重點二

5-5-2

第六章

幼兒語言溝通的觀察與記錄

第六章

幼兒語言溝通的觀察與記錄

（本章題綱）

第一節 幼兒語言溝通的發展階段

一、幼兒語言溝通的發展階段
- (一)前語言期
- (二)語言擴展期
- (三)語言分化期
- (四)語言充實期
- (五)語言利用期

第二節 幼兒雙字語溝通能力的觀察與記錄

一、幼兒雙字語溝通能力的觀察特徵
- (一)同音雙字語
- (二)異音雙字語

二、幼兒雙字語溝通能力的成長指標
- (一)雙唇音雙字語溝通能力
- (二)開口呼雙字語溝通能力

第三節 幼兒多字詞溝通能力的觀察與記錄

一、幼兒多字詞溝通能力的發展特徵
- (一)個別單字型
- (二)單字和雙語組合型
- (三)雙語和單字組合型

二、幼兒多字詞溝通能力的成長指標
- (一)個別單字型的表達能力
- (二)單字和雙語字型的溝通能力
- (三)雙語字型和單字的溝通能力

第四節 幼兒複合句溝通能力的觀察與記錄

一、幼兒複合句溝通能力的發展特徵
- (一)對等性複合句
- (二)從屬性複合句
- (三)連續性複合句

二、幼兒複合句溝通能力的成長指標
- (一)對等性複合句的溝通能力
- (二)從屬性複合句的溝通能力
- (三)連續性複合句的溝通能力

第五節 幼兒閱讀陳述能力的觀察與記錄

一、幼兒閱讀陳述能力的發展特徵
- (一)看圖說話
- (二)圖文猜想
- (三)視字指讀

二、幼兒閱讀陳述能力的成長指標
- (一)看圖說話的溝通能力
- (二)圖文猜想的溝通能力
- (三)視字指讀的溝通能力

語言是人類綜合說、聽、寫等能力，所表達的一種規則性的溝通系統（Manfra, 2003）。人類自出生三個月的嬰兒，就開始具有語言溝通（language communication）的行為。

語言溝通是心理語言學（psycholinguistics）的研究範疇之一，由於個體大腦中樞的語言區（speech area）發展漸趨成熟，以至於能理解語意（semantic）、習得語詞（morpheme），並且透過器官發出語音（phonetic）（Shriberg, Friel-Patti, Flipsen, & Brown, 2000），是人際溝通與社會互動的重要橋樑（圖 6-1）。

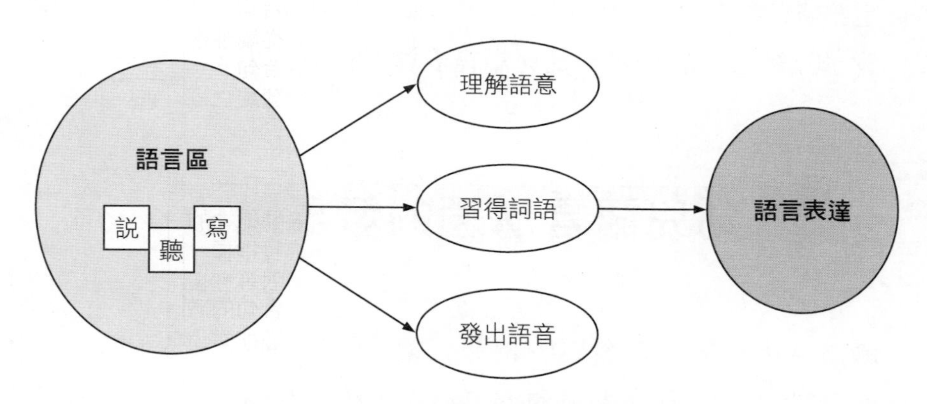

圖 6-1　幼兒語言溝通發展與歷程

從 Whorf（1956）、Bruner（1964）、Vygotsky（1962）與 Piaget（1955）等人的研究發現，語言表達能力與個體的認知、思考、文化背景及社會經驗密切相關，並相互影響（Siegler, 2000）。Whorf認為：幼兒的文化背景反映在語言表達的思考層面；Bruner從表徵系統強調：社會經驗是充實幼兒語言表達的資源；Vygotsky 基於後設認知（metacognition）的功能性，說明：幼兒經由語意瞭解能促進語言表達的水準；Piaget 著重具體操作的運思歷程能建立語言溝通的基礎（見圖 6-2）。

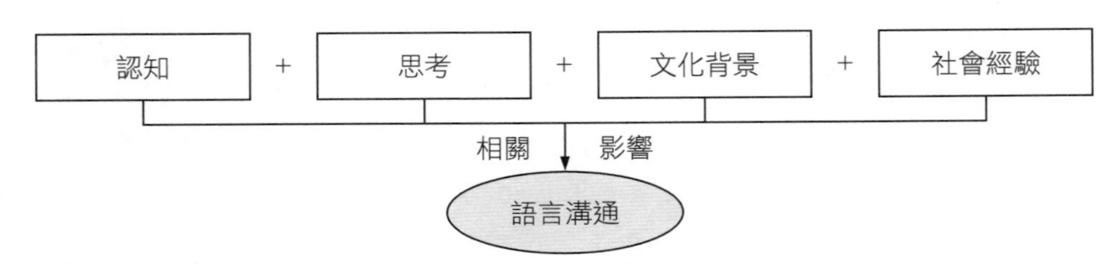

圖 6-2 語言溝通的相關與影響因素

綜言之，幼兒經由認知發展語意，透過思考可以豐富語詞，文化背景奠定語音的特質，社會經驗可以增強語法的利用程度。認知、思考、文化背景及社會經驗是發展幼兒語言表達的重要因素。

第一節 幼兒語言溝通的發展階段

歸納各項幼兒語言發展的相關文獻（Bijorklund & Rosenblum, 2001; Duncan, 2000; Winsler, Diaz, & Montero, 2000），統整有關幼兒語言溝通的發展特徵，包括：前語言期（prelinguistic phase）、語言擴展期（linguistic extend phase）、語言分化期（linguistic disinterate phrase）、語言充實期（linguistic enriched phrase）及語言利用期（linguistic utility phrase）等五個階段：

一、前語言期

約自出生到 2 歲的年齡階層，是語言溝通的萌芽階段。幼兒以發出語音為主，從無語詞的咕咕聲（cooing）、呀語（babbing），到模仿性的回音（echolalia），同時以容易發聲的雙唇音（double-lip sound）作為語言溝通的初階。

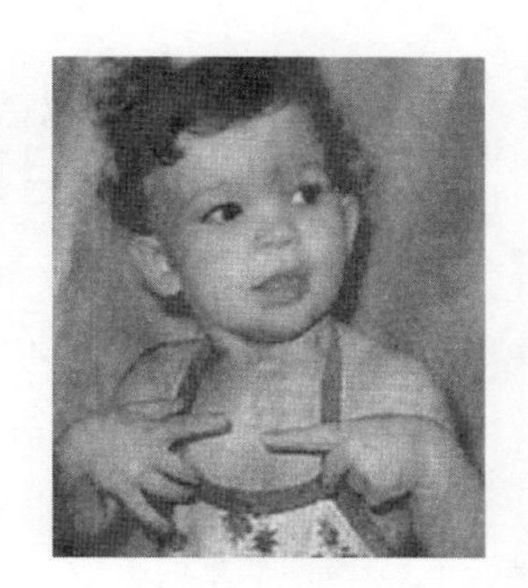

二、語言擴展期

約 2 歲到 3 歲的年齡階層，是幼兒語言溝通的奠基階段。幼兒嘗試從初步的語言動作（speech action）中，附以雙字語（two-word）傳達訊息、顯示情緒、流露需求與回應。

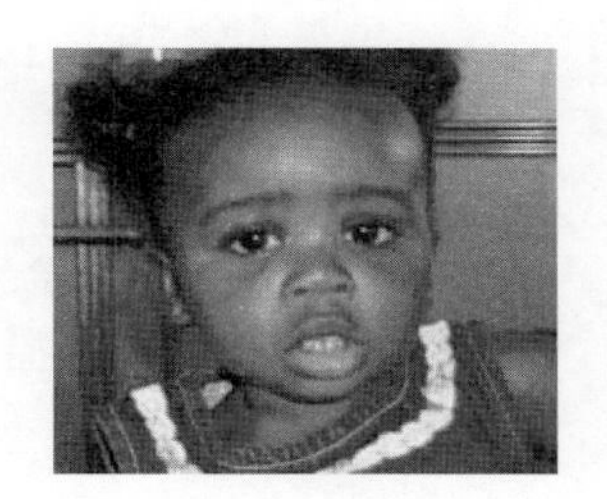

三、語言分化期

約 3 歲到 4 歲的年齡階層，是幼兒語言溝通的分歧階段。幼兒從日漸增加的人際接觸及生活經驗裡，體會語言習得的策略（language acquisition device, LAD），漸進式地調整語言表達型態，以多字詞（multi-words）最常出現在日常應對中。

四、語言充實期

約 4 歲到 5 歲的年齡階層，是幼兒語言溝通的豐富階段。幼兒從和照顧者或生活中其他人際的日常接觸裡，習得「母親語言」（motherese），由簡單句逐漸以複合短句（compound short-sentence）進行溝通。

五、語言利用期

約在5歲到6歲的年齡階層，是幼兒語言溝通的多元階段。幼兒從接觸讀物的歷程中，體會語意、瞭解並能連結為意義性的複誦（mean length utterance, MLU），就閱讀的內容進行陳述，是幼兒語言溝通轉銜於社會性互動的重要起步。

依據前述有關幼兒語言溝通發展特徵的學理基礎，學前幼兒的語言溝通特徵分別著重在雙唇音（0至2歲）、雙字語（2至3歲）、多字詞（3至4歲）、複合句（4至5歲）以及閱讀陳述（5至6歲）等項（見表6-1）。

表6-1　幼兒期語言溝通的發展特徵

年齡	階段名稱	語言溝通特徵
0至2歲	前語言期	從無語詞到雙唇音
2至3歲	語言擴展期	從語言動作到雙字語
3至4歲	語言分化期	從語言線索到多字詞
4至5歲	語言充實期	從母親語言到複合短句
5至6歲	語言利用期	從語意複誦到閱讀陳述

準此，本章就幼兒園托育對象2至6歲幼兒，進行其語言溝通的觀察與記錄，探討如後。

第二節　幼兒運用雙字語溝通的觀察與記錄

幼兒的語言溝通象徵大腦中樞的聯絡系統，呈現統合運作的狀態，包括：心理上智能與生理上口腔構造的成熟發展，使幼兒在輸入與輸出訊息中，產生人際互動。

依照 Jackson（1968）對幼兒語言溝通能力的研究，認為從「最大定律」（principle of maximum contrast）的觀點，人類早期語音的發展是從無意義的發出聲音，到表達有目的的發音或語詞，在聲一音一語等牙牙學語的轉銜過程中，雙字語是奠定幼兒語言溝通能力的基礎階段。

（語言溝通是幼兒生活中不可缺少的溝通途徑）

一、幼兒運用雙字語溝通的觀察特徵

雙字語包括兩個簡單的發音或語詞，是幼兒的初語期（initial language stage），從 1 歲 6 個月到 2 歲間開始漸進發展，在 3 歲前達到流利順暢的程度。

在幼兒語言溝通能力發展的過程中，雙字語的溝通能力包含：同音雙字語和異音雙字語兩項發展特徵。

㈠同音雙字語

是指幼兒發出相同音的兩個字語，通稱重複字或疊字，是幼兒期有限字彙的使用象徵。通常幼兒習慣用動作性的同音雙字語，簡略用字來表達意向，例如：睡覺說成「ㄕㄨㄟˋ ㄕㄨㄟˋ」，入廁說成「ㄋㄧㄠˋ ㄋㄧㄠˋ」。在使用物品的稱呼上，也有簡化用字的雙字語，例如：幼兒喝的牛奶，用「ㄋㄟ ㄋㄟ」；稱呼外婆或比媽媽年長的女人，用「ㄆㄛˇ ㄆㄛ˙」。在接受物品和表達肯定時，從模仿中習得的「謝謝」，是幼兒最常用的同音雙字語之一。

同音雙字語溝通時輕巧可愛，是典型的童言童語；但是伴隨幼兒年齡增長，會逐漸減少，甚至於褪除使用同音雙字語。

㈡異音雙字語

是指幼兒發出不同音的兩個字語，俗稱異音詞。通常幼兒在表達意願或喜好時，最常用「我要」、「不要」顯露情緒。異音雙字語可以是簡單的主詞（你）和一個簡單的動詞（好）；也可以是一個簡潔的動詞（喜歡），配合幼兒的動作，進行語言溝通。

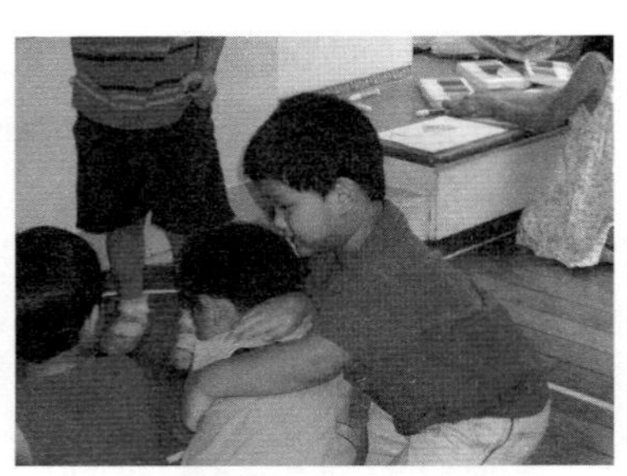

（幼兒透過遊戲發展語言表達能力）

幼兒的異音雙字語表達能力，透過和年紀較大的兒童互動中，能經由持續性觀察與模仿活動，習得更豐富的雙字語彙。

二、幼兒雙字語溝通能力的成長指標

2 至 3 歲小班階段的幼兒，是發展雙字語溝通能力的關鍵期。包含同音雙字語和異音雙字語兩項發展特徵，下列有關雙唇音和開口呼的語言溝通，是重要的成長指標（Lewis, Freebairn, & Taylor, 2000）。

㈠雙唇音雙字語溝通能力

雙唇音是指利用上下唇所發出的語音。國語發音中的ㄅ、ㄆ、ㄇ，以及英文音標中的b、p，都是雙唇音的發音類型。

雙唇音的同音雙字語，是重複發出的兩個音，例如：ㄅㄠˋ ㄅㄠˋ、ㄆㄞ ㄆㄞ、ㄇㄟˋ ㄇㄟ˙等。

雙唇音的異音雙字語，是相同發音唇位的不同語音，例如：ㄅㄚ ㄅㄧˇ、ㄆㄧˊ ㄆㄚ˙、ㄇㄠ ㄇㄧ等。

雙唇音是最早發展的語音，除了因為口腔構造或發音器官受阻外，伴隨幼兒日益生長，能逐漸發展出完整的雙唇音。

㈡開口呼雙字語溝通能力

開口呼就是拉長口腔順勢發出的語音。國語發音中的ㄚ、ㄛ、ㄜ、ㄝ，以及英文音標中的 a、o，都是開口呼的發音類型；其中又以ㄚ、a，是幼兒從哭泣與笑聲中最自然發出的語音。

開口呼的同音雙字語，是同部位開口呼的疊字，例如：ㄏㄚ ㄏㄚ˙、ㄇㄚ ㄇㄚ˙、ㄅㄚˋ ㄅㄚ˙等。

開口呼的異音雙字語，是同一開口呼唇位的不同語音，例如：ㄌㄚˇ ㄅㄚ、ㄉㄚˇ ㄊㄚ等。

開口呼從打呵欠開始，幾乎是與生俱來的自然發音，除非幼兒因為送氣上的障礙，都能很順暢的發出開口呼。

第三節　幼兒運用多字詞溝通的觀察與記錄

研究（Li & Thompson, 1977）顯示：人體大腦中的語言學習系統，會促使幼兒從傾聽談話和分析語句中，體會語言學習的脈絡，再轉換為自我獨特的複製式語言（reproductive language）。

多字詞是指雙字以上的語詞，是幼兒複製式語言的核心。3 至 4 歲幼兒由於已能平穩、自在的行走，生活中所觸及的空間範圍增廣、與旁人互動的機會增加，加上認知系統的運轉，促成多字詞的產生與運用機會。

一、幼兒運用多字詞溝通的發展特徵

三字型的多字詞是幼兒從雙字語進一步發展而來的語言表達型態，就語詞結構來說，可分為下列個別單字型（single word type）、單字和雙語組合型（single-double words type），以及雙語和單字組合型等三類。

（幼兒在工作中利用多字詞相互詢問與討論）

㈠個別單字型

從語詞層面觀察，個別單字型是獨立式的「1-1-1」語言型態。在幼兒以雙唇音與開口呼為基礎，漸次發展及於其他齊齒音（例如：ㄧ、I）、唇齒音（例如：ㄉ、ㄈ、d、f）、……等語音時，獨立式的多字詞，是幼兒語詞和思考內容增加的佐證。

㈡單字和雙語組合型

多語詞最基本的複合型態就是單字和雙語的組合類型，俗稱「2＋1」式多字詞。當幼兒能夠熟用個別單字型態後，從使用的機會來說，組合式的多字詞彙伴隨語詞能力的增進，會很自然而然地逐漸顯露出使用的頻率。例如：ㄨㄛˇ ㄧㄠˋ ㄔ、ㄏㄣˇ ㄒㄧˇ ㄏㄨㄢ等。

㈢雙語和單字組合型

對照單字—雙語組合型的多字詞，受到模仿所學習得到的語法和習慣影響所致，幼兒在運用雙語一單字組合型的情況較為少見。尤其是語詞在先、單字在後的語型，通常是倒裝性的用法，在國語運用上多用於命令或口號上，日常生活對話中比較不常被使用。例如，教養或照顧者在引導幼兒學習走路時會說的「起步，走！」；「我們，看！」等語詞。

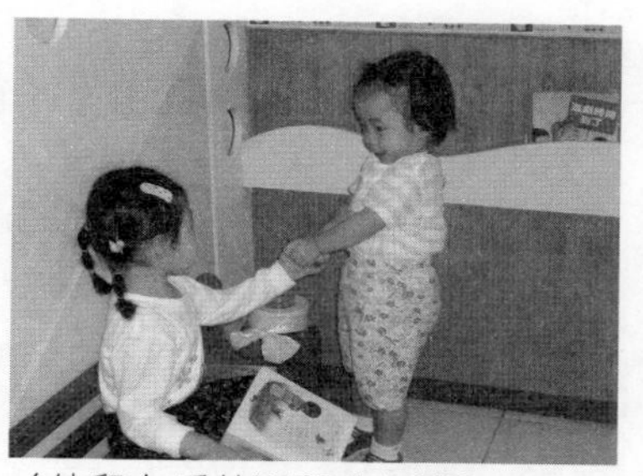
（幼兒在爭執過程中促進語言溝通能力）

二、幼兒多字詞溝通能力的成長指標

以多字詞瞭解3到4歲中班幼兒的語言溝通能力，其成長指標可從多字詞詞語結構的利用程度加以瞭解。

㈠個別單字型的溝通能力

通常幼兒會用獨立式多字詞溝通個別的不同意向，例如：幼兒分別說出：ㄆㄚˋ 一一ㄠˋ 一ㄔ，可能在表達心裡對眼前出現某件事感到害怕，但是也看到他想要吃的東西。有時候，幼兒也會利用獨立式多字詞表達一個共同的意向，例如：ㄔ一ㄏㄠˇ 一一ㄠˋ，是想要表達想吃的念頭。

㈡單字和雙語字型的溝通能力

幼兒在使用多字詞時，通常出現主詞+動詞（例如：ㄨㄛˇ ㄅㄨˊ 一ㄠˋ），或是形容詞（例如：ㄏㄠˇ ㄆ一ㄠˋ ㄌ一ㄤˋ）的現象。由於自我中心期的特性，慣用第一人稱的「我」主詞，甚至在擬人化時，混淆人際的稱呼也渾然不覺，或者是表現並不在乎的神態。

㈢雙語字型和單字的溝通能力

幼兒將雙語字型和單字型的多語表達方式，使用在口語上的情形，例如，有所要求時，使用疊字雙字語加上單詞：ㄇㄚ ㄇㄚ・！ㄅㄠˋ！ㄒㄧㄠˇ ㄍㄡˇ ㄐㄧㄠˋ！有別於成人的（主詞＋動詞）語句，幼兒常以（動詞＋主詞）的型態表達多字詞。

第四節 幼兒複合句溝通能力的觀察與記錄

在瞭解語意之後，4 至 5 歲幼兒的語言表達能力開始從字面進展到深層結構（from surface to deep structure），在肢體動作成熟發展與認知能力日益增進的交互作用下，增強幼兒語言溝通的頻率與機會。

（語言溝通是培養群性的利器）

從字語、字詞轉換到簡單的複合句，受到周遭人際語言使用習慣耳濡目染的影響結果，4 至 5 歲幼兒的語言表達開始呈現語法的要素；經過複合句的串聯，朝向完整表達語意的功能。

一、幼兒複合句溝通能力的發展特徵

結合字語和語詞，同時兼顧語法的複合句，是幼兒語言充實期的主要象徵。從語句型態分析，幼兒的複合句溝通能力，包括下列對等性複合句（equal compound sentence）、從屬性複合句（subordinate compound sentence）以及連續性複合句（continuity compound sentence）等型態（Vorauer & Kuhmyr, 2002）。

㈠對等性複合句

就幼兒口語溝通現象觀察，對等性複合句是結構一致的語句，是由最簡單的兩個語詞所組合的語句。幼兒常用的對等性複合句，從使用次數統計，具有以下兩種結構型態：

（語言表達式同儕學習的媒介）

1. 「主詞＋動詞」重複對等性複合句——常用在溝通意願的情境，例如：「我要去、我要去！」是幼兒最基本的對等性複合句。
2. 「形容詞＋形容詞」對等性複合句——常用在溝通情緒的情境，例如：「好好吃！好好玩！」是幼兒回應時經常使用的語句。

對等性複合句在幼兒情急下脫口而出的運用例子經常可見，簡、短是對等性複合句一向顯著的特色。

㈡從屬複合句

依照幼兒人際互動的線索，具有前後隸屬關係的從屬複合句，是幼兒傳送語意的典型方式。由於主要與附屬的性質，表達出幼兒描述訊息始末關係的用意。從運用情況分析，幼兒常用的從屬複合句，包含以下三種結構型態：

1. 「主詞＋動詞／主詞＋動詞」——兩個完整短句，前句先發生，再引出後句行為；例如：「我忘記了，我沒有帶手帕。」
2. 「形容詞句／主詞＋動詞」——前句用來形容後句，讓語意更加生動；例如：「風好大，我覺得好冷喔！」
3. 「主詞＋動詞／受詞句」——後句作為前句的補充說明，呈現完整的語句；例如：「我想睡覺，抱娃娃！」

就幼兒從屬性複合句的表達能力，可以瞭解幼兒的記憶長度，知道吸引幼兒注意力的焦點。

㈢連續性複合句

就自然口語的表達方式而言，連續性複合句綜合對等與從屬的型態，一句接一句的口語，表達出幼兒最自然的說話型態，也是 5 至 6 歲幼兒語言發展能漸進達到暢所欲言的前兆。

由於不拘語詞和字句的長短，連續性複合句顯現幼兒隨性與即興的語言，常見的幼兒連續性複合句具有以下兩種典型的溝通類型：

1.「動詞句＋動詞句＋副詞句」——缺少主詞的複合句在前，從屬句緊接著修飾在後；例如：「趕快吃，通通吃完，可以玩玩具！」。
2.「主詞＋動詞／受詞句／形容詞句」——從屬複合句在前，後面加上作為形容用的複合句，強調出幼兒想要與人溝通的意念；例如：「我好生氣，因為他一直占著積木，好霸道！」。

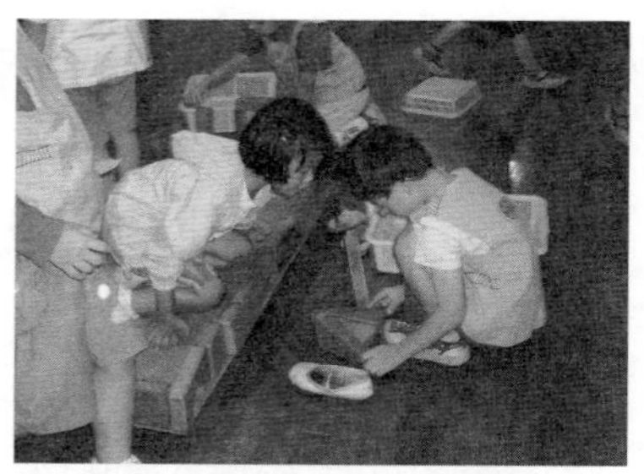
（交談是幼兒語言溝通最自然的方式）

連續性複合句能顯示幼兒語言溝通的內容和長度，與幼兒的生長閱歷、家庭的社經水準以及社會文化的薰陶關係密切。

二、幼兒複合句溝通能力的成長指標

4 至 5 歲幼兒運用於溝通的簡單複合句，通常在 10 個字以內，包含 2 至 3 個短句，各短句間的字數未必相等；就文獻（Paradise, Dollaghan, Cambell, Feldman, Bernard, & Colborn, 2000）所述，在幼兒有限的認字範圍內，多呈現 3 至 5 字的短句。

有關 4 至 5 歲幼兒複合句的成長指標，可從下列語句的充實性加以瞭解。

㈠對等性複合句的溝通能力

當幼兒直接地想要溝通其意願時，會習慣性使用切斷的短句陳述。例如被眼前操弄的木偶激發興趣，忍不住也希望玩一下的時候，表達出：「我想要，我要玩！」的語句。

其他像幼兒在高興時表達的感受：「好好玩！好好吃！」，是兩句形容詞的對等句，以此類推，可以發現幼兒更多豐富的溝通語句。

㈡從屬性複合句的溝通能力

當幼兒想要反應感覺、陳述事件，或是表達所經歷的體驗時，會經常使用具有因果性的從屬複合句。例如：「我肚子餓了，想要吃飯！」、「媽媽不在家，我會害怕！」、「我沒有吵鬧，老師說我很乖！」、……等。

其他如幼兒希望強調某種刺激、形容某項程度時，會在從屬的關係用句上，予以強化；例如：「我去他家，住在頂樓，好高好高喔！」。

㈢連續性複合句的溝通能力

當幼兒想要盡情說話或是自在的與人交談時，溝通的語句，大多是穿插著對等與從屬性複合句的連續性複合句型態。例如：「我昨天看卡通，小叮噹好厲害，好好玩喔！」、「下雨天好討厭，要穿雨衣，濕濕的，很不舒服！」。

其他如幼兒在進行對話練習或是模仿遊戲時，也會使用連續性的複合句的表達語句，若是讓幼兒進行相聲式的交談時，透過問話與回應的方式，也能促進幼兒複合句的表達能力。

第五節 幼兒閱讀陳述能力的觀察與記錄

伴隨生理與心智的成熟與發展，幼兒語言溝通能力呈現從肢體語言（body language）、口頭語言（oral language）到書面語言（writing language）的歷程；閱讀陳述（reading description）是幼兒透過書面與口頭語言的型態探索書面語言的能力之一，也是發展幼兒讀寫萌發（emergent literacy development）能力的基礎（Goodman, 1986）。

（閱讀中的喃喃自語是發展語言的基礎）

閱讀陳述是結合幼兒對於雙字語、多字詞與複合句的認知與純熟程度，配合在讀物中圖畫與插圖的理解性，所顯現的語言溝通能力。5 至 6 歲幼兒由於累積相當字、語、句的溝通經驗，加以接觸讀物的閱覽經驗，是發展閱讀陳述能力的關鍵期。

一、幼兒閱讀陳述能力的發展特徵

閱讀陳述能力是綜合肢體和口頭語言，進一步具有接觸書面文字與圖畫而發展的表達能力；是 5 至 6 歲幼兒語言發展的特徵之一（Chao, 2001）。

幼兒從初生開始，透過聽父母或照顧者的說、讀故事中，領略閱讀陳述的表達方式，逐漸發展出獨立性的自我閱讀陳述能力；就語言表達結構而言，包含下列發展特徵：

㈠看圖說話

經由圖畫的吸引注意力，所啟發幼兒的看圖說話能力，源於幼兒喃喃自語的擬人化與想像特質。由於幼兒是屬於感覺與具體操作的認知階段，和實體物品接近的圖畫、線條單純與色彩鮮豔豐富的圖畫，較能刺激幼兒的想像與說話動機；尤其是簡單情節的卡通、漫畫與圖畫書，更是適合幼兒看圖說話的教材。

㈡圖文猜想

對於識字不多的幼兒，圖畫是協助瞭解文意的重要媒介。由於圖畫的活潑生動與不拘形式，提供豐富的想像空間與彈性；因此，幼兒經由圖畫猜想故事書的情節與涵義，經常不受故事現有架構的影響，從幼兒日常生活與人際互動的經驗，天馬行空的從圖畫中猜想文意。

㈢視字指讀

在重複閱覽經常出現的字體與字形後，幼兒逐漸能將字形與字意相結合、指認，並能從父母、老師的示範中習得讀音，具有初步視字指讀的能力。

（圖畫書能啟發幼兒在閱讀中發展語言表達能力）

幼兒從看到字體，到逐字讀出字音的過程中，同時發展出簡易而完整的語文表達能力；對於幼兒轉銜於學齡階段的語文學習具有深遠的影響。

二、幼兒閱讀陳述能力的成長指標

從上列有關幼兒視讀陳述能力的發展特徵瞭解，5 至 6 歲幼兒在語言發展進程中，表現出明顯的閱讀陳述，同時反映出讀寫萌發的傾向，是幼小銜接教育重要的轉捩階段。各項閱讀陳述能力的成長指標具有下列內涵（Caron, Butler, & Brooks, 2002）。

㈠看圖說話的溝通能力

幼兒看著圖畫而表達語言時，通常具有個別式與合作式兩種現象。

個別式的看圖說話能力，是以獨自閱讀而進行的語言表達。幼兒在沈浸於圖畫書的生動情節中，表現出安靜、專注的情緒，並伴隨所瞭解的文意而有連續性或間斷性的語言陳述。

（同儕共讀也是幼兒語言溝通的助力）

合作式的看圖說話能力，是以共同閱讀而進行的語言表達。幼兒在與友伴一起欣賞圖畫書的過程中，相互討論、對話，若是發生爭執或辯論，都是語言學習與溝通的學習適當機會。

㈡圖文猜想的溝通能力

透過圖畫的猜想而表達語意，是發展幼兒創意的途徑之一。幼兒圖文猜想的表達能力，通常具有獨語式與發表式兩種現象。

獨語式的圖文猜想是幼兒喃喃自語的行為延伸，透過圖畫書的啟發，加上自我思考與想像力，促使獨語式的圖文猜想豐富而多元化；若是幼兒具有充實的文化與生活背景，在語意內容上更顯得多采多姿。

發表式的圖文猜想具有解題的想像趣味，可以啟發幼兒從不同的思考方向，就所見的圖畫與文字，發揮不同的故事情節；幼兒喜愛的接龍故事就是顯例之一。

㈢視字指讀的溝通能力

逐字指讀所看見的文字，具有視動知覺平衡發展、以及朗讀和複誦的功能。幼兒視字指讀的表達能力通常具有即興式與練習式兩種現象。

即興式視字指讀與幼兒的自發性動機有關。具有閱讀習慣的幼兒，經常融入於隨手可拾的圖書情境中；或是隨身攜帶讀物，或是一看見讀物就啟發想看的意念。

練習式視字指讀經常在教師或父母指導、督促下進行。具有增進幼兒閱讀能力的目標涵義，有時會因為所指定的讀物與幼兒興趣不同導致成效不彰，或令幼兒索然乏味而虛應故事，而無法持續閱讀。

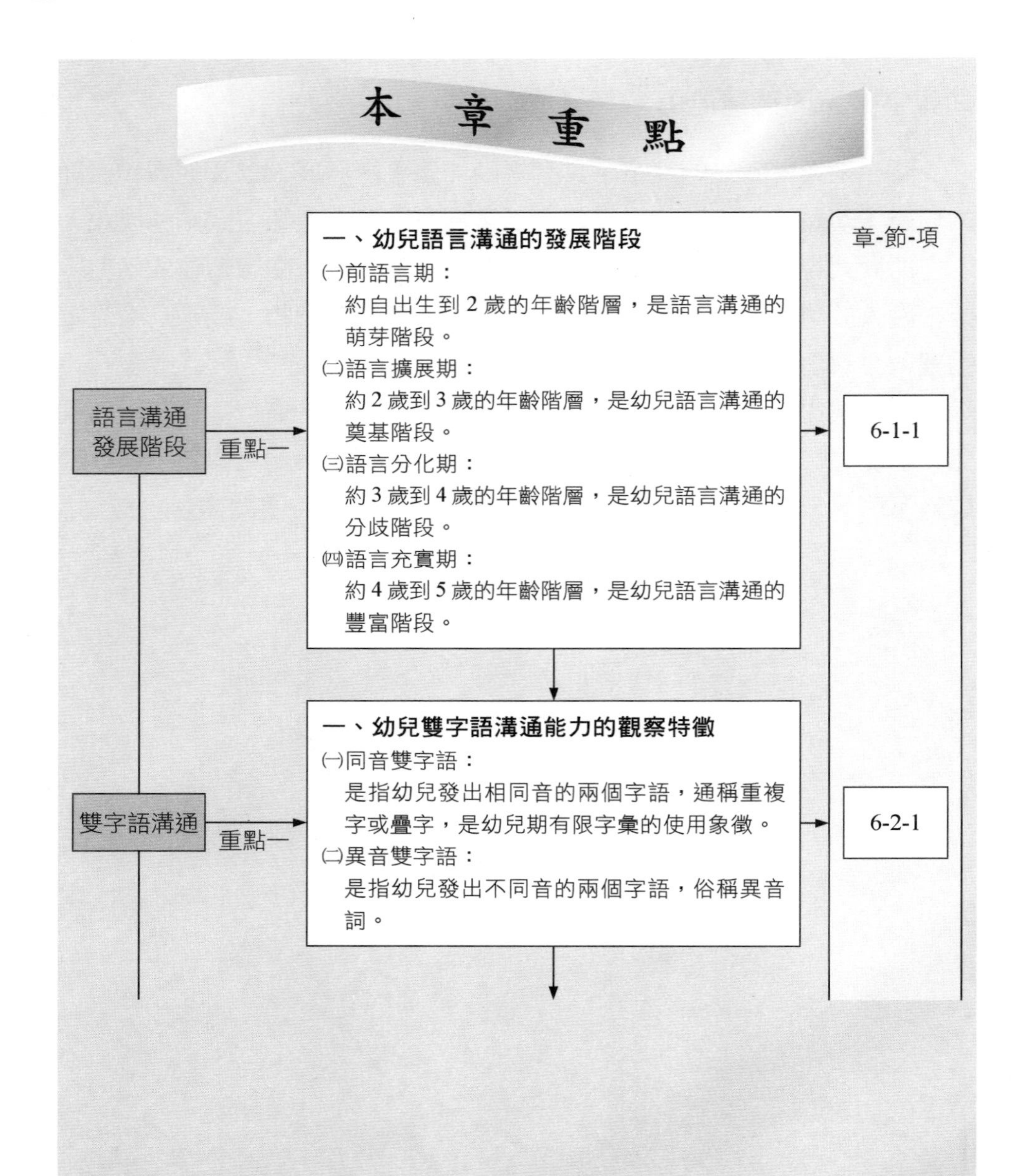
本章重點
章-節-項
語言溝通
發展階段
重點一
一、幼兒語言溝通的發展階段
(一)前語言期：
約自出生到 2 歲的年齡階層，是語言溝通的萌芽階段。
(二)語言擴展期：
約 2 歲到 3 歲的年齡階層，是幼兒語言溝通的奠基階段。
(三)語言分化期：
約 3 歲到 4 歲的年齡階層，是幼兒語言溝通的分歧階段。
(四)語言充實期：
約 4 歲到 5 歲的年齡階層，是幼兒語言溝通的豐富階段。
6-1-1
雙字語溝通
重點一
一、幼兒雙字語溝通能力的觀察特徵
(一)同音雙字語：
是指幼兒發出相同音的兩個字語，通稱重複字或疊字，是幼兒期有限字彙的使用象徵。
(二)異音雙字語：
是指幼兒發出不同音的兩個字語，俗稱異音詞。
6-2-1

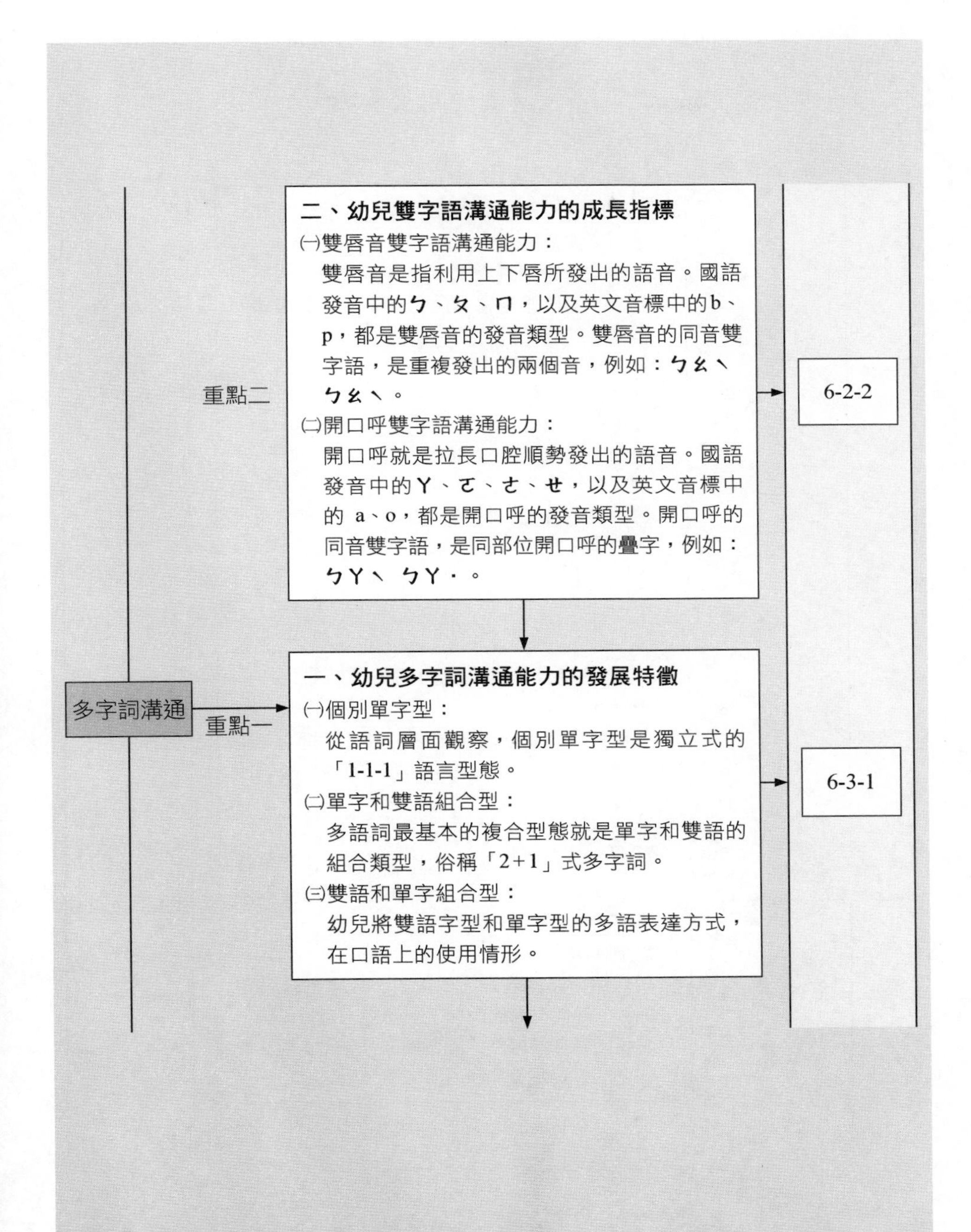
二、幼兒雙字語溝通能力的成長指標
㈠雙唇音雙字語溝通能力：
雙唇音是指利用上下唇所發出的語音。國語發音中的ㄅ、ㄆ、ㄇ，以及英文音標中的b、p，都是雙唇音的發音類型。雙唇音的同音雙字語，是重複發出的兩個音，例如：ㄅㄠˋ ㄅㄠˋ。
㈡開口呼雙字語溝通能力：
開口呼就是拉長口腔順勢發出的語音。國語發音中的ㄚ、ㄛ、ㄜ、ㄝ，以及英文音標中的 a、o，都是開口呼的發音類型。開口呼的同音雙字語，是同部位開口呼的疊字，例如：ㄅㄚˋ ㄅㄚ˙。
重點二
6-2-2
多字詞溝通
重點一
一、幼兒多字詞溝通能力的發展特徵
㈠個別單字型：
從語詞層面觀察，個別單字型是獨立式的「1-1-1」語言型態。
㈡單字和雙語組合型：
多語詞最基本的複合型態就是單字和雙語的組合類型，俗稱「2+1」式多字詞。
㈢雙語和單字組合型：
幼兒將雙語字型和單字型的多語表達方式，在口語上的使用情形。
6-3-1

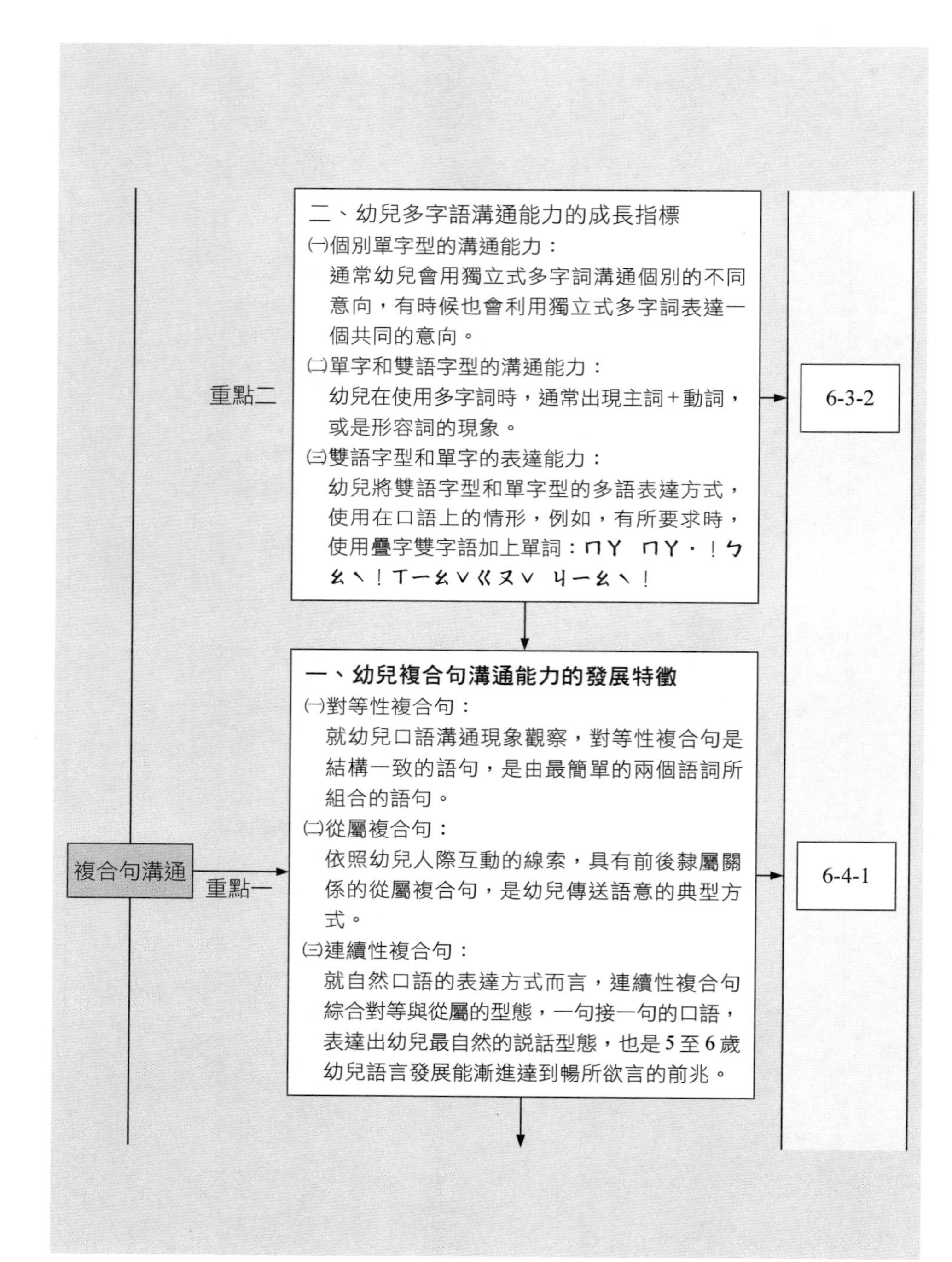
二、幼兒多字語溝通能力的成長指標
㈠個別單字型的溝通能力：
通常幼兒會用獨立式多字詞溝通個別的不同意向，有時候也會利用獨立式多字詞表達一個共同的意向。
㈡單字和雙語字型的溝通能力：
幼兒在使用多字詞時，通常出現主詞＋動詞，或是形容詞的現象。
㈢雙語字型和單字的表達能力：
幼兒將雙語字型和單字型的多語表達方式，使用在口語上的情形，例如，有所要求時，使用疊字雙字語加上單詞：ㄇㄚ ㄇㄚ·！ㄅㄠˋ！ㄒㄧㄠˇㄍㄡˇ ㄐㄧㄠˋ！
重點二
6-3-2
一、幼兒複合句溝通能力的發展特徵
㈠對等性複合句：
就幼兒口語溝通現象觀察，對等性複合句是結構一致的語句，是由最簡單的兩個語詞所組合的語句。
㈡從屬複合句：
依照幼兒人際互動的線索，具有前後隸屬關係的從屬複合句，是幼兒傳送語意的典型方式。
㈢連續性複合句：
就自然口語的表達方式而言，連續性複合句綜合對等與從屬的型態，一句接一句的口語，表達出幼兒最自然的說話型態，也是5至6歲幼兒語言發展能漸進達到暢所欲言的前兆。
複合句溝通
重點一
6-4-1

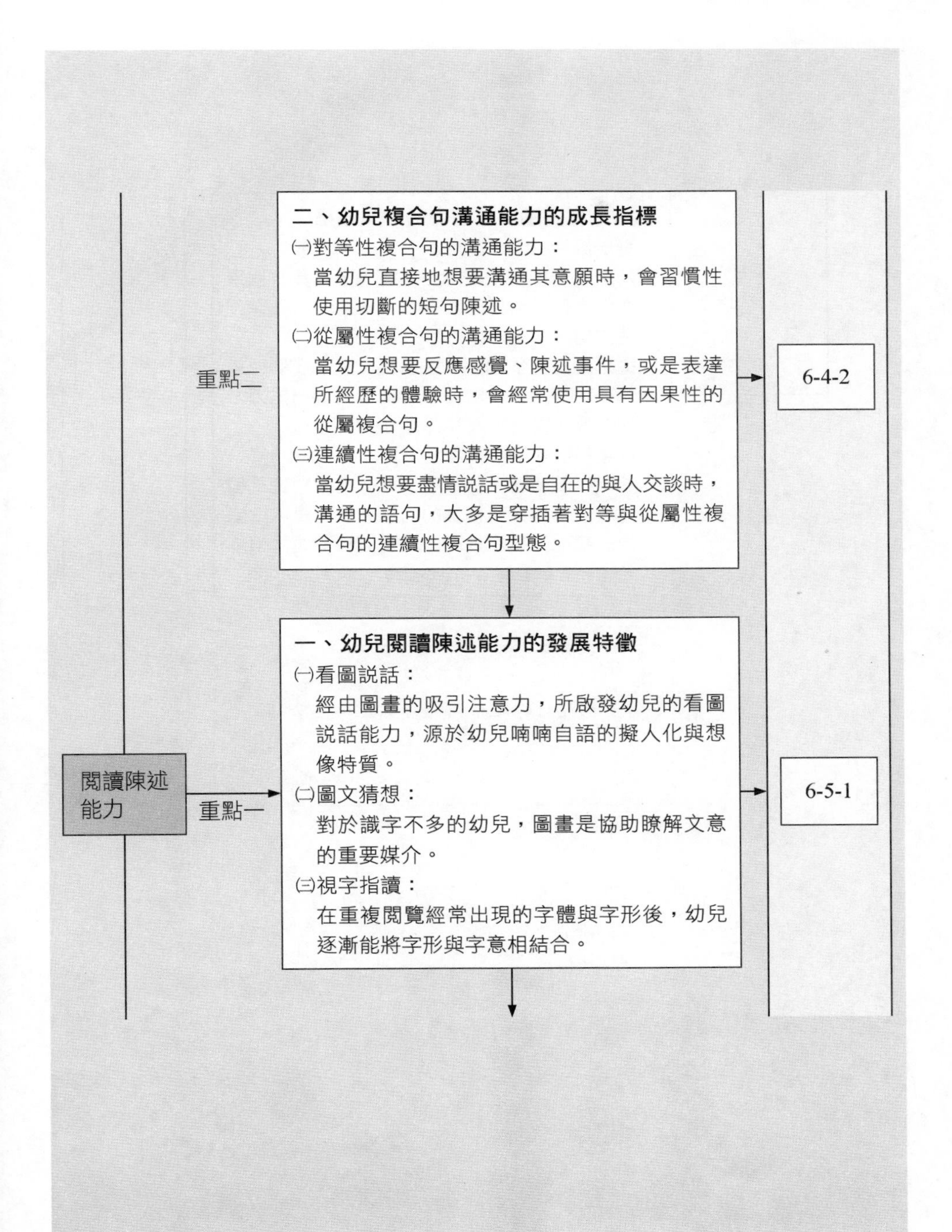

二、幼兒複合句溝通能力的成長指標
㈠對等性複合句的溝通能力：
當幼兒直接地想要溝通其意願時，會習慣性使用切斷的短句陳述。
㈡從屬性複合句的溝通能力：
當幼兒想要反應感覺、陳述事件，或是表達所經歷的體驗時，會經常使用具有因果性的從屬複合句。
㈢連續性複合句的溝通能力：
當幼兒想要盡情說話或是自在的與人交談時，溝通的語句，大多是穿插著對等與從屬性複合句的連續性複合句型態。
重點二
6-4-2
一、幼兒閱讀陳述能力的發展特徵
㈠看圖說話：
經由圖畫的吸引注意力，所啟發幼兒的看圖說話能力，源於幼兒喃喃自語的擬人化與想像特質。
㈡圖文猜想：
對於識字不多的幼兒，圖畫是協助瞭解文意的重要媒介。
㈢視字指讀：
在重複閱覽經常出現的字體與字形後，幼兒逐漸能將字形與字意相結合。
閱讀陳述能力
重點一
6-5-1

重點二

二、幼兒閱讀陳述能力的成長指標

㈠看圖說話的溝通能力：

幼兒看著圖畫而表達語言時，通常具有個別式與合作式兩種現象。

㈡圖文猜想的溝通能力：

透過圖畫的猜想而表達語意，是發展幼兒創意的途徑之一。幼兒圖文猜想的溝通能力，通常具有獨語式與發表式兩種現象。

㈢視字指讀的溝通能力：

逐字指讀所看見的文字，具有視動知覺平衡發展以及朗讀和複誦的功能。幼兒視字指讀的表達能力通常具有即興式與練習式兩種現象。

→ 6-5-2

↓

第三篇

幼兒行為觀察與記錄的運用方法

第七章

依呈現方式區分的幼兒行為觀察與記錄方法

第三篇

幼兒行為觀察與記錄的運用方法

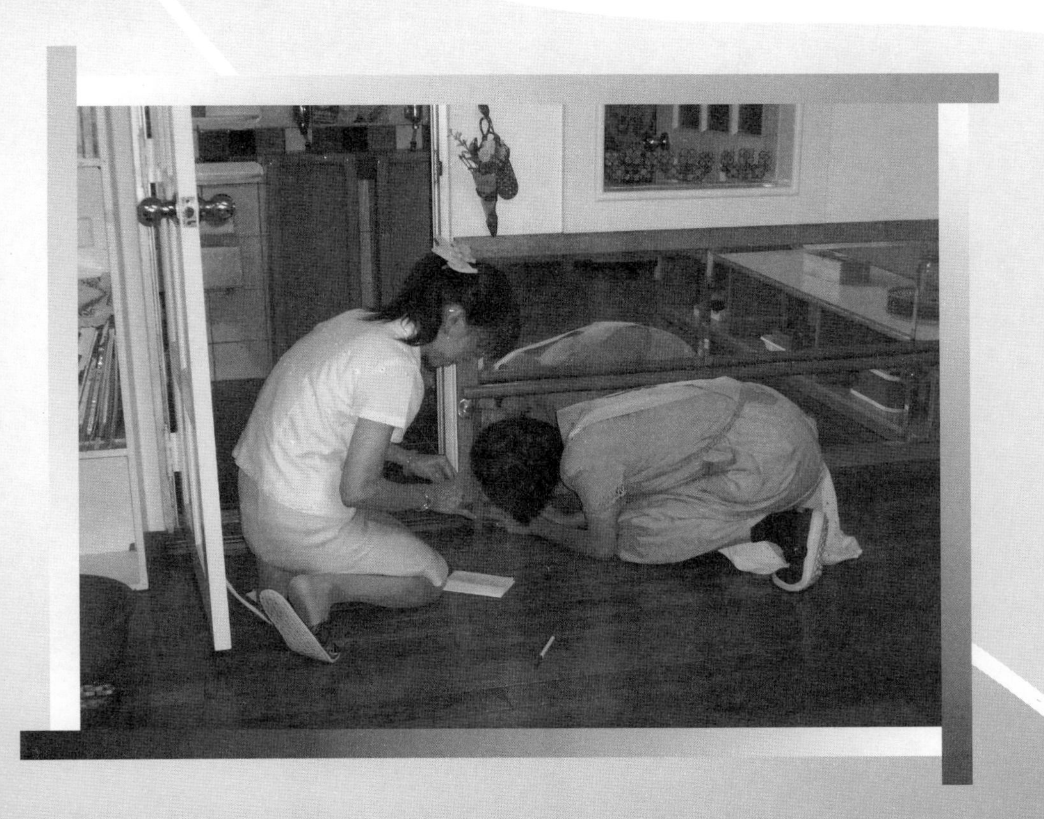

第七章

依呈現方式區分的幼兒行為觀察與記錄方法

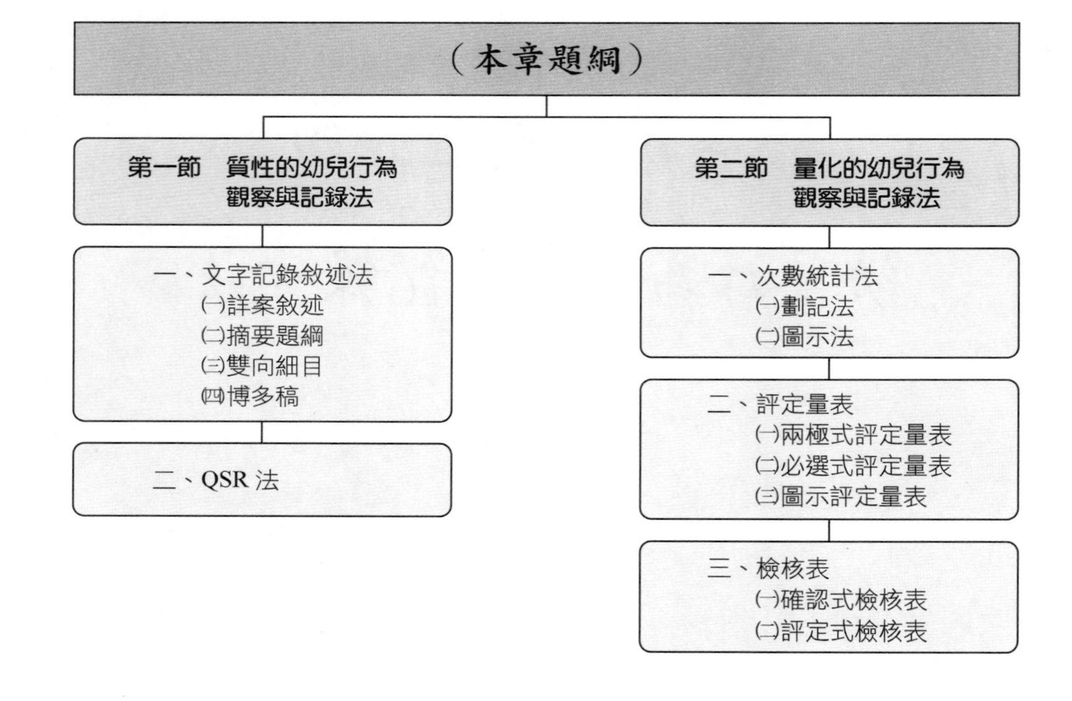
（本章題綱）
第一節 質性的幼兒行為觀察與記錄法
一、文字記錄敘述法
(一)詳案敘述
(二)摘要題綱
(三)雙向細目
(四)博多稿
二、QSR 法
第二節 量化的幼兒行為觀察與記錄法
一、次數統計法
(一)劃記法
(二)圖示法
二、評定量表
(一)兩極式評定量表
(二)必選式評定量表
(三)圖示評定量表
三、檢核表
(一)確認式檢核表
(二)評定式檢核表

綜合文獻（Brooker, 2003; Malone & Denno, 2003）上有關觀察與記錄幼兒行為的各種方法，發現：以呈現方式和屬性歸類進行區分，能夠涵括與統整各類型的特質，有利於實際運用和轉換分析幼兒行為的意涵。

然則各類方法都有重疊與交集的部分，並非可以截然劃分其屬性，分類僅就其在人、事、物記錄上的比例進行區別。

本章從呈現方式與屬性歸類區分，探討觀察與記錄幼兒行為的各種不同方式。依據觀察與記錄的動機與目的，選擇適用的方法，同時對於觀察與記錄的結果進行分析，並且嘗試探查有效的輔導策略。

就呈現方式而言，幼兒行為觀察與記錄包括：質性與量化（qualitative & quantitative）兩類型態。

第一節　質性的幼兒行為觀察與記錄法

質性的觀察記錄法針對幼兒行為的表現與脈絡（performance & context）等項，透過文字或圖片的型態，呈現觀察與記錄的結果和現象。量化的觀察記錄法針對幼兒行為的出現頻率與相關性（frequency & relation）等項，透過數字統計或符號的方式，表達觀察與記錄的歷程和發現（Donna, 2004; McQueen & Knussen, 2002）。

在質性資料呈現方面，包括：行為觀察的文字記錄敘述法（words recording description），以及利用質性研究軟體 QSR 法（qualitative start research）等。

一、文字記錄敘述法

所有的觀察記錄都會使用文字敘述的方法來解釋或補充說明其觀察歷程與記錄內容。文字敘述法是幼兒教師常用的觀察與記錄方法，在親師聯絡簿上經常可以看到。

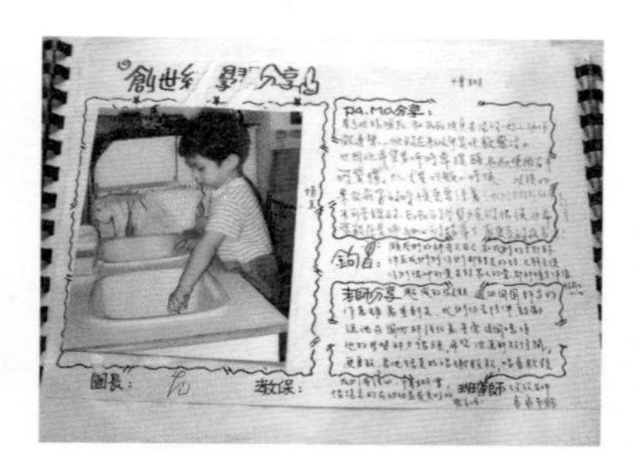

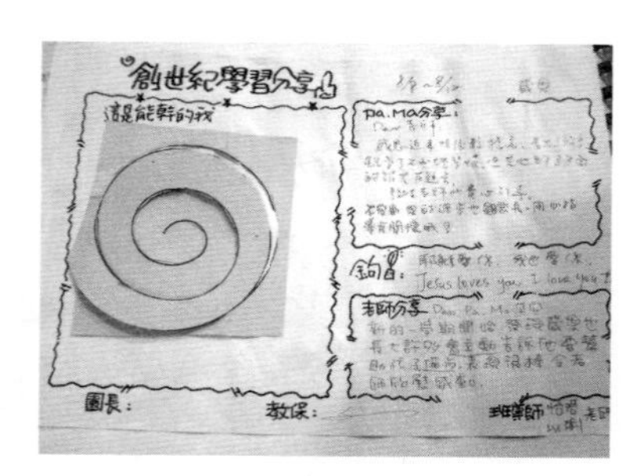

資料來源：高雄市創世紀幼兒園。

在文字記錄法上常用的型態有詳案敘述（detail statement）、摘要題綱（brief outline）、雙向細目（two way table specification）與博多稿（protocol）等型態。

㈠詳案敘述

就是將所觀察的幼兒行為鉅細靡遺的加以記錄，是典型的「小題大作」方式，也是仔細觀察、探究蛛絲馬跡的起步。詳案敘述可以採用單面分段描寫的方式，也可以利用分欄標記的方式，從條列式的標題中，引申各項行為觀察記錄（見圖 7-1a、圖 7-1b）。

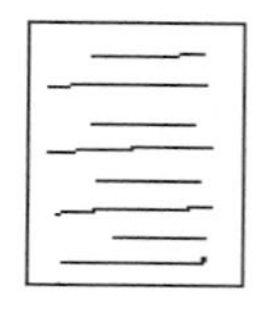

圖 7-1a　分段描寫

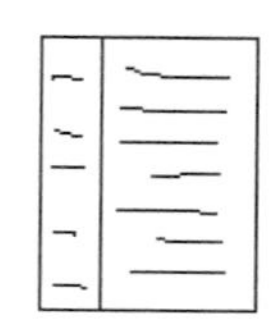

圖 7-1b　分欄標記

㈡摘要題綱

就是以簡要的重點作為觀察幼兒行為的記錄，再配合提示性的標題，進行歸類；能夠在短時間內讓閱讀的人瞭解幼兒的焦點行為，與觀察記錄所要呈現的重心。在討論多種個案時，摘要題綱式的文字敘述，有助於概括性認識個案本身的特質，以及比較性對照個案間相互的特質（見圖 7-2）。

圖 7-2　摘要題綱式文字記述

㈢雙向細目

就是採用縱、橫兩個向度，把所要觀察的幼兒行為項目列在橫行，觀察所得的內容和發現記述在縱行（見表 7-1a）；或是依照字體方向，調整縱行與橫行的項目加以排列。雙向細目表有助於統整幼兒行為的觀察內容，在記錄上能夠納入觀察時間或次數比例，是一項綜合質與量的

表 7-1a　雙向細目表舉例(1)

	行為項目
觀察內容	
發現經過	

資料呈現方式（見表 7-1b）。

表 7-1b　雙向細目表舉例(2)

行為項目	觀察內容	
單腳抬起	左腳（秒／次）	右腳（秒／次）
互動遊戲	上午（秒／次）	下午（秒／次）

㈣博多稿

就是又「博」又「多」的觀察記錄原始手稿，經常被運用在初學者首次進行觀察記錄的練習上。在分析博多稿時，必須能夠掌握要點，理解幼兒連續性或間斷性的關鍵行為與類型，作為進一步深究的基礎（見圖 7-3）。

博多稿編號：
觀察者姓名：
觀察日期／時間／地點：
觀察對象：
1.
2.
3.

觀察行為：
8:00　1. 到園
2.
3.

圖 7-3　博多稿樣張

改自：王文科（2001），教育研究法。373-374。臺北：五南圖書。

二、QSR 法

就質性分析的行為觀察與記錄而言，QSR軟體能協助透過邏輯與系統化的流程進行資料說明。依照軟體使用的規則，必須先將所要進行的文字資料進行編碼，並且依據編碼設定所擬定的符號意義，就符號內容附註簡要的說明，作為資料分析的參照基礎（任恩儀，2005；International Ply Ltd, 2002）（見表 7-2）。

表 7-2　QSR 案例

編碼別	符號意義	符號內容
1	標的行為	B 代表觀察的目標行為
2-4	觀察記錄者	01-03 代表不同的觀察記錄者
5	幼兒	A-D 代表 4 名被觀察的幼兒
6	性別	1 代表男生　2 代表女生
7	操作與遊戲	1 代表操作　2 代表遊戲
8	……	……

舉例來說，B02A22 指的是第 2 個觀察記錄者對第 1 個女性幼兒遊戲標的行為的觀察。

第二節 量化的幼兒行為觀察與記錄法

在量化資料呈現方面，包括：各項次數統計法（frequency counts）、各類評定量表（rating scale）與檢核表（checklist）等項，呈現觀察的歷程與記錄的結果。

一、次數統計法

又稱次數分配法（frequency distribution），是用來描述所觀察的幼兒行為出現的頻率與集中和分散的情形；通常利用劃記法與圖示法來顯示各種行為量數。

㈠劃記法

劃記法通常以 5 次為單位（見圖 7-4）。

圖 7-4　劃記法

當標的行為每出現一次，就劃一道斜線，第 5 道斜線畫完後，就形成一個 5 次的小單位，以此類推持續統計。除了用斜線成束表示以外，也有利用「正」字表示的案例。

㈡圖示法

圖示法通常利用電腦中的文書編輯應用軟體 Microsoft Office 中的 EXCEL 程式，填入相關數字後，選用直方圖（histogram，或稱長條圖），或圓形圖（pie chart，又稱大餅圖）等（林清山，2005；邱皓政，2004）（見圖 7-5a、圖 7-5b）。

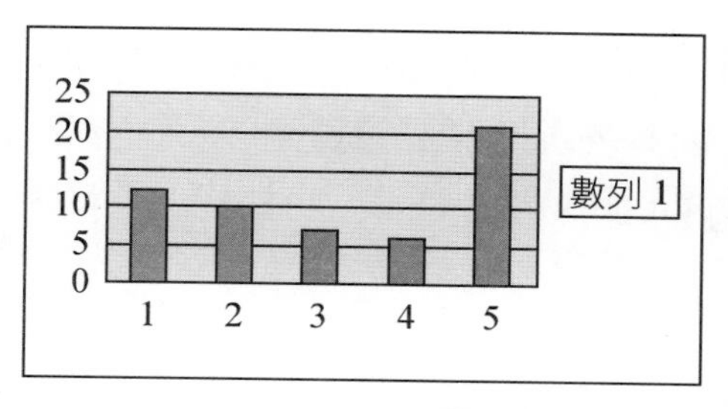

圖 7-5a　長條圖例

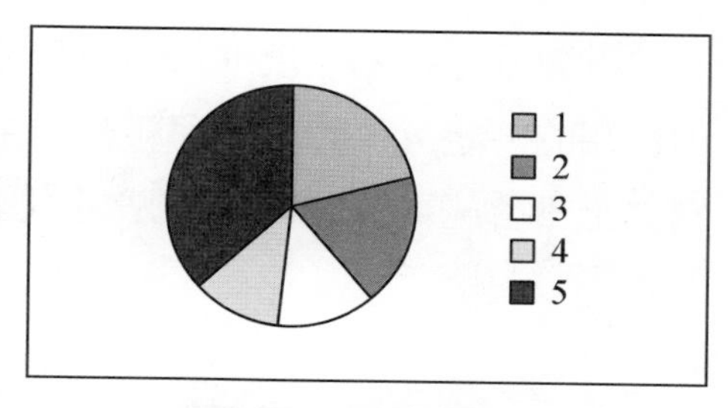

圖 7-5b　圓形圖例

二、評定量表

又稱等級量表，是用來描述幼兒行為等級的判斷值（critic value），性質上是屬於序級量表（rank scale），評定結果可以看出被評者在某種特質上的等級（張春興，2004）。

評定量表的評等比例通由積極到負向、低到高、強到弱等項。就幼兒行為表現屬性，使用如下列術語進行描述（見表 7-3）。

表 7-3　評定量表中幼兒行為觀察記錄的描述術語

術語	總是	經常	偶爾	很少	從未
等級	優等	中等以上	中等	中等以下	劣等
	優異	良	中等	可	劣

資料來源：改自王文科（2001），教育研究法，頁 375。臺北：五南圖書。

評定量表在使用上，包括：兩極式評定量表（bipolar rating scale）、必選式評定量表（forced-choice rating scale）與圖示評定量表（graphic rating scale）等類型。

㈠兩極式評定量表

針對幼兒行為表現進行由正到負、由強到弱或由大到小等漸進式兩項極端的評定，例如：幼兒粗動作中能夠表現雙腳立定跳遠，從大多數到完全不會的兩極式評定方法（見圖 7-6）。

	大多數	經常	有時候	偶爾	完全不會
	5	4	3	2	1
（勾選）	□	□	□	□	□

圖 7-6　幼兒行為的兩極式觀察記錄量表舉例

㈡必選式評定量表

是在選項中擇其一，然後就所做選項進一步加以評定，例如：觀察幼兒是否能利用筷子夾取水中的玻璃彈珠，記錄者可以選「是」或「否」，再依照二者下列等級進行評定（見圖 7-7）。

觀察主題：能用筷子夾彈珠（精細動作）

	自行夾出	口頭提示夾出	仿作夾出
□ 是	□ 優秀	□ 良好	□ 通過

	動作正確	模仿操作	完全不會
□ 否	□ 尚可	□ 待練習	□ 需加強

圖 7-7　幼兒行為必選式觀察記錄量表舉例

㈢圖示評定量表

圖示評定量表依評定者所規劃的等級，透過圖表進行評定；配合評定等級所選用的圖示大多以臉譜、鼓掌或花朵、小動物圖騰、可愛圖案居多。例如：觀察幼兒注意聽講行為，用臉譜從大笑到哭臉，配合非常專心到非常不專心的評定等級（見圖 7-8）。

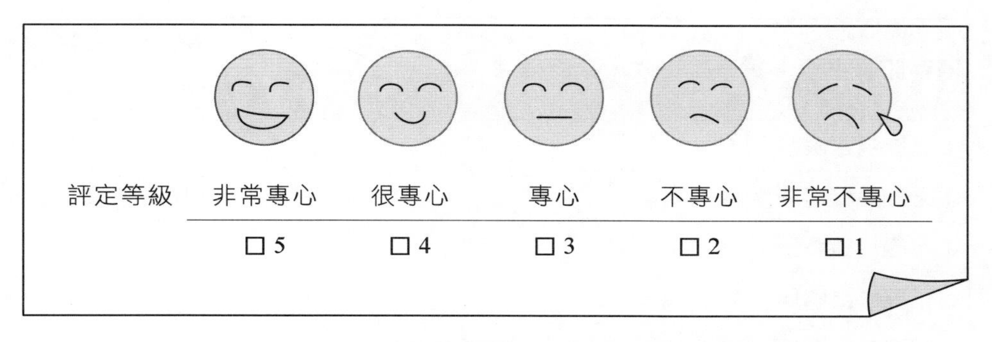

圖 7-8　幼兒行為圖示評定觀察記錄表舉例

採用評定量表觀察與記錄幼兒行為時，必須避免觀察者由於受到先入為主的看法或印象，對被觀察幼兒產生月暈效應（halo effect）；同時要留意產生過寬評定的慷慨誤差（generosity error）、過於集中的傾向集中誤差（central error）與過苛評定的嚴格誤差（severity error）（王文科，2001；McQueen & Knussen, 2002），以至於影響記錄的可信與真實程度，以及精確和有效的內容。

三、檢核表

包含某一主題下的多種特質，由觀察者依據幼兒行為表現的實況，逐一檢視與記錄。

檢核表包括：確認式檢核表（confirming checklist）與評定式檢核表（rating checklist）兩類。確認式檢核表不具價值與等級判斷，具有備忘和認定的作用，通常在確認幼兒是否表現某種行為時應用。例如：運用確認式檢核表，以正確說出六項身體器官，觀察記錄幼兒語言表達能力時，檢核表型態如下（見表 7-4）。

表 7-4　運用確認式檢核表觀察與記錄幼兒語言表達舉例

觀察記錄主題：正確說出六項身體器官	**在□中勾選**	
	能	不能
1. 正確說出眼睛	□	□
2. 正確說出耳朵	□	□
3. 正確說出鼻子	□	□
4. 正確說出嘴巴	□	□
5. 正確說出雙手	□	□
6. 正確說出雙腳	□	□

評定式檢核表又稱檢核式評定量表（checklist rating scale），兼具檢核和評定的功能。觀察與記錄幼兒行為時，在檢核標的行為的時候，同時評定該行為的等級；通常在進行評定時，即已同時檢核行為，換言之，評定本身即具有檢核的歷程，因此評定式檢核表一向被歸類於評定量表中，以評定量表的型態被運用與呈現（見表 7-5）。

表 7-5　評定式檢核表：觀察記錄幼兒的拼圖活動舉例

觀察對象：大班幼兒 觀察行為：能在 2 分鐘內完成拼圖的片數	
表現檢核	等級評定
□ 4 片	□ 尚可
□ 6 片	□ 中等
□ 8 片	□ 良好
□ 10 片以上	□ 優秀

本章重點

			章-節-項
質性觀察記錄	重點一	**一、文字記錄敘述法** ㈠詳案敘述： 就是將所觀察的幼兒行為鉅細靡遺的加以記錄。 ㈡摘要題綱： 就是以簡要的重點作為觀察幼兒行為的記錄，再配合提示性的標題，進行歸類。 ㈢雙向細目： 就是採用縱、橫兩個向度，把所要觀察的幼兒行為項目列在橫行，觀察所得的內容和發現記述在縱行；或是依照字體方向，調整縱行與橫行的項目。 ㈣博多稿： 就是又「博」又「多」的觀察記錄原始手稿，經常被運用在初學者首次進行觀察記錄的練習上。	7-1-1
	重點二	**二、QSR 法** QSR 軟體能協助透過邏輯與系統化的流程進行資料說明。先將所要進行的文字資料進行編碼，依據編碼設定所擬定的符號意義，就符號內容附註簡要的說明，作為資料分析的參照基礎。	7-1-2

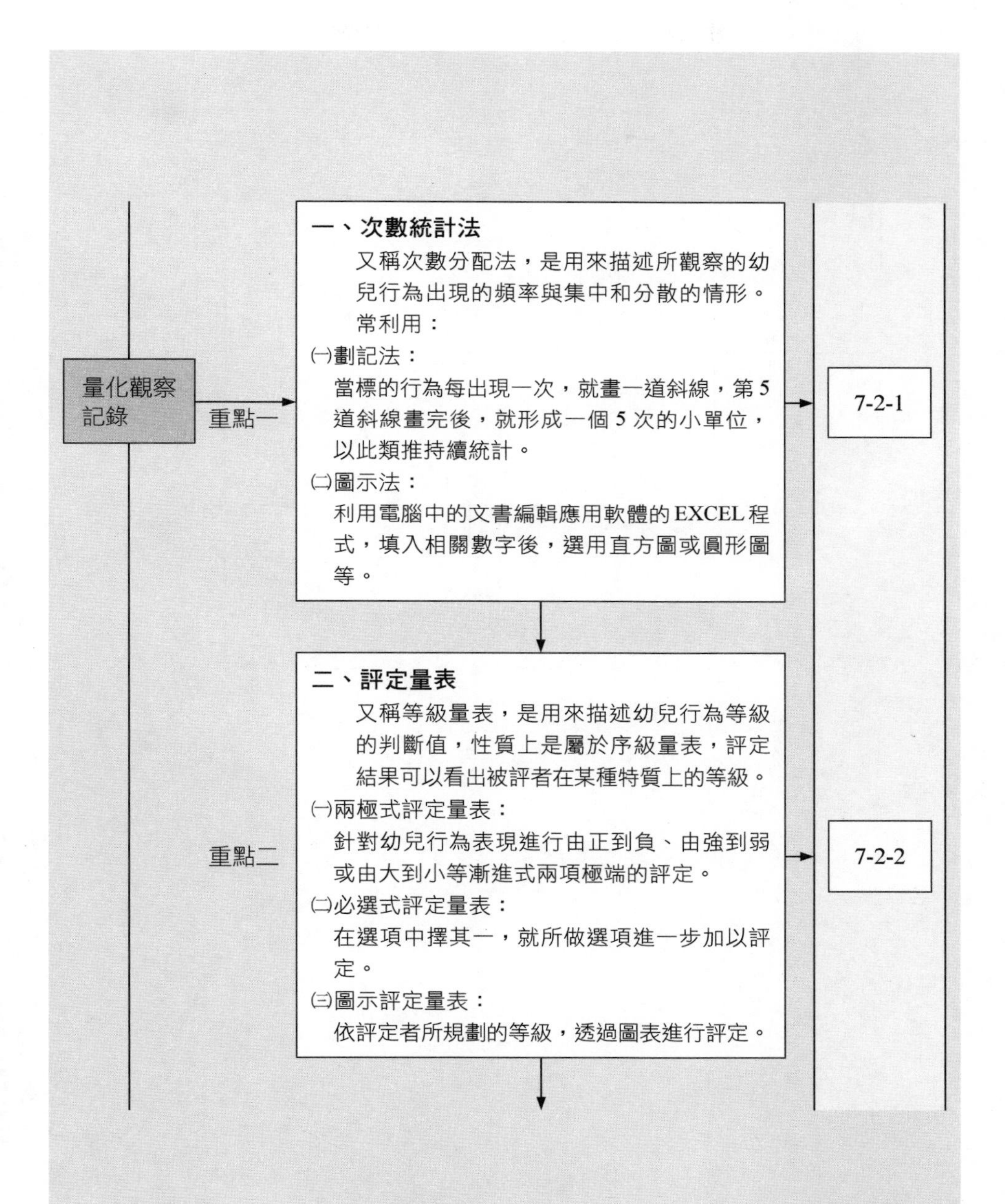
量化觀察記錄
重點一
一、次數統計法
又稱次數分配法，是用來描述所觀察的幼兒行為出現的頻率與集中和分散的情形。常利用：
(一)劃記法：
當標的行為每出現一次，就畫一道斜線，第 5 道斜線畫完後，就形成一個 5 次的小單位，以此類推持續統計。
(二)圖示法：
利用電腦中的文書編輯應用軟體的 EXCEL 程式，填入相關數字後，選用直方圖或圓形圖等。
7-2-1
重點二
二、評定量表
又稱等級量表，是用來描述幼兒行為等級的判斷值，性質上是屬於序級量表，評定結果可以看出被評者在某種特質上的等級。
(一)兩極式評定量表：
針對幼兒行為表現進行由正到負、由強到弱或由大到小等漸進式兩項極端的評定。
(二)必選式評定量表：
在選項中擇其一，就所做選項進一步加以評定。
(三)圖示評定量表：
依評定者所規劃的等級，透過圖表進行評定。
7-2-2

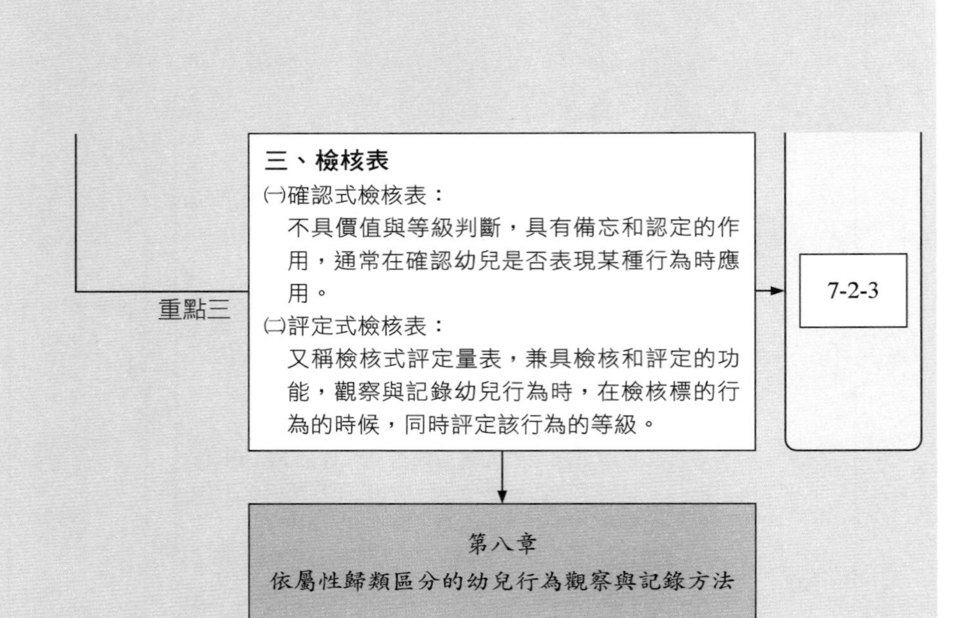
重點三
三、檢核表
㈠確認式檢核表：
不具價值與等級判斷，具有備忘和認定的作用，通常在確認幼兒是否表現某種行為時應用。
㈡評定式檢核表：
又稱檢核式評定量表，兼具檢核和評定的功能，觀察與記錄幼兒行為時，在檢核標的行為的時候，同時評定該行為的等級。
7-2-3
第八章
依屬性歸類區分的幼兒行為觀察與記錄方法

第八章

依屬性歸類區分的幼兒行為觀察與記錄方法

（本章題綱）

第一節 時間本位的觀察與記錄法

一、依觀察與記錄資訊的程序分類
- (一)持續時間記錄法
- (二)計算次數記錄法
- (三)間距記錄法
- (四)連續記錄法
- (五)時間取樣法

二、依觀察與記錄應用的型態分類
- (一)採樣記錄法
- (二)範圍單位分析

第二節 事件本位的觀察與記錄法

一、軼事記錄法
- (一)具有主題性的行為
- (二)具有因果性的行為
- (三)具有連續性的行為
- (四)具有起始與終點性的行為
- (五)具有歷程性的行為
- (六)具有個別性的行為

二、敘事描述法
- (一)呈現事件的全貌
- (二)反映幼兒行為的真實面
- (三)瞭解幼兒共同行為的成因
- (四)描述幼兒行為的整體歷程與特質

第三節 人物本位的觀察與記錄法

一、日記式記錄法
- (一)關注幼兒每天各項行為的動態與表現
- (二)以幼兒為中心，全盤呈現幼兒每天的行為內容
- (三)依循時間流程進行記錄，各項觀察可就行為事件或時間單位進行記錄分段
- (四)重視幼兒個別行為的連貫性
- (五)活動範圍兼含園內、外幼兒整天各項活動

二、檔案記錄法
- (一)入學前的背景資料
- (二)入園後的持續記錄
- (三)跨越幼兒在家與在園的時間因素
- (四)兼融居家和在園的環境空間
- (五)是教師與父母共同完成的記錄歷程
- (六)借重照片與動畫
- (七)綜合性的行為發展資訊
- (八)從觀察中陳述行為的改變歷程
- (九)沒有特定的標的行為，在觀察記錄中分別採記行為的重點
- (十)時間長度包含幼兒入園到進入小學的時程，包括至少一學期，到最多從幼幼班、小班、中班到大班的四個階段

就屬性歸類而言，幼兒行為觀察與記錄包括：時間本位（time-based）、事件本位（event-based，又稱事件取樣法〔event sampling〕）與人物本位（profile-based）等三種（Danoff-Burg, 2002; Flicker & Hoffman, 2002）。

第一節　時間本位的觀察與記錄法

時間本位法或稱時間取樣法（time sampling），就是以時間作為觀察與記錄的單位。在內涵上，可依據觀察與記錄資訊的程序和應用的型態進一步分類。

一、依觀察與記錄資訊的程序分類

依據觀察與記錄資訊的程序，時間本位法包含：持續時間記錄（duration recording）、計算次數記錄（frequency-count recording）、間距記錄（interval recording）、連續記錄（continuous recording）與時間取樣（time sampling）等方法（王文科，2001；Borg & Gall, 1989）。

㈠持續時間記錄法

就是針對觀察幼兒的某項目標行為，持續進行一段時間的觀察與記錄。例如：觀察幼兒在上午 9:00~9:30 角落學習時間內的遊戲行為。

通常，被觀察的幼兒並非在同一時間內僅出現單項行為；觀察者必須掌握自己的觀察重點，事先決定是否仍只是觀察某項焦點行為，或是同時觀察與記錄伴隨出現的相關行為以及不相關的其他行為，或是偶發性的行為。對於初次進行觀察與記錄者，為免於顧此失彼，或偏離焦點行為，宜以單項行為的觀察與記錄為主；至於具有豐富經驗的觀察與記錄者，則可以就個人動機和所欲達成的目的，在一段持續觀察記錄的時間裡，同時觀察兩項或多項行為。

持續時間內觀察與記錄幼兒行為，不論採用質或量的呈現方式，單項觀察與記錄者，可以在記錄表上明確標示觀察行為，並且能連續性完成焦點行為的記錄。但是在觀察過程中，有可能會被時間節次（例如：下課）或旁人行為打斷，然而在打斷之後，依然持續觀察與記錄，不受觀察中途被干擾的影響（見表 8-1）。

表 8-1　持續時間記錄幼兒單項行為舉例

觀察行為	脫鞋	觀察對象	小班　淑怡
持續時間	上午到園 8:30~8:40 8:45~8:55……	觀察地點	創世紀幼兒園
觀察記錄： 淑怡坐著先用左手掀起右腳布鞋上的魔鬼氈，再用右手抓住布鞋另一端，鬆開鞋子，抽出右腳……陳老師和淑怡打招呼，淑怡停下手和老師揮揮手，再繼續脫鞋。			

在這些持續時間內，只就觀察「脫鞋」的單項行為加以記錄，從文字敘述中可以發現幼兒雙手並用的順序和習慣，同時也可以進一步分析瞭解幼兒的動作發展情形。

在持續時間內記錄兩項以上幼兒行為時，除了在記錄表上標示行為項目外，記錄內容也要注意這些行為出現時的互動性與獨立性；若行為間發生交互作用，或彼此影響，都必須加以記錄（見表 8-2）。

表 8-2　持續時間記錄幼兒兩項以上行為舉例

觀察行為	到園、打招呼、脫鞋	觀察對象	小班　淑怡
持續時間	上午到園 8:30~8:40 8:45~8:55……	觀察地點	創世紀幼兒園
觀察記錄： 淑怡從爸爸車上下來，和爸爸說再見後，拿著小書包轉身走進園裡；小啟從她背後走上來跟她道早；兩個人一起坐下來脫鞋……。			

兩項以上的行為記錄在觀察視野上比單項行為廣泛，觀察者對於焦點行為間的連續動作和交替，也必須依據所事先設定的目標加以記錄與說明。

㈡計算次數記錄法

就是針對標的行為發生的次數，進行記錄。只要所要觀察的幼兒行為一出現，就記錄一次。在記錄的時候，可以用記數器登錄，並且用劃記的方式呈現。

在雙手可以分別持有計數器的情況下，觀察者可以同時計數兩種幼兒行為出現的次數；若只是觀察與記錄次數，則以一次單項行為較能準確記錄標的行為的發生數。

計算目標行為發生的次數，在時間長度上不宜過長；以 40 分鐘作為幼兒活動節次的時間長度，通常被視為計算次數記錄的一個中繼點和段落。對於能被記數的間斷性行為，通常配合幼兒的作息作為分段的節次；至於連續性行為，除了依照節次或區分時段作為分隔之外，也必須注意間隔之後行為受到任何干擾或介入因素的影響（見表 8-3）。

表 8-3 幼兒連續性行為計算次數記錄舉例

觀察行為	離座		觀察對象	小班 明芬	
觀察時間	上午 9:00~9:40		觀察地點	小班活動室	
觀察記錄	○＝在座 ×＝離座				
編號	出現標記	備註	編號	出現標記	備註
1	○		7	○	
2	○	與人交談	8	○	
3	×		9	×	
4	×		10	×	
5	×	取玩具	11	○	注視老師
6	○		12	○	

㈢間距記錄法

就是在某一段時間的間隔內觀察與記錄幼兒的行為，所記錄的內容包括行為發生的時間點和行為延續的時間長度，因此，在間距記錄中，通常以括號呈現兩個數據，前者是出現行為的時間點，後者是出現行為的時間長度；出現的時間點標示和間距時間相同，出現的時間長度以分（數字'）、秒（數字"）標示。例如：觀察幼兒小肌肉精細動作的發展時，在一節 40 分鐘的活動裡，每隔 5 分鐘，觀察大班某一幼兒在操作時與鄰座幼兒交談的行為（見表 8-4）。

間距記錄的每段時間，都作等長的劃分，在各間距中，只要出現標的行為，就加以記錄；非在間距時間內出現，或在間距時間內沒有出現所要觀察記錄的幼兒行為，則不予記錄。間距記錄時必須利用計時器輔助設定計時的間距，以及測量時間長度。

表 8-4　幼兒行為間距記錄舉例

觀察行為	和鄰座交談	觀察對象	大班　小遠
觀察時間	上午 9:00~9:40	間距時間	5 分鐘
觀察地點	大班數學角	觀察者	李老師
觀察記錄：			
9:00~9:05　9:10~9:15　9:20~9:25　9:30~9:35　9:40			
(9:03，1'02")　(9:13，0'45")　(9:22，1'08")　(9:33，0'39")			

㈣連續記錄法

就是針對觀察與記錄的幼兒行為在一段時間內連續進行記錄，受到時間間隔的影響，著重在觀察時間內行為本身的完整性。和持續時間記錄不同的地方在於前者可能因為時間間隔，被切割成不同時段，而前後相銜接的持續記錄；連續記錄則在一段時間內連續不停的記錄，時間截止記錄也停止。

連續記錄若無時間間隔作為區分，通常需要考驗觀察者的耐力與注意力；所形成的記錄也強調詳細與多量，博多稿通常是連續記錄被廣用的呈現方式之一。

由於幼兒行為的多樣性，連續記錄針對個案的深入觀察瞭解深具貢獻；為了避免掛一漏萬，連續記錄也借重攝錄影機，協助觀察行為的完整性（見表 8-5）。

表 8-5 幼兒行為連續觀察記錄舉例

觀察行為	執筆練習	觀察對象	中班　小玉
觀察時間	上午 10:30~11:10	間距時間	40 分鐘
觀察地點	中班習字區	觀察者	陳老師
觀察記錄： 小玉在 10:32 用握筆的方式開始拿六角形的彩色粗筆畫直線，一共畫了三條；然後畫圓圈和三角形的時候，換成了用拇指、食指和中指拿筆……。			

㈤時間取樣法

就是在整體觀察時間內，選取某段時間長度作為樣本，進行觀察與記錄。在確定相同觀察的標的行為後，所觀察記錄的對象可以在相同的時間取樣單位下，分別進行不同幼兒的行為觀察。

時間取樣法強調所觀察的共同行為必須具有特色或代表性，例如：觀察小班幼兒的吮指行為，或是專心聽講的注意力等，在某一年齡階段同儕間共有與特有的常態現象；卻不適用於個案的特殊行為，或某一幼兒所個別表現的異常行為。

時間取樣法可以分別和持續時間記錄、計算次數記錄、間距記錄，以及連續記錄等方法搭配運用，通常以 3 至 5 分鐘的取樣單位最被廣用。

例如：在角落操作的 40 分鐘內，以 5 分鐘作為時間取樣的單位，分別觀察幼兒的遊戲行為（見表 8-6）。

表 8-6　幼兒行為時間取樣法觀察與記錄舉例

觀察行為	遊戲	觀察對象	大班 A-D　4 名幼兒
觀察時間	下午 3:30~4:10	時間取樣	5 分鐘
觀察地點	主題遊戲區	觀察者	王老師
觀察記錄： 3:35——幼兒 A：在積木區獨自遊戲，從嵌合積木持續單獨玩著。 3:40——幼兒 B：在拼圖角與幼兒 C 一起討論，2 分鐘後轉身自己拼排，……。			

二、依觀察與記錄應用的型態分類

依據應用的型態，時間本位法包含：採樣記錄法（specimen records），以及範圍單位分析（field-unite analysis）等項。

㈠採樣記錄法

或稱樣本描述法（specimen descriptions），就是針對所選取的樣本，進行標的行為的觀察與記錄，常被引為針對個案的實徵性研究方法之一。

依據時間本位的觀點，採樣記錄法在應用上是以某段事先設定的時間單位作為進行觀察與記錄的單位。其特色包括：

1. 在對象選取上

採樣記錄法並不囿限單一取樣，可以從個別化同質性的觀點，就相類似特質的幼兒個案觀察其共同行為。

2. 在時間運用上

採樣記錄法必須事先預設全程採樣的時程，以避免觀察記錄的幼兒行為受到年齡成熟的影響，以至於產生誤差。

同時由於採樣記錄的觀察時距較長（通常為一個學期或一個學年），因此設定每週為單位，選取某一固定時段作為觀察時間。

3.在資料記錄上

採樣記錄法在觀察所選樣本的目標行為之前，必須先進行個案分析，以作為進行採樣記錄過程的基礎（見表 8-7）。

表 8-7　採樣記錄法舉例

採樣對象	小班　小今	目標行為	數數能力
全程觀察時間	一學期	每週觀察時間	星期二 9:00~9:30
觀察地點	小班探索角	觀察者	李老師
個案分析： 小今數數能力優異，除了速度比同儕幼兒快以外，正確性和複合程度也很突			
觀察記錄： 6 月 7 日——小今數 150 顆彈珠，完全正確；費時 1'24"。 6 月 14 日——小今兩數一數，100 支鉛筆，完全正確；費時 1'48"。 ……。			

㈡範圍單位分析

就是以某一時間單位為基準，就此範圍進行幼兒行為的觀察記錄。進行範圍分析的觀察與記錄，包括下列特色：

1.重視時間效度

以時間作為觀察與記錄的單位，強調不同時間範圍幼兒行為表現的差異性。

2.重視同儕個案

以多數個案同時觀察與記錄為導向，有助於瞭解幼兒的通性與次級文化。

3.重視群性互動

以群體活動作為觀察與記錄的視野，分析整體性的團體操作活動。

範圍分析是以整體幼兒在某一單位時間範圍內的焦點行為，作為觀察與記錄的焦點；因此，在瞭解班級差異與風氣、不同班級教師對幼兒的影響差異方面，經常被加以利用（見表 8-8）。

表 8-8 範圍分析法觀察與記錄舉例

時間範圍	8:30~9:00	觀察對象	大黃班幼兒
焦點行為	大肌肉運動	觀察地點	大黃班教室
觀察時程	一個月	觀察者	朱老師
範圍分析觀察記錄： 就每天大團體律動時間觀察大黃班全體大肌肉運動情形。 1. 整體觀察——能做雙腳同時原地跳。 2. 性別觀察——男生擅長奔跑、跳躍動作；女生對於節拍、舞步的正確性較能掌握。 3. 興趣觀察——踏步、旋轉、拍手動作最受歡迎……。			

第二節 事件本位的觀察與記錄法

事件本位法強調針對幼兒行為表現的本質，就行為的全貌，進行觀察記錄。在觀察記錄過程中，不拘泥長度與時間，惟以事件本身的成因與後果作為終始。

因此事件本位法依循「事件」（event）的發展始末作為觀察與記錄的主軸，並以事件作為行為的代稱，同時採用代號進行觀察的共通語言；各項代號的選用具有相當的彈性與自主性，只要記錄者界定明確，有助於訊息的傳達即可（見表 8-9）。

表 8-9　事件本位法觀察與記錄舉例

類別	代號	
人物代號	TC	Target Children，觀察對象（兒童）
	TC-A……	Target Children A，觀察對象 A 兒童……
	PT	Preschooler Teacher，幼兒教師
	PP	Preschooler Parent，幼兒父母
	OP	Other People，其他人
事件代號	TE	Target Event，觀察事件
	TE-1……	Target Event-1，觀察事件-1……
	IA	Interaction Act，互動行為
	IA-1	Interaction Act-1，互動行為-1
	OR	observation & record，觀察與記錄
	RC	Record Content，記錄內容
	OP	Observation Procedure，觀察時程
場地代號	LC	Learning Center，學習區
	AR	Activity Room，活動室
	CR	Classroom，教室
班級代號	LC	Large Class，大班
	MC	Medium Class，中班
	SC	Small Class，小班
	SSC	S-Small Class，小小班

事件本位法中以軼事記錄法（anecdotal records）與敘事描述法（narrative descriptions），經常被應用在幼兒行為的觀察與記錄上。軼事記錄法著重幼兒個別性與特殊性的行為事件，具有個案研究（case study）的傾向；敘事描述法強調幼兒共同性與常態性的行為事件，具有行動研究（action research）的用意（Coller & Systems, 1972）。

一、軼事記錄法

基於幼兒行為觀察記錄的完整性，軼事記錄法強調從行為建立到行為結果的整體呈現；因此，基於某一行為主題下，軼事記錄法具有下列特色：

㈠具有主題性的行為。

㈡具有因果性的行為。

㈢具有連續性的行為。

㈣具有起始與終點性的行為。

㈤具有歷程性的行為。

㈥具有個別性的行為。

由於觀察記錄是依照幼兒事件的發生→過程→結束等歷程而進展，無法事先設定起迄時間，因此，有可能在當天上午可以完成，也有可能延宕到下午；甚至於，某些後效事件會延宕其出現時間。同時，觀察記錄者在利用軼事記錄法時，必須注意可能產生的其他因素或變項的干擾與影響。

例如：觀察記錄幼兒的衝突行為（主題），在幼兒互動間可以發現其衝突原因，以及可能導致爭吵—打架—和好的結果（因果性、起始性與終點性）；瞭解幼兒處理衝突的方法（歷程性與連續性），同時分析幼兒對於衝突的處理態度（個別性）。利用事件本位代號，舉例如下（見表 8-10）。

表 8-10　軼事記錄法舉例

<table>
<tr><td colspan="2">OR</td></tr>
<tr><td>TE：TC 衝突行為</td><td>TC：大班幼兒（LCTC）
TC-A：小奇　　TC-B：安安</td></tr>
<tr><td colspan="2">OP：2005.2.12 Am 9:20~</td></tr>
<tr><td colspan="2">RC：
2005.2.12 Am 9:20
TC-A 和 TC-B 因為玩積木開始發生 TE。
TC-A 因為 TC-B 搶著蓋房子而生氣，不讓 TC-B 再拿積木，TC-B 不滿，動手去搶……。</td></tr>
</table>

二、敘事描述法

幼兒行為有其常態性和共通性，敘事描述法強調從所有幼兒的觀點來進行觀察記錄，因此對於幼兒共同事件特別關注，並加以描述分析，以利於配合採取相關的教學與輔導措施。

就幼兒的共同性行為而言，敘事描述法具有下列特點：

㈠呈現事件的全貌。

㈡反映幼兒行為的真實面。

㈢瞭解幼兒共同行為的成因。

㈣描述幼兒行為的整體歷程與特質。

因此，蒐集與彙整幼兒發展過程中，學前幼兒在不同年齡階層的同質性行為，是敘事描述法觀察與記錄的重點。例如：關懷幼兒入廁習慣，以敘事描述法進行觀察與記錄如下（見表 8-11）。

表 8-11 以敘事描述法觀察與記錄幼兒入廁習慣舉例

<table>
<tr><td colspan="2">OR</td></tr>
<tr><td>TE：TC 入廁習慣</td><td>TC：LC/MC/SCTC</td></tr>
<tr><td colspan="2">OP：2005.2.1 Am 8:30~</td></tr>
<tr><td colspan="2">RC：
2005.2.1 Am 8:30
晨間團體律動後，所有幼兒依序入廁。
LCTC：會先拉上布簾，再準備拉起裙襬／脫下長褲－脫下小內褲－坐下－入廁－穿妥褲子－整理服裝－沖水－拉開布簾－洗手－離開廁所……等一連串入廁的相關動作……。
MCTC：有些MCTC會做出如同LCTC的入廁動作，有些則不敢拉上布簾，或是在廁所和洗手檯間才拉上褲子……。
SCTC：不敢拉上布簾，都在廁所和洗手檯間才拉上褲子，或是仍然需要老師協助……。
</td></tr>
</table>

第三節 人物本位的觀察與記錄法

基於行為者是人的前提，人物本位法以所觀察的幼兒為核心，記錄其標的行為。日記式記錄法（diary records）與檔案記錄法（portfolio records），是在人物本位法中經常被應用於幼兒行為的觀察與記錄方法（Grieshaber, Halliwell, Hatch, & Walsh, 2000; Ridley, William, & Oates, 2000）。

一、日記式記錄法

從幼兒行為的發展性觀點，日記式記錄法尋求以每天 24 小時的流水帳式，對於所觀察的幼兒進行馬拉松般的記錄。

在以「日」作為觀察記錄的過程中，日記式記錄法具有下列特質：

㈠關注幼兒每天各項行為的動態與表現。

㈡以幼兒為中心，全盤呈現幼兒每天的行為內容。

㈢依循時間流程進行記錄，各項觀察可就行為事件或時間單位進行記錄分段。

㈣重視幼兒個別行為的連貫性。

㈤活動範圍兼含園內、外幼兒整天各項活動。

因此，對幼兒教師而言，日記式記錄法就是指從幼兒入園到離園之間，一整天的活動記錄，包括各項園區學習以及校外教學活動；是親職聯絡重要的內容，也是個案資料最原始的第一手資料。部分幼兒園除了文字記錄外，也利用攝、錄影機進行錄製，綜合人為與機器二者的觀察記錄，以蒐集幼兒每天詳細的行為記錄資料（見表 8-12）。

日記式觀察與記錄法可以同時針對多位幼兒分別於一天內，或是單一幼兒連續觀察與記錄多日；前者可以提供幼兒間行為表現的比較，後者是進行幼兒個別內在能力差異的瞭解。

表 8-12　日記式觀察與記錄法舉例

觀察對象	小熊班　皓皓（男）	觀察記錄者	陳老師
觀察日期	2005.2.28（星期一）	觀察地點	創世紀幼兒園、社區公園
觀察主題	一天的活動	記錄分段	每 30 分為一觀察段落
8:30：皓皓由媽媽送到園裡，在李老師協助下脫鞋、放妥衣物，洗手，開始吃早餐。和他坐在一起用餐的是活潑好動的真真。皓皓看來有些餓，吃得很快；真真和他說話，沒有搭腔。 9:00：皓皓用完餐，把餐具放在收拾盤後，就去拿黏土。上星期五玩黏土時，皓皓很投入，很用心的做了一個彩色球。才拿到黏土，集合作晨間律動的音樂響了，李老師來帶每一個小朋友到團體活動室去。……。 9:30：回到班級，今天要健行到社區公園，並且做體適能遊戲，皓皓戴上小黃帽，揹起水壺前打開壺蓋看看裡面的水有多少……。			

二、檔案記錄法

對於幼兒行為成長與發展，進行整體性的觀察與記錄，是檔案記錄法的重點。

檔案是一項完整的資料庫（data base），可以針對個人或群體進行整體性的資料蒐集與彙整。近年間，為每一名幼兒製作檔案記錄，已成為幼兒最好的畢業禮物，深受幼兒教師與家長肯定。

完善的檔案記錄法具有下列特色：

㈠包括幼兒入學前的背景資料。

㈡以入園後的持續記錄作為觀察核心。

㈢跨越幼兒在家與在園的時間因素。

㈣兼融居家和在園的環境空間。

㈤是教師與父母共同完成的記錄歷程。

㈥借重照片與動畫，輔助文字記錄的完整性。

㈦綜合性的行為發展資訊。

㈧從觀察中陳述行為的改變歷程。

㈨沒有特定的標的行為，在觀察與記錄中分別採記行為的重點。

㈩時間長度包含幼兒入園到進入小學的時程，包括至少一個學期，到最多從幼幼班、小班、中班到大班的四個階段。

在運用檔案記錄法時，廣泛蒐集是觀察行為的前提；各項背景資料尤其是記錄後進行分析時最好的參考。由於跨越幼兒園與家庭的時空範圍，檔案記錄法同時也是展現親師合作的產品。透過幼兒園的協助與說明，引導家長參與幼兒的檔案記錄，除了彰顯教師對幼兒教學與輔導歷程的用心外，也是家長居家照顧與教養幼兒過程的細心寫照。

常見的幼兒檔案記錄法格式如下（見表 **8-13**）。

表 8-13　幼兒檔案記錄法格式舉例

觀察對象	大黃班　素素	觀察記錄者	秀秀老師、素素的媽媽
觀察時程	2005.2.21 日入園開始	觀察地點	幼兒園、素素家以及其他素素接觸的環境

背景資料：

妊娠史——素素是媽媽足月自然生產的健康寶寶，出生時體重 3,300 公克，身高 47 公分。懷孕過程中，媽媽曾經感冒，在醫生指導下服藥痊癒。

家庭史——素素是家裡的長女，有一個小她兩歲的弟弟，家裡還有阿姨和他們同住。

疾病史——素素在 2 歲時長水痘……。

學習記錄——入園前在家裡，由爸爸每天指導體能活動，每星期到社區學校操場練習走路和小跑步。

入園後記錄	素素 2 歲半入園；3 歲開始上舞蹈課程，以及學畫畫……。

一、幼幼班時期

㈠幼兒園記錄
㈡家庭記錄

照片

二、小班時期

㈠幼兒園記錄
㈡家庭記錄

照片

三、中班時期

㈠幼兒園記錄
㈡家庭記錄

照片

四、大班時期

㈠幼兒園記錄
㈡家庭記錄

照片

綜合第七、八章所述，各項幼兒行為觀察與記錄的方法，統整其要點與特色如下，以利於選擇應用（見表 8-14）。

表 8-14　各項幼兒行為觀察與記錄法的要點與特色

<table>
<tr><th>區分</th><th>類別</th><th>方法</th></tr>
<tr><td rowspan="2">呈現方式</td><td>一、質性</td><td>1. 文字記錄敘述法
(1)詳案敘述
(2)摘要題綱
(3)雙向細目表
(4)博多稿
2. QSR 軟體</td></tr>
<tr><td>二、量化</td><td>1. 次數統計法
(1)劃記法
(2)圖示法
2. 評定量表
(1)兩極式評定量表
(2)必選式評定量表
(3)圖示評定量表
3. 檢核表
(1)確認式檢核表
(2)評定式檢核表</td></tr>
<tr><td rowspan="4">屬性歸類</td><td rowspan="2">一、時間本位</td><td>1. 依觀察與記錄資訊的程序
(1)持續時間記錄法
(2)計算次數記錄法
(3)間距記錄法
(4)連續記錄法
(5)時間取樣法</td></tr>
<tr><td>2. 依觀察與記錄應用的型態
(1)採樣記錄法（樣本描述法）
(2)範圍單位分析法</td></tr>
<tr><td>二、事件本位</td><td>1. 軼事記錄法
2. 敘事描述法</td></tr>
<tr><td>三、人物本位</td><td>1. 日記式記錄法
2. 檔案記錄法</td></tr>
</table>

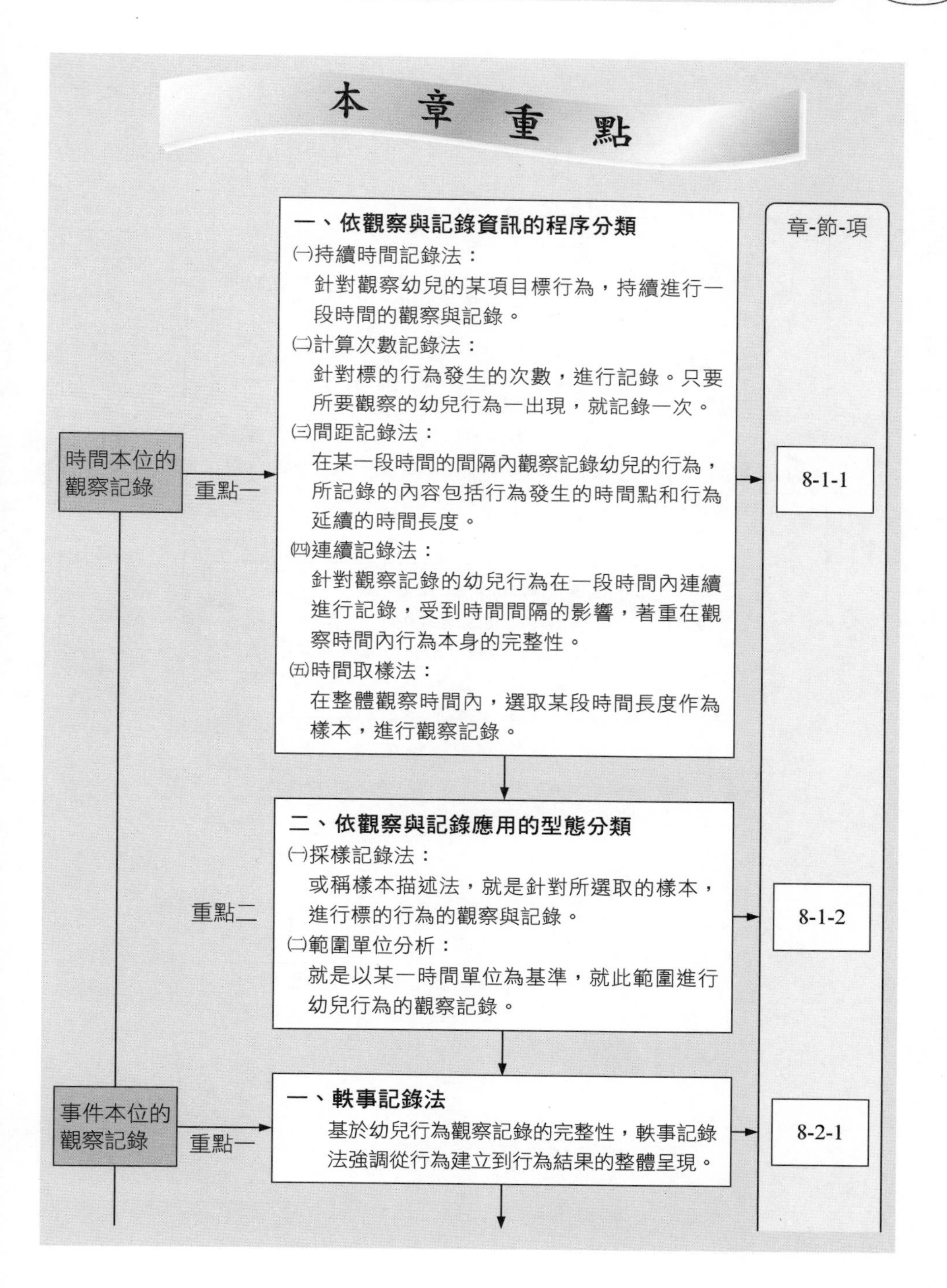
本章重點
章-節-項
時間本位的觀察記錄
重點一
一、依觀察與記錄資訊的程序分類
㈠持續時間記錄法：
針對觀察幼兒的某項目標行為，持續進行一段時間的觀察與記錄。
㈡計算次數記錄法：
針對標的行為發生的次數，進行記錄。只要所要觀察的幼兒行為一出現，就記錄一次。
㈢間距記錄法：
在某一段時間的間隔內觀察記錄幼兒的行為，所記錄的內容包括行為發生的時間點和行為延續的時間長度。
㈣連續記錄法：
針對觀察記錄的幼兒行為在一段時間內連續進行記錄，受到時間間隔的影響，著重在觀察時間內行為本身的完整性。
㈤時間取樣法：
在整體觀察時間內，選取某段時間長度作為樣本，進行觀察記錄。
8-1-1
重點二
二、依觀察與記錄應用的型態分類
㈠採樣記錄法：
或稱樣本描述法，就是針對所選取的樣本，進行標的行為的觀察與記錄。
㈡範圍單位分析：
就是以某一時間單位為基準，就此範圍進行幼兒行為的觀察記錄。
8-1-2
事件本位的觀察記錄
重點一
一、軼事記錄法
基於幼兒行為觀察記錄的完整性，軼事記錄法強調從行為建立到行為結果的整體呈現。
8-2-1

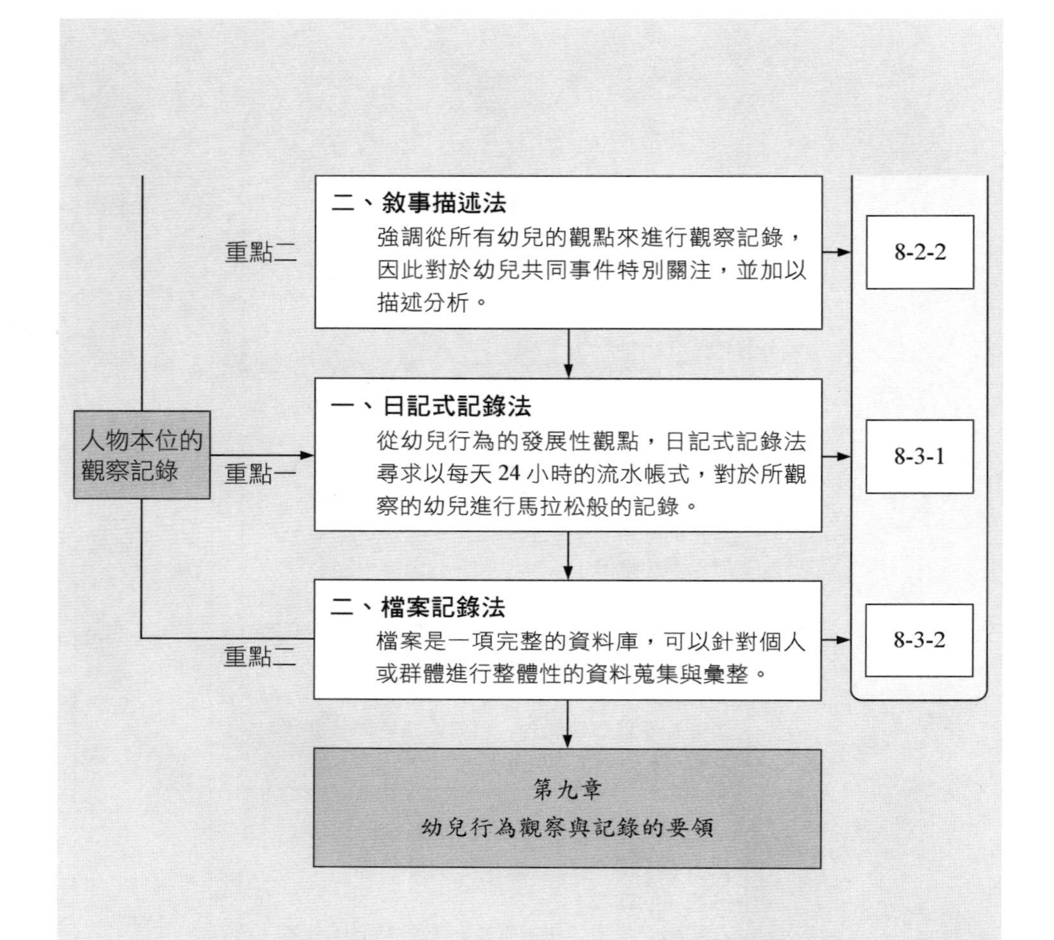
二、敘事描述法
強調從所有幼兒的觀點來進行觀察記錄，因此對於幼兒共同事件特別關注，並加以描述分析。
重點二
8-2-2
人物本位的觀察記錄
重點一
一、日記式記錄法
從幼兒行為的發展性觀點，日記式記錄法尋求以每天24小時的流水帳式，對於所觀察的幼兒進行馬拉松般的記錄。
8-3-1
重點二
二、檔案記錄法
檔案是一項完整的資料庫，可以針對個人或群體進行整體性的資料蒐集與彙整。
8-3-2
第九章
幼兒行為觀察與記錄的要領

第九章

幼兒行為觀察與記錄的要領

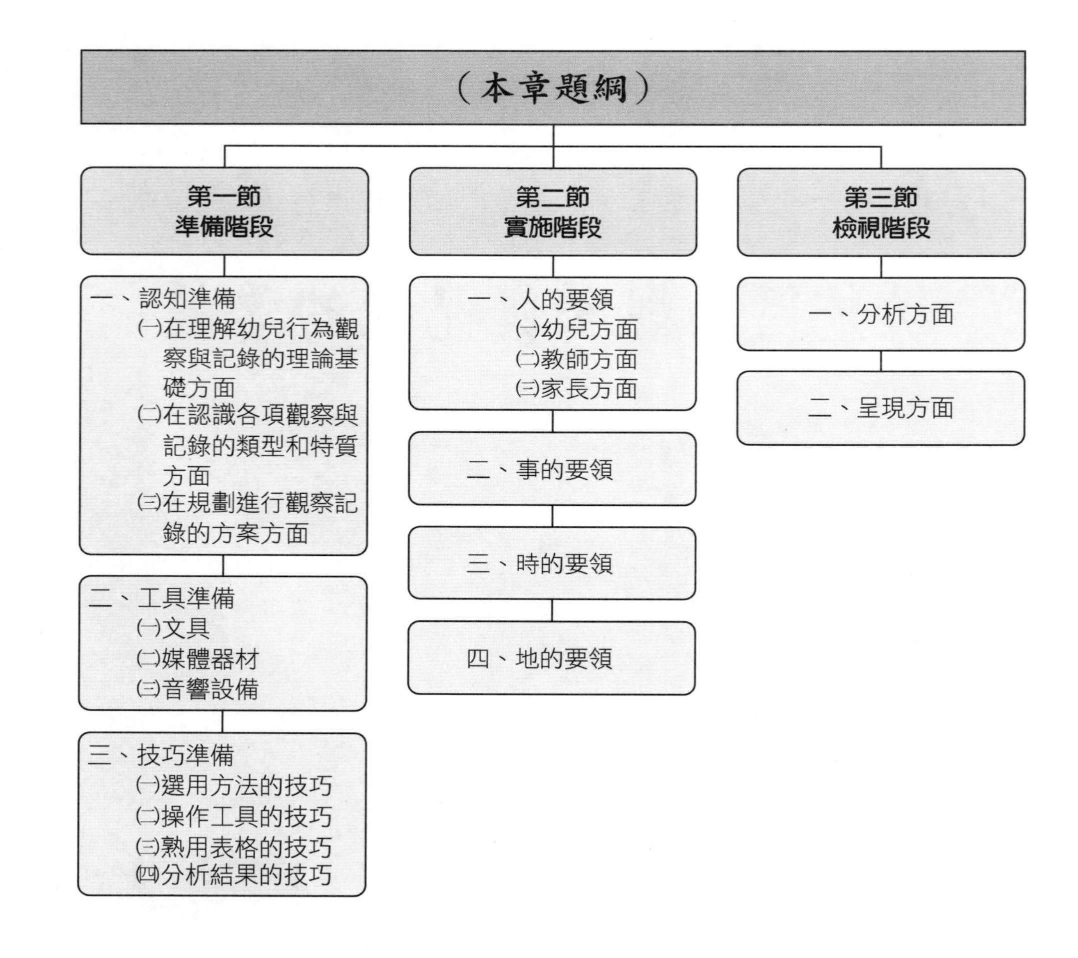
（本章題綱）
第一節
準備階段
一、認知準備
㈠在理解幼兒行為觀察與記錄的理論基礎方面
㈡在認識各項觀察與記錄的類型和特質方面
㈢在規劃進行觀察記錄的方案方面
二、工具準備
㈠文具
㈡媒體器材
㈢音響設備
三、技巧準備
㈠選用方法的技巧
㈡操作工具的技巧
㈢熟用表格的技巧
㈣分析結果的技巧
第二節
實施階段
一、人的要領
㈠幼兒方面
㈡教師方面
㈢家長方面
二、事的要領
三、時的要領
四、地的要領
第三節
檢視階段
一、分析方面
二、呈現方面

在建立對幼兒行為觀察與記錄的基本概念，並瞭解各類方法的重點與特質後，緊接著，從實際應用的觀點，學習如何掌握幼兒行為觀察與記錄的要領，是進行各項觀察記錄實務的起步。

綜合文獻（Grieshaber, Halliwell, Hatch, & Walsh, 2000）上對於如何進行幼兒行為觀察與記錄的實務研究，主要可以從準備階段（prepare stage）、實施階段（implement stage）與檢視階段（review stage）等向度探討對於幼兒行為進行觀察與記錄的要領。

第一節　準備階段

凡事豫則立，周詳與充分的準備，是行事完善的最佳後盾。觀察與記錄幼兒行為的準備階段，包括：認知準備、工具準備與技巧準備等要項。三者具有先後的順序，亦即認知準備是工具準備的基礎，工具準備是完成技巧準備的前奏。唯有對於幼兒行為觀察與記錄先建立清楚的認知概念，才有足夠的知識選取擬將使用的工具，進一步運用最有效的技巧，達成所欲觀察與記錄的目的；三者環環相扣，前期是後期的基礎，後期是前期的發展（見圖 9-1）。

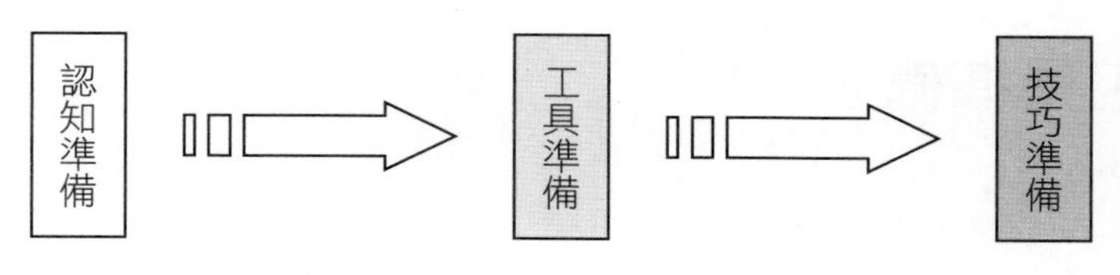

圖 9-1　三項準備關係圖

一、認知準備

具有理解幼兒行為觀察與記錄的理論基礎、認識各項觀察與記錄的類型和特質、規劃進行觀察與記錄的方案等項目。

㈠在理解幼兒行為觀察與記錄的理論基礎方面

除了具備對幼兒、幼兒行為、幼兒行為觀察與記錄基本的先備知識外，必須熟稔幼兒發展的各類進程與現象，包括：生理上的大肌肉與精細動作；心理上的認知能力、感官知覺、情緒反應；以及融合生、心理發展的語言表達、社會行為等項。

其次，參照各年齡階段的發展指標或常模（developmental index & norm），作為觀察幼兒行為與記錄的評準，建立分析的基準。

㈡在認識各項觀察與記錄的類型和特質方面

宜完全明白前述有關各類型幼兒行為觀察與記錄的重點、並能充分掌握各類型特質，作為實際實施時判斷與決策的依據。

㈢在規劃進行觀察與記錄的方案方面

針對所要達成的目標，抽選觀察對象，設定標的行為、時間與地點，規劃完整的計畫，作為實施方案的藍圖。

二、工具準備

彙整必要的工具是「工欲善其事」不可或缺的要件。進行幼兒行為觀察與記錄的工具，可分為：文具、媒體器材與音響設備等項。

㈠在文具方面

視使用者記錄所需的紙、筆、磁片、光碟、資料夾或相關文具，都是進行觀察與記錄必備的物品和耗材。

㈡在媒體器材方面

電腦及周邊的掃描器、列表機、光碟機……等軟、硬體器材，及相關儀器等，都是蒐集與彙整資料的重要工具。

此外，各式相機和攝、錄影機等器材，有助於保留觀察記錄的原貌與歷程，以及進行分析時的反覆閱聽。

㈢在音響設備方面

各式錄音機、擴音機、收音麥克風與其他相關音響設備，是記錄原始聲音，以及配置相關音樂的利器。

三、技巧準備

準備觀察幼兒行為與記錄的技巧，包括：選用方法、操作工具、熟用表格、分析結果與統整呈現的技巧。

㈠選用方法的技巧

應具備判斷方法的選用技巧，要能依據觀察與記錄所要呈現的型態和屬性來選擇合適的方法。

㈡操作工具的技巧

必須具有操作工具的技巧，要能就所選用的方法，熟練操作觀察和記錄的工具。同時，能夠統合操作不同工具的功能，發揮物盡其用的效能。

㈢熟用表格的技巧

除能純熟應用各項提供作為觀察與記錄的案例表格外，同時，必須具有能調整或規劃為達成自我觀察與記錄目的的各式表格。

各式觀察與記錄表格，通常可以呈現如下共同的前列性檢核表格型態（見表 9-1）。

接續上列前列性檢核表格後，再依各項觀察的需要，規劃呈現歷次記錄資料。

㈣分析結果的技巧

包括：質性內容分析與量化統計分析技巧，質性技巧著重文字表達，量化技巧強調統計套裝軟體的執行和利用。觀察資料通常可以運用許多不同的方法進行分析，有些看似不相關的個別資料，卻可能因為方法的運用，成為整體訊息的可貴脈絡之一；例如觀察幼兒的互動，可能發現區別不同家庭與社經背景幼兒間的互動性差異。

下列幼兒行為分析的技巧，是質性與量化技巧必須共同依循的前提：

1. 確立觀察與記錄的目的。
2. 將觀察行為區分類別和項目。
3. 參照幼兒各項發展的評準，作為分析的依據。
4. 就觀察與記錄，提出對幼兒行為常態性、異質性、是否超常與遲緩的具體建議。
5. 統整呈現的技巧，包括：書面文字呈現與視聽媒體呈現的技巧。

觀察記錄的結果必須彙整為書面的完整性報告，必要時亦需製作成媒體簡報（power point），作為分享與檢討改進之用。

不論以文字敘述、量化數字或是兼融質量型態呈現幼兒行為觀察與記錄的資料，統整呈現幼兒行為觀察與記錄的技巧，應包括：對人物—

表 9-1　觀察與記錄表共同的前列性檢核表格型態

觀察主題：
觀察對象：　　　　　　　　　　　　　觀察者：
觀察時間：起　　　　　　迄
觀察地點／場所／設施：

觀察行為（勾選）	□內隱　□外顯　□心理表徵
	□規則　□不規則
	□個別　□集體
觀察類型（勾選）	□依場地區分：（　）自然情境　（　）人為情境
	□依結構區分：（　）結構性觀察　（　）非結構性觀察
	□依觀察者角色區分： （　）完全參與者　（　）觀察的參與者 （　）參與的觀察者　（　）完全觀察者
	□依方法區分：（　）非參與觀察　（　）參與觀察 （　）人種誌
	□依時間區分：（　）事先設定的標的行為 （　）隨機安排的焦點行為 （　）臨床取樣的偶發性行為
呈現方式（勾選）	□質性：（　）文字記錄敘述 （　）詳案敘述　（　）摘要題綱 （　）雙向細目表　（　）博多稿 （　）QSR 軟體
	□量化：（　）次數統計法 （　）劃記法　（　）圖示法 （　）評定量表 （　）兩極式評定量表 （　）必選式評定量表 （　）圖示評定量表 （　）檢核表 （　）確認式檢核表　（　）評定式檢核表
選用方法（勾選）	□時間本位： □依觀察與記錄資訊的程序： （　）持續時間記錄法　（　）計算次數記錄法 （　）間距記錄法　（　）連續記錄法 （　）時間取樣法 □依觀察與記錄應用的型態： （　）採樣記錄法（樣本描述法） （　）範圍單位分析法
	□事件本位： □軼事記錄法　□敘事描述法
	□人物本位： □日記式記錄法　□檔案記錄法

—參與者的說明、對情境的規劃、對達成目標的檢核等項（見表9-2）。

表9-2　統整呈現幼兒行為觀察與記錄的技巧要項

項目	技巧
人物——參與者說明	背景分析、觀察焦點敘述
情境的規劃	學習區與角落環境安排
目標達成檢核	建立回饋環線：觀察目標、觀察內容、觀察方法、觀察評量

第二節 實施階段

「臺上一分鐘，臺下十年功」，有了充分準備後，到了實際觀察與記錄的實施階段，正是挑戰的開始。

在實施階段，要把握人、事、時、地四大要領。

一、人的要領

進行幼兒行為觀察與記錄時，涉及的人物是幼兒、教師與家長。

㈠在幼兒方面

幼兒是觀察記錄的主角，因此首先要關注的是幼兒在被進行觀察記錄期間的生理、心理狀態；在不干擾幼兒日常活動的前提下，依序進行觀察與記錄的工作。

㈡在教師方面

教師是執行幼兒行為觀察與記錄的關鍵人物，除了必備的專業素養和事前的充分準備外，教師在實施觀察進路的階段，必須善用表格、把握觀察重點、專注而敏銳的針對觀察事項進行記錄；同時要避免前述所提的月暈效應。

㈢在家長方面

幼兒父母是幼兒行為背景的最佳提供者，當幼兒教師在校進行觀察與記錄時，父母可能是有關家庭資料的提供者和行為表現的檢核者：父母也可能是在家進行觀察與記錄的執行者，父母的多元角色，能掌握親師溝通與合作的要領，是影響幼兒行為觀察與記錄的關鍵因素之一。

二、事的要領

進行既定目標的幼兒行為觀察與記錄，是實施階段最重要的事。因此，事的要領就是在執行階段把握觀察重點，就行為焦點進行記錄，排除不必要或無關的干擾幼兒行為的因素，讓幼兒行為自然表現，使觀察與記錄順利執行。

三、時的要領

時間是影響行為的重要變項，時間也是關係幼兒生理發展與心理成熟，乃至於對行為改變的因素；因此，在執行幼兒行為觀察與記錄的階段，把握時的要領，就是在預設的關鍵時間內，或是在目標行為呈現的時距裡，進行觀察與記錄。

四、地的要領

幼兒行為容易受到境教的潛移默化，空間與環境設施對幼兒行為的暗示性與啟發性，經常在習而不察之間蔚為積沙成塔的深刻影響；不同的場地，也對幼兒行為表現發生不同的影響。在進行幼兒行為觀察與記錄時，對於地的要領，就是配合觀察目的、掌握幼兒學習情境與空間規劃的技巧。

第三節 檢視階段

分析與呈現是檢視階段的重要任務。分析是從所進行的觀察與記錄資料中，進一步探討幼兒行為所顯露的意涵，以作為提出後續輔導與教養的方向。呈現是提出觀察與記錄的歷程和分析探討的結果，作為分享與後續建議的參考。

一、在分析方面

無論是質性或量化分析，掌握分析的要領，都必須依據在幼兒行為觀察與記錄的歷程中所運用的分析方法和技巧而定。

配合人為觀察的進程中，運用攝錄影機等相關儀器，對於觀察與記錄資料的完整性與真實性，有助於分析時對於行為原貌的闡釋。

二、在呈現方面

在獲得幼兒父母同意的前提下，幼兒行為觀察與記錄的資料得以讓教師與父母外的關心者參閱；依照觀察與記錄的各項主題，掌握文書資料處理的格式，不論是保存用的書面文字或是簡報用的媒體動畫，彙整所有觀察與記錄的資訊，是最後檢視全程的要務。

呈現所觀察與記錄的幼兒行為內容時，可分別使用或同時並用各項方法（見表 9-3），以利於資料的統整、建檔、保存、傳遞與分享。

前述所列述的各項方法，旨在提供選擇參考與應用實例；面對日益成長的幼兒，因人（幼兒、教師、家長或其他觀察者）、因事（歷次觀察與記錄目標）、因時空等各項因素，多元與彈性選用，應是最佳法則與可行之道。

檢視階段具有承先啟後的豐富意涵。不但對已進行的觀察與記錄畫下句點，也提出整體性的建設性修改意見，更是引領下一階段繼續與重新進行觀察記錄的轉銜和起點。

善加把握幼兒行為觀察與記錄的要領，能夠進行井然有序的歷程，收到事半功倍的效果。

表 9-3 各項幼兒行為觀察與記錄實例所運用的方法

區分	類別	方法	幼兒行為											
			動作表現		認知能力	語言溝通	社會性	知覺反應	情緒表達	生活習慣	異常習癖	特殊需求幼兒		
			粗大動作	精細動作	直覺思考類化 擬人化保留概念	複合句閱讀陳述 雙字語多字詞	同儕相處利他行為 依附性自我中心	觸覺區辨嗅覺區辨 視覺區辨聽覺區辨	恐懼反抗憤怒忌妒	入廁洗手用餐穿衣	剛愎性格玩弄性器 抱枕情結咬指甲	自閉症幼兒	過動幼兒	發展遲緩兒童
呈現方式	1. 質性	(1)文字記錄敘述												
		①詳案敘述	∨				∨				∨			
		②摘要題綱		∨				∨				∨		
		③雙向細目			∨				∨				∨	
		④博多稿				∨				∨				∨
		(2) QSR 軟體	∨	∨	∨	∨	∨	∨	∨	∨	∨	∨	∨	∨
	2. 量化	(1)次數統計法												
		①畫記法	∨							∨				
		②圖示法		∨							∨			
		(2)評定量表										∨		
		①兩極式評定量表			∨								∨	
		②必選式評定量表				∨								∨
		③圖示評定量表					∨							
		(3)檢核表												
		①確認式檢核表						∨						
		②評定式檢核表							∨					
屬性歸類	1. 時間本位	(1)依觀察與記錄資訊的程序												
		①持續時間記錄法	∨										∨	
		②計算次數記錄法		∨										∨
		③間距記錄法			∨									
		④連續記錄法				∨								
		⑤時間取樣法					∨							
		(2)依觀察與記錄應用的型態												
		①採樣記錄法（樣本描述法）						∨						
		②範圍單位分析法							∨					
	2. 事件本位	(1)軼事記錄法								∨				
		(2)敘事描述法									∨			
	3. 人物本位	(1)日記式記錄法										∨		
		(2)檔案記錄法	∨	∨	∨	∨	∨	∨	∨	∨	∨	∨	∨	∨

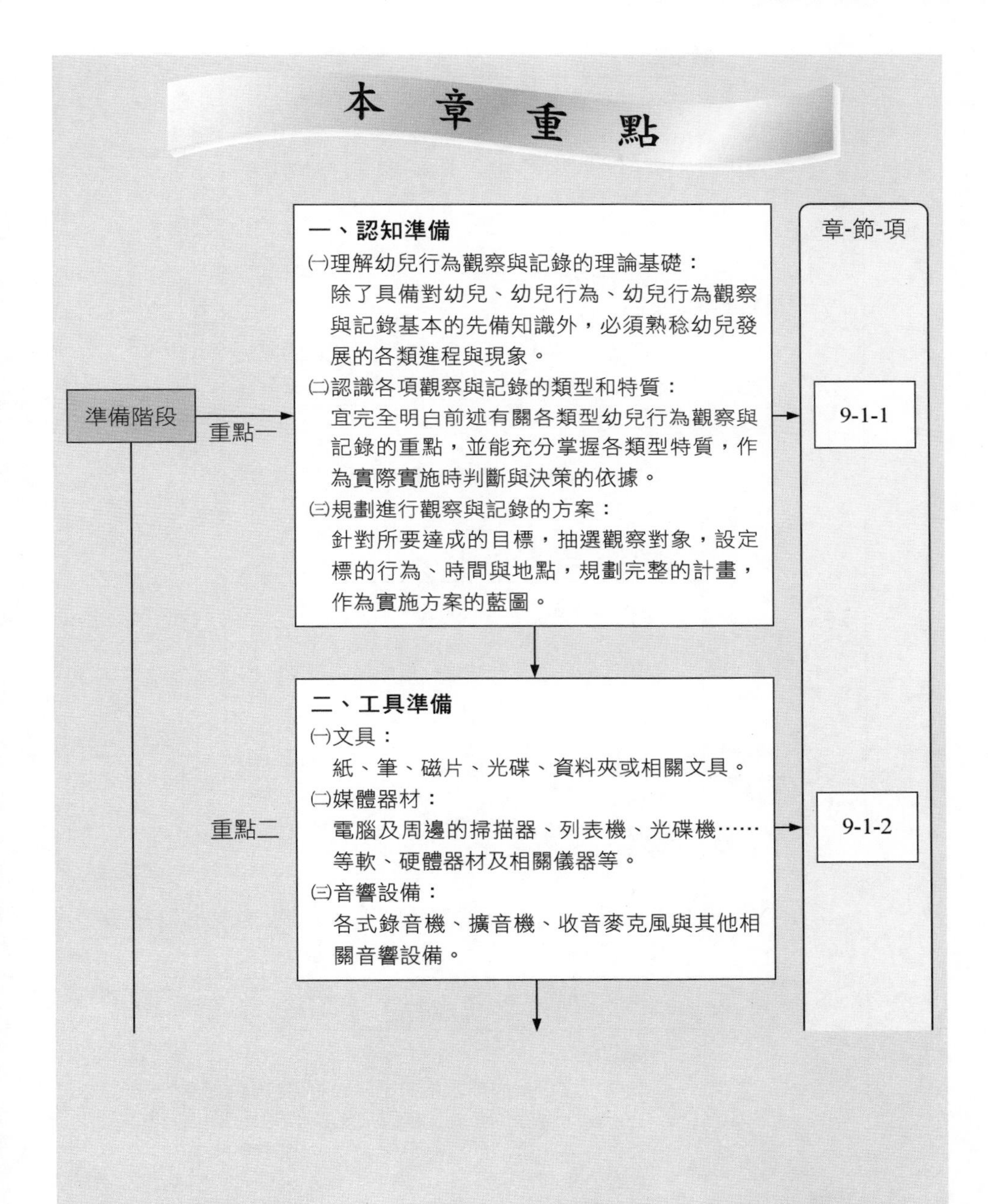
本章重點
準備階段
重點一
一、認知準備
㈠理解幼兒行為觀察與記錄的理論基礎：
除了具備對幼兒、幼兒行為、幼兒行為觀察與記錄基本的先備知識外，必須熟稔幼兒發展的各類進程與現象。
㈡認識各項觀察與記錄的類型和特質：
宜完全明白前述有關各類型幼兒行為觀察與記錄的重點，並能充分掌握各類型特質，作為實際實施時判斷與決策的依據。
㈢規劃進行觀察與記錄的方案：
針對所要達成的目標，抽選觀察對象，設定標的行為、時間與地點，規劃完整的計畫，作為實施方案的藍圖。
重點二
二、工具準備
㈠文具：
紙、筆、磁片、光碟、資料夾或相關文具。
㈡媒體器材：
電腦及周邊的掃描器、列表機、光碟機……等軟、硬體器材及相關儀器等。
㈢音響設備：
各式錄音機、擴音機、收音麥克風與其他相關音響設備。
章-節-項
9-1-1
9-1-2

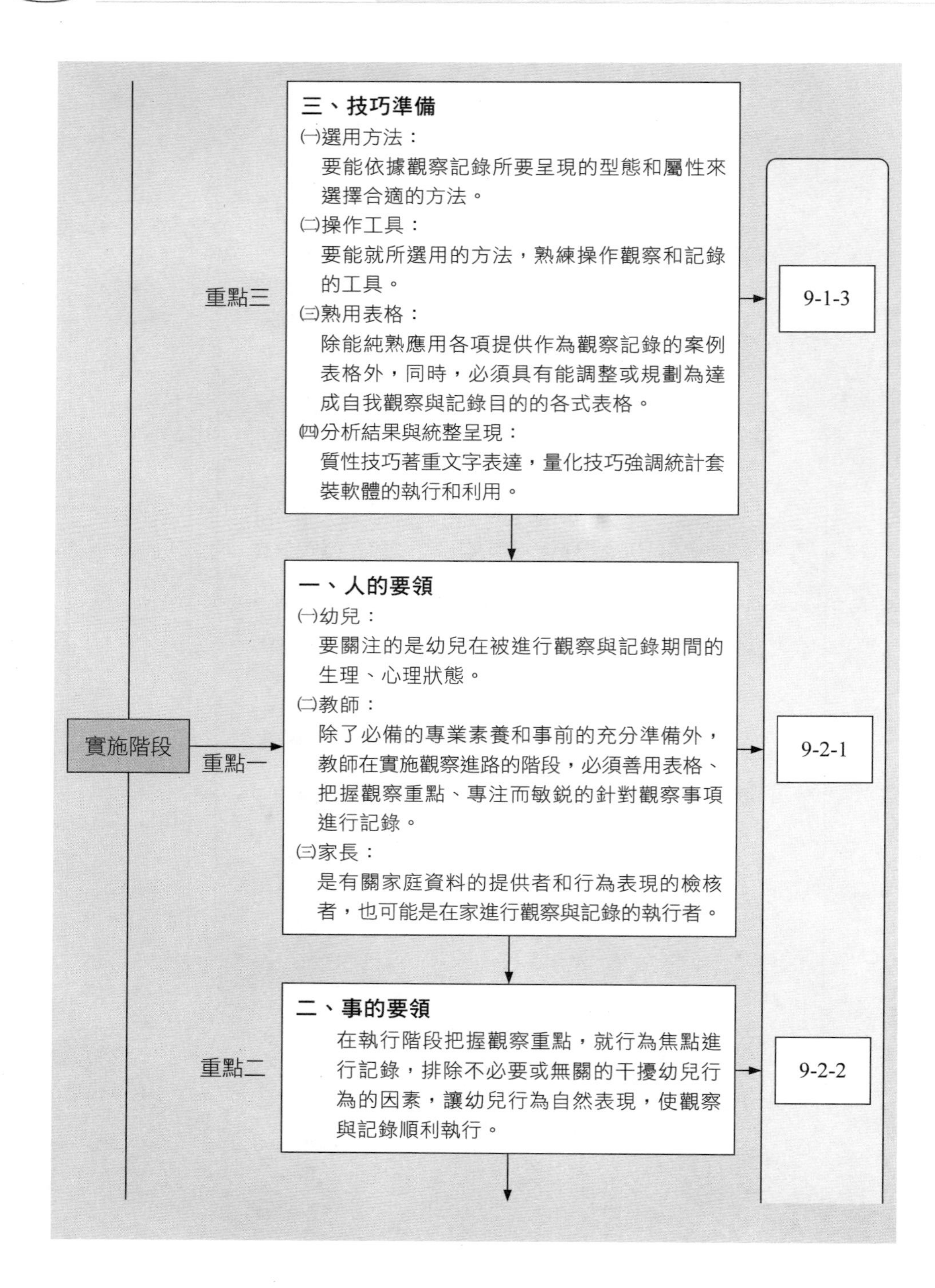
三、技巧準備
㈠選用方法：
要能依據觀察記錄所要呈現的型態和屬性來選擇合適的方法。
㈡操作工具：
要能就所選用的方法，熟練操作觀察和記錄的工具。
㈢熟用表格：
除能純熟應用各項提供作為觀察記錄的案例表格外，同時，必須具有能調整或規劃為達成自我觀察與記錄目的的各式表格。
㈣分析結果與統整呈現：
質性技巧著重文字表達，量化技巧強調統計套裝軟體的執行和利用。
重點三
9-1-3
實施階段
重點一
一、人的要領
㈠幼兒：
要關注的是幼兒在被進行觀察與記錄期間的生理、心理狀態。
㈡教師：
除了必備的專業素養和事前的充分準備外，教師在實施觀察進路的階段，必須善用表格、把握觀察重點、專注而敏銳的針對觀察事項進行記錄。
㈢家長：
是有關家庭資料的提供者和行為表現的檢核者，也可能是在家進行觀察與記錄的執行者。
9-2-1
重點二
二、事的要領
在執行階段把握觀察重點，就行為焦點進行記錄，排除不必要或無關的干擾幼兒行為的因素，讓幼兒行為自然表現，使觀察與記錄順利執行。
9-2-2

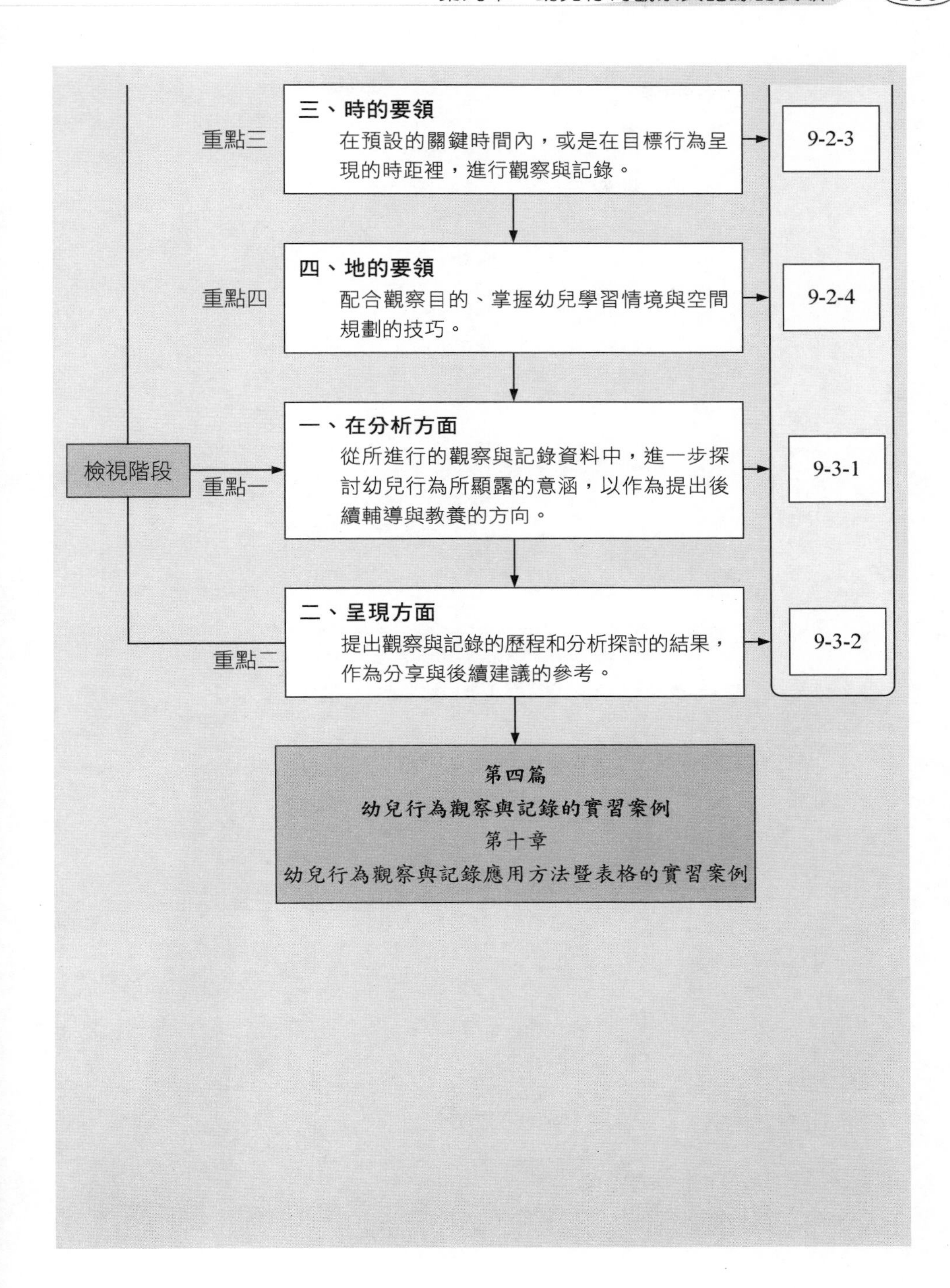
三、時的要領
在預設的關鍵時間內，或是在目標行為呈現的時距裡，進行觀察與記錄。
重點三
9-2-3
四、地的要領
配合觀察目的、掌握幼兒學習情境與空間規劃的技巧。
重點四
9-2-4
檢視階段
重點一
一、在分析方面
從所進行的觀察與記錄資料中，進一步探討幼兒行為所顯露的意涵，以作為提出後續輔導與教養的方向。
9-3-1
重點二
二、呈現方面
提出觀察與記錄的歷程和分析探討的結果，作為分享與後續建議的參考。
9-3-2
第四篇
幼兒行為觀察與記錄的實習案例
第十章
幼兒行為觀察與記錄應用方法暨表格的實習案例

第四篇

幼兒行為觀察與記錄的實習案例

第十章

幼兒行為觀察與記錄應用方法暨表格的實習案例

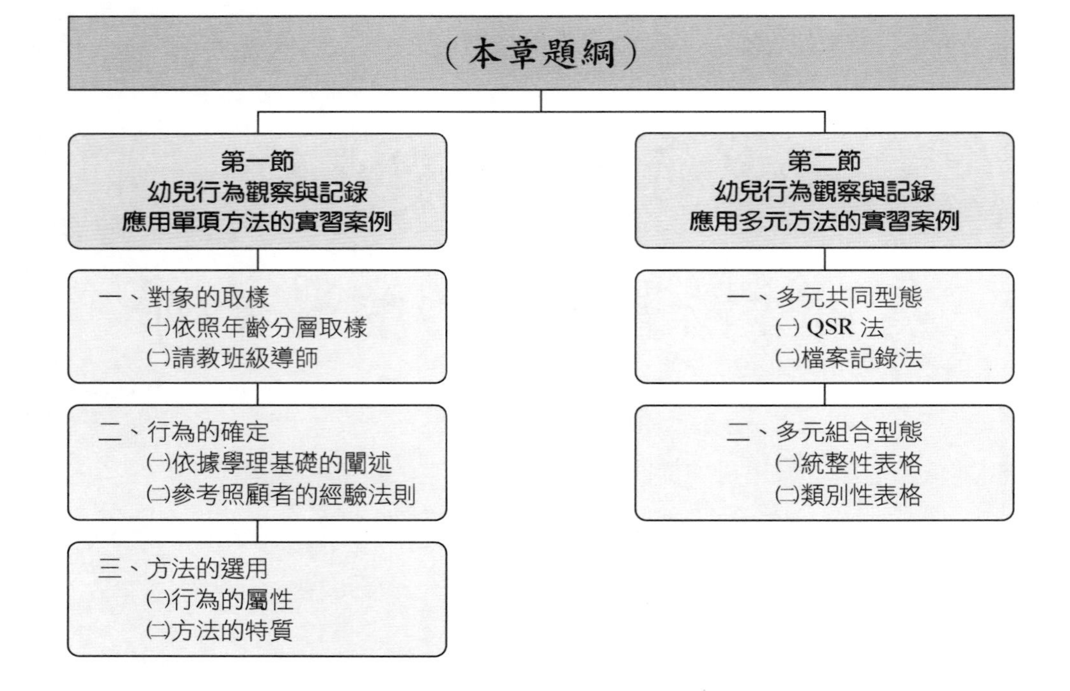
（本章題綱）
第一節
幼兒行為觀察與記錄
應用單項方法的實習案例
一、對象的取樣
(一)依照年齡分層取樣
(二)請教班級導師
二、行為的確定
(一)依據學理基礎的闡述
(二)參考照顧者的經驗法則
三、方法的選用
(一)行為的屬性
(二)方法的特質
第二節
幼兒行為觀察與記錄
應用多元方法的實習案例
一、多元共同型態
(一) QSR 法
(二)檔案記錄法
二、多元組合型態
(一)統整性表格
(二)類別性表格

將各項幼兒行為觀察與記錄的方法進行實習，並從案例中獲得更多與更深入的經驗，俾能確實幫助幼兒生長與發展，是每一位學習幼兒行為觀察與記錄者的共同思維。

參照本書第三篇有關幼兒行為觀察與記錄的應用方法所述，以及表 8-13 所統整的類項，本章分從單項與多元的論點，提供臨床教學的實習案例，作為對照；至於相關的動態性資料則附錄於書後光碟中。

第一節　幼兒行為觀察與記錄應用單項方法的實習案例

在進行幼兒行為的觀察與記錄時，不論是從呈現方式，或是從屬性歸類選用方法，針對每項標的行為應用一種方法，就是單項方法的利用。

單項方法，包括：質與量的呈現方式，與以時間、事件與人物為本位的屬性歸類；在實務應用上，追求有效與合用，各種方法都有其適合性。

臨床上，在運用單項方法進行幼兒行為觀察與記錄的實習活動時，主要包括下列對象的取樣、行為的確定與方法的選用等三項內容：

一、對象的取樣

在尊重園所與兼顧學習目標的考量下，進行對象的取樣時，可以依循下列步驟：

㈠依照年齡分層取樣

從依據幼兒年齡進行安置的編班型態，是取樣的第一步。大多數幼兒園，為能充分照顧幼兒，多採法令上分齡編班的建議，對於收托幼兒分別安置在幼幼、小、中、大班裡；即使是混齡編班，仍有教師分齡責任照顧的區分。

因此，就幼兒班級選取觀察與記錄的實習樣本，也有益於對象普及化的功能。

㈡請教班級導師

幼兒班級導師以包班型態，與幼兒在園期間亦步亦趨，即連幼幼班孩子入廁，也都在老師的視線範圍內；班級導師對幼兒行為的瞭若指掌，是進行幼兒行為觀察與記錄前重要的背景資料。

因此，請教導師作為對象取樣的參考，是協助實際進行幼兒行為觀察與記錄不可或缺的前列性工作。

二、行為的確定

從本書第一篇對幼兒行為的界定，可以瞭解幼兒行為表現的多樣性與混合性；同時，具有各種規則性與不規則性的行為交互出現。在以人為參與的有限時間與精力，面對幼兒個體無限的行為表現時，確定觀察與記錄的行為是必要的準備。

通常，可以透過下列方式，確定進行觀察與記錄的幼兒行為：

㈠依據學理基礎的闡述

從發展心理學的理論依據，彙整幼兒在各年齡階段與關鍵期裡，所發展的主要行為，如前文所述，就行為領域而言，主要包括：幼兒的粗大與精細動作、認知能力、語言溝通等項；其衍伸性行為領域，則有社會性、知覺反應、情緒表達與日常生活習慣等。

以粗動作為例，2 至 3 歲幼兒是以丟擲、雙腳離地跳躍；3 至 4 歲幼兒是以上、下樓梯、單腳跳；4 至 5 歲幼兒是以腳跟腳趾相碰、單腳連跳；5 至 6 歲幼兒是以單腳站立、雙腳立定跳遠等項發展為主（參見第一章）。

各項主要行為，能作為確定為觀察與記錄的焦點，使觀察與記錄的內容更能掌握重點，並作為幼兒行為後續輔導與親職教養的方向。

㈡參考照顧者的經驗法則

在掌握幼兒各年齡階層的主要行為時，擷取照顧者的經驗法則是進一步確定個案行為要點的途徑。

幼兒的照顧者包括：父母、教師、保母或其他擔任其教養工作的親人等，照顧者的長期相處經驗，能提供幼兒行為觀察與記錄的第一手資料，建立更完整的背景文獻。

三、方法的選用

各項幼兒行為觀察與記錄的方法，都可以依據應用者預期的成效與目標，加以選用。

在進行單項方法實習時，係依循下列思維選用方法：

㈠行爲的屬性

由於幼兒在相同時間內，通常交互顯現各種行為；為避免歧路亡羊、模糊或失去重點，在確定觀察的焦點行為後，更必須瞭解行為的屬性，以利於執簡馭繁，掌握方向。

從幼兒主要的行為領域分析，粗大動作與精細動作的行為表現，動態性的比例較高，是具體而外顯的，容易從旁觀察與瞭解；認知能力具有理解與智能的意涵，靜態性成分較多，可以透過操作間接嘗試探討各項抽象性的行為；語言表達則與認知水準關係密切，二者相互影響，兼具動、靜態的屬性。

㈡方法的特質

從呈現方法分析，質性敘述包括：文字記錄敘述中的詳案敘述、摘要題綱、雙向細目、博多稿，與以代號為特色的 QSR 軟體等項，強調文字描寫，適合靜態與抽象屬性的行為。量化記錄包括：次數統計法中的劃記法、圖示法；評定量表中的兩極式評定量表、必選式評定量表、圖式評定量表；以及檢核表中的確認式檢核表、評定式檢核表等項，著重具體的數據計算，可以表現動態與具體化的行為。

就屬性歸類而言，時間本位包括：依觀察與記錄資訊程序的持續時間記錄法、計算次數記錄法、間距記錄法、連續記錄法、時間取樣法；依觀察與記錄應用型態的採樣記錄法、範圍單位分析法等項，可以明確依據時間數字進行記錄。至於事件本位的軼事記錄法、敘事記錄法，以及人物本位的日記式記錄法與檔案記錄法等，則兼融數字統計與文字說明，亦顯現質性與量化方法的應用特質。

從上所述，以幼兒行為個案為中心，歸納各項應用單項方法的實習案例，統整如下（見表 10-1）。

表 10-1　幼兒行為觀察與記錄單項方法的實習案例表

年齡 項目（方法） 行為	2~3 （幼幼班）	3~4 （小班）	4~5 （中班）	5~6 （大班）
粗大動作	丟擲 （劃記法）	上下樓梯 （兩極式評定量表）	腳跟腳趾相碰 （圖示評定量表法）	雙腳立定跳遠 （評定式檢核表法）
精細動作	翻書 （圖示法）	指頭夾物 （必選式評定量表法）	手指分合 （確認式檢核表法）	畫幾何圖形 （持續時間、計算次數、間距記錄）
認知能力	擬人化行為 （詳案敘述法）	保留概念 （摘要題綱法）	垂直思考 （博多稿法）	類化能力 （採樣記錄法）
語言溝通	雙字語表達 （分欄標記）	多字詞表達 （雙向細目法）	複合句 （QSR 軟體法）	閱讀陳述 （範圍單位分析法）

第二節　幼兒行為觀察與記錄應用多元方法的實習案例

顧名思義，多元方法就是組合單項方法的應用方式。除了和應用單項方法一樣，多元方法必須顧及對象的取樣、行為的確定與方法的選用之外，多元方法更大的特色是突顯相容各種方法，達到觀察與記錄幼兒行為的豐富性。

由於應用一種以上的方法，在觀察與記錄幼兒行為時，為能掌握重點，確切地聚焦於標的行為，通常應用前，必須先將所選用的方法進行規劃，重新設計為新的表格型態，以利於進行實務觀察與記錄時使用。

在應用多元方法於幼兒行為觀察與記錄時，通常並用下列多元共同型態與多元組合型態兩種案例：

一、多元共同型態

在應用多元方法時，會尋求建立基本的必備模式與內容，以形成共同的或基本的要素（foundation element）。

常被應用於多元共同型態的觀察與記錄方法，具有通用的特質，不侷限於某項單一個案，而能被普遍與廣泛的利用。

QSR 軟體與檔案記錄法，是應用多元方法在幼兒行為觀察與記錄上，經常呈現前列資料，是被引為共同要件的基本方法。

㈠ QSR 法

利用代碼是 QSR 法最大的特色。

除了參照第三篇所述 QSR 法的內容與特性外，在非應用 QSR 軟體進行質性分析時，常用的觀察記錄代碼中，P（parent）是父母的代稱，C（children）代表兒童，T（teacher）指的是幼兒教師，O（others）是其他人……；此外，觀察者還可以就QSR法的應用要領，依觀察與記錄的個別需求進行編碼。

依據 QSR 軟體的程式分析精神，在觀察與記錄時可就共同的代碼作為溝通的語言，縮短冗長與重複的用語。

㈡檔案記錄法

提供觀察對象完整的基本資料，是檔案記錄法的要領。

若從呈現型態分析，檔案記錄法具有相當彈性的空間。基於家庭樹系的分析，在瞭解幼兒行為可能成因的來龍去脈之際，檔案記錄法可以針對觀察的行為焦點以微觀的角度深入；亦可就觀察的行為對象以宏觀的視野廣泛討論。

除了家庭樹系的建立與分析外，檔案記錄法的要領曾經被長久的誤以為是全然的單純文字敘述，普遍而充分的使用在幼兒園裡各項親師聯絡與溝通中，以至於因為太過繁瑣與缺乏重點，形於流水帳或受到排斥。

應用條理性與系統性的檔案記錄法，是建構整體性行為觀察與記錄的要件，可作為應用多元方法的實習案例中的先備工作（prior task）。

二、多元組合型態

不論是進行短期橫斷性或長期縱貫性的行為記錄與分析，多元組合型態能在內容上夠提供全盤性的資訊，是輔導幼兒生長發展較為詳盡的方法。

應用上，多元組合型態大多朝向組合質性與量化的呈現方式並行利用。茲就幼兒行為觀察與記錄的要旨，嘗試規劃下列統整性與類別性的表格，提供參考應用。

㈠**統整性表格**

融合幼兒各項主要的與衍伸性的行為領域和觀察焦點，結合共通性的QSR法與檔案記錄法，依序並用各項方法進行觀察記錄（見表10-2）。

㈡**類別性表格**

依據統整性表格中，各項幼兒行為領域和觀察與記錄的行為焦點，分別設計為如下系列性表格，可依應用需要，加以選擇（見表10-3至表10-14）。

表 10-2 多元組合型態的統整性表格

區分	類別	方法	幼兒行為											
			動作表現		認知能力	語言溝通	社會性	知覺反應	情緒表達	生活習慣	異常習癖	幼兒特殊需求		
			粗大動作	精細動作	直覺思考類化 擬人化保留概念	複合句閱讀陳述 雙字語多字詞	同儕相處利他行為 依附性自我中心	觸覺區辨嗅覺區辨 視覺區辨聽覺區辨	恐懼反抗憤怒忌妒	入廁洗手用餐穿衣	剛愎性格玩弄性器 抱枕情結咬指甲	自閉症幼兒	過動幼兒	發展遲緩兒童
呈現方式	1. 質性	(1)文字記錄敘述 ①詳案敘述 ②摘要題綱 ③雙向細目 ④博多稿												
		(2) QSR 法												
	2. 量化	(1)次數統計法 ①劃記法 ②圖示法												
		(2)評定量表 ①兩極式評定量表 ②必選式評定量表 ③圖示評定量表												
		(3)檢核表 ①確認式檢核表 ②評定式檢核表												
屬性歸類	1. 時間本位	(1)依觀察與記錄資訊的程序 ①持續時間記錄法 ②計算次數記錄法 ③間距記錄法 ④連續記錄法 ⑤時間取樣法												
		(2)依觀察與記錄應用的型態 ①採樣記錄法（樣本描述法） ②範圍單位分析法												
	2. 事件	(1)軼事記錄法 (2)敘事描述法												
	3. 人物	(1)日記式記錄法 (2)檔案記錄法												

（可參考表 9-3，依對象為目的選用方法）

表 10-3　類別性幼兒粗大動作觀察與記錄表舉例

<table>
<tr><td colspan="4">觀察主題（圈選）：</td></tr>
<tr><td colspan="4">觀察對象（C）：　班／姓名 C1　C2　C3
觀察者（T/P/O）：</td></tr>
<tr><td colspan="4">全程觀察時間：　年　月　日　時　分~　年　月　日　時　分</td></tr>
<tr><td colspan="4">觀察地點／場所／設施：（簡圖）</td></tr>
<tr><td colspan="4">觀察行為性質：外顯、規則、團體</td></tr>
<tr><td colspan="4">觀察行為類型：自然情境、非結構性、完全參與者、參與觀察、事先設定的標的行為</td></tr>
<tr><td colspan="4">觀察與記錄呈現方式與方法：
（質）文字敘述法——詳案敘述／分欄標記
（量）次數統計法——劃記法／時間本位——持續時間記錄法</td></tr>
<tr><td colspan="4">觀察與記錄內容 1　持續時間：　年　月　日　時　分~　時　分</td></tr>
<tr><td rowspan="6">參考例</td><td>時間</td><td>次數</td><td>備註（文字說明）</td></tr>
<tr><td>8:20~30</td><td>卌</td><td>向下專注丟擲 5 次</td></tr>
<tr><td>8:35~45</td><td>卌　卌</td><td>很有興趣地連續朝下丟擲 10 次</td></tr>
<tr><td></td><td>……</td><td></td></tr>
<tr><td>行為分析</td><td></td><td></td></tr>
<tr><td>輔導建議</td><td></td><td></td></tr>
<tr><td rowspan="3">參考例</td><td colspan="3">持續時間記錄幼兒單項行為例
觀察行為：脫鞋　觀察對象：小班　淑怡
持續時間：上午到園 8:30~8:40
8:45~8:55……　觀察地點：創世紀幼兒園

持續時間記錄幼兒兩項以上行為例
觀察行為：到園、打招呼、脫鞋｜觀察對象：小班　淑怡
持續時間：上午到園 8:30~8:40，8:45~8:55……｜觀察地點：創世紀幼兒園
觀察記錄：
淑怡從爸爸車上下來，和爸爸說再見後，拿著小書包轉身走進園裡；小啟從她背後走上來跟她道早；兩個人一起坐下來脫鞋……。</td></tr>
<tr><td>行為分析</td><td></td><td></td></tr>
<tr><td>輔導建議</td><td></td><td></td></tr>
</table>

表 10-4　類別性幼兒精細動作觀察與記錄表舉例

<table>
<tr><td colspan="3">觀察主題（圈選）：</td></tr>
<tr><td colspan="3">觀察對象（C）：　　班／姓名 C1　　C2　　C3
觀察者（T/P/O）：</td></tr>
<tr><td colspan="3">全程觀察時間：　年　月　日　時　分~　年　月　日　時　分</td></tr>
<tr><td colspan="3">觀察地點／場所／設施：（簡圖）</td></tr>
<tr><td colspan="3">觀察行為性質：外顯、規則、團體</td></tr>
<tr><td colspan="3">觀察行為類型：自然情境、非結構性、完全參與者、參與觀察、事先設定的標的行為</td></tr>
<tr><td colspan="3">觀察與記錄呈現方式與方法：
（質）文字敘述法——摘要題綱
（量）次數統計法——圖示法／時間本位——計算次數記錄法</td></tr>
<tr><td colspan="3">觀察與記錄內容 1　持續時間：　年　月　日　時　分~　時　分</td></tr>
<tr><td rowspan="3">參考例</td><td colspan="2">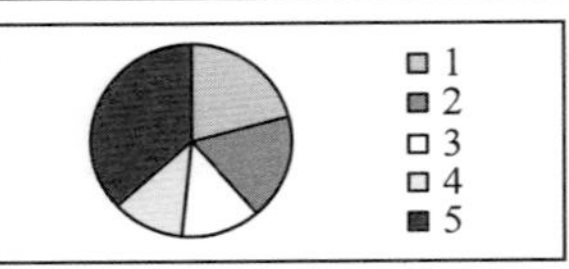
圖 b　圓形圖例</td></tr>
<tr><td>行為分析</td><td></td></tr>
<tr><td>輔導建議</td><td></td></tr>
<tr><td rowspan="3">參考例</td><td colspan="2">幼兒連續性行為計算次數記錄例</td></tr>
<tr><td>行為分析</td><td></td></tr>
<tr><td>輔導建議</td><td></td></tr>
</table>

幼兒連續性行為計算次數記錄例

觀察行為：離座			觀察對象：小班　明芬		
觀察時間：上午 9:00~9:40			觀察地點：小班活動室		
觀察記錄：○=在座　×=離座					
編號	出現標記	備註	編號	出現標記	備註
1	○		7	○	
2	○	與人交談	8	○	
3	×		9	×	
4	×		10	×	
5	×	取玩具	11	○	注視老師
6	○		12	○	

表 10-5　類別性幼兒認知能力觀察與記錄表舉例

<table>
<tr><td colspan="3">觀察主題（圈選）：</td></tr>
<tr><td colspan="3">觀察對象（C）：　班／姓名 C1　C2　C3
觀察者（T/P/O）：</td></tr>
<tr><td colspan="3">全程觀察時間：　年　月　日　時　分~　年　月　日　時　分</td></tr>
<tr><td colspan="3">觀察地點／場所／設施：（簡圖）</td></tr>
<tr><td colspan="3">觀察行為性質：外顯、規則、團體</td></tr>
<tr><td colspan="3">觀察行為類型：自然情境、非結構性、完全參與者、參與觀察、事先設定的標的行為</td></tr>
<tr><td colspan="3">觀察與記錄呈現方式與方法：
（質）文字敘述法——雙向細目
（量）評定量表——兩極式評定量表／時間本位——間距記錄法</td></tr>
<tr><td colspan="3">觀察與記錄內容 1：　年　月　日　時　分~　時　分</td></tr>
<tr><td rowspan="3">參考例</td><td colspan="2">大多數 5 □　經常 4 □　有時候 3 □　偶爾 2 □　完全不會 1 □</td></tr>
<tr><td>行為分析</td><td></td></tr>
<tr><td>輔導建議</td><td></td></tr>
<tr><td rowspan="3">參考例</td><td colspan="2">幼兒行為間距記錄例
觀察行為：和鄰座交談　｜　觀察對象：大班　小遠
觀察時間：上午 9:00~9:40　｜　間距時間：5 分鐘
觀察地點：大班數學角　｜　觀察者：李老師
觀察記錄：
9:00~9:05　9:10~9:15　9:20~9:25　9:30~9:35　9:40
（9:03，1'02"）（9:13，0'45"）（9:22，1'08"）（9:33，0'39"）</td></tr>
<tr><td>行為分析</td><td></td></tr>
<tr><td>輔導建議</td><td></td></tr>
</table>

表 10-6　類別性幼兒語言溝通觀察與記錄表舉例

<table>
<tr><td colspan="3">**觀察主題（圈選）：**</td></tr>
<tr><td colspan="3">**觀察對象（C）：**　班／姓名 C1　C2　C3
觀察者（T/P/O）：</td></tr>
<tr><td colspan="3">**全程觀察時間：**　年　月　日　時　分～　年　月　日　時　分</td></tr>
<tr><td colspan="3">**觀察地點／場所／設施：**（簡圖）</td></tr>
<tr><td colspan="3">**觀察行為性質：**外顯、規則、團體</td></tr>
<tr><td colspan="3">**觀察行為類型：**自然情境、非結構性、完全參與者、參與觀察、事先設定的標的行為</td></tr>
<tr><td colspan="3">**觀察與記錄呈現方式與方法：**
（質）文字敘述法——博多稿
（量）評定量表——必選式評定量表／時間本位——連續記錄法</td></tr>
<tr><td colspan="3">**觀察與記錄內容 1：**　年　月　日　時　分～　時　分</td></tr>
<tr><td rowspan="3">參考例</td><td colspan="2">觀察主題：
說故事（看圖說話）
□是　視字指讀　猜測文意　複誦
　　□優秀　□良好　□通過
□否　指圖陳述　模仿說故事　完全不會
　　□尚可　□待練習　□需加強</td></tr>
<tr><td>行為分析</td><td></td></tr>
<tr><td>輔導建議</td><td></td></tr>
<tr><td rowspan="3">參考例</td><td colspan="2">持續時間記錄幼兒單項行為例
觀察行為：脫鞋　觀察對象：小班　淑怡
持續時間：上午到園 8:30~8:40
8:45~8:55……　觀察地點：創世紀幼兒園

持續時間記錄幼兒兩項以上行為例
觀察行為：到園、打招呼、脫鞋　觀察對象：小班　淑怡
持續時間：上午到園 8:30~8:40，
8:45~8:55……　觀察地點：創世紀幼兒園
觀察記錄：
淑怡從爸爸車上下來，和爸爸說再見後，拿著小書包轉身走進園裡；小啟從她背後走上來跟她道早；兩個人一起坐下來脫鞋……。</td></tr>
<tr><td>行為分析</td><td></td></tr>
<tr><td>輔導建議</td><td></td></tr>
</table>

表 10-7　類別性幼兒社會性觀察與記錄表舉例

<table>
<tr><td colspan="3">**觀察主題（圈選）：**</td></tr>
<tr><td colspan="3">**觀察對象（C）：**　班／姓名 C1　C2　C3
觀察者（T/P/O）：</td></tr>
<tr><td colspan="3">**全程觀察時間：**　年　月　日　時　分~　年　月　日　時　分</td></tr>
<tr><td colspan="3">**觀察地點／場所／設施：**（簡圖）</td></tr>
<tr><td colspan="3">**觀察行為性質：**外顯、規則、團體</td></tr>
<tr><td colspan="3">**觀察行為類型：**自然情境、非結構性、完全參與者、參與觀察、事先設定的標的行為</td></tr>
<tr><td colspan="3">**觀察與記錄呈現方式與方法：**
（質）文字敘述法——詳案敘述
（量）次數統計法——圖示法／時間本位——時間取樣法</td></tr>
<tr><td colspan="3">**觀察與記錄內容 1：**　年　月　日　時　分~　時　分</td></tr>
<tr><td rowspan="3">參考例</td><td colspan="2">25 20 15 10 5 0
1 2 3 4 5
數列 1
圖 a　長條圖例

1 2 3 4 5
圖 b　圓形圖例</td></tr>
<tr><td>行為分析</td><td></td></tr>
<tr><td>輔導建議</td><td></td></tr>
<tr><td rowspan="3">參考例</td><td colspan="2">幼兒行為時間取樣觀察記錄例

觀察行為：遊戲　｜　觀察對象：大班 A-D　4 名幼兒
觀察時間：下午 3:30~4:10　｜　時間取樣：5 分鐘
觀察地點：主題遊戲區　｜　觀察者：王老師
觀察記錄：
3:35——幼兒 A：在積木區獨自遊戲，從嵌合積木持續單獨玩著。
3:40——幼兒 B：在拼圖角與幼兒 C 一起討論，2 分鐘後轉身自己拼排，……。</td></tr>
<tr><td>行為分析</td><td></td></tr>
<tr><td>輔導建議</td><td></td></tr>
</table>

表 10-8　類別性幼兒知覺反應觀察與記錄表舉例

<table>
<tr><td colspan="4">觀察主題（圈選）：</td></tr>
<tr><td colspan="4">觀察對象（C）：　　班／姓名 C1　　C2　　C3
觀察者（T/P/O）：</td></tr>
<tr><td colspan="4">全程觀察時間：　年　月　日　時　分~　年　月　日　時　分</td></tr>
<tr><td colspan="4">觀察地點／場所／設施：（簡圖）</td></tr>
<tr><td colspan="4">觀察行為性質：外顯、規則、團體</td></tr>
<tr><td colspan="4">觀察行為類型：自然情境、非結構性、完全參與者、參與觀察、事先設定的標的行為</td></tr>
<tr><td colspan="4">觀察與記錄呈現方式與方法：
（質）文字敘述法——摘要題綱
（量）檢核表——確認式檢核表／時間本位——採樣記錄法</td></tr>
<tr><td colspan="4">觀察與記錄內容 1：　年　月　日　時　分~　時　分</td></tr>
<tr><td rowspan="12">參考例</td><td colspan="3">確認式檢核表觀察記錄幼兒語言表達例</td></tr>
<tr><td rowspan="2">觀察記錄主題：正確說出感官知覺</td><td colspan="2">在□中勾選</td></tr>
<tr><td>能</td><td>不能</td></tr>
<tr><td>1. 正確說出眼睛所看見的物品</td><td>□</td><td>□</td></tr>
<tr><td>2. 正確說出耳朵所聽到的聲音</td><td>□</td><td>□</td></tr>
<tr><td>3. 正確說出鼻子所聞到的氣味</td><td>□</td><td>□</td></tr>
<tr><td>4. 正確說出嘴巴所嚐到的滋味</td><td>□</td><td>□</td></tr>
<tr><td>5. 正確說出雙手所觸摸的物品</td><td>□</td><td>□</td></tr>
<tr><td>6. 正確說出雙腳所踩踏的東西</td><td>□</td><td>□</td></tr>
<tr><td>行為分析</td><td></td><td></td></tr>
<tr><td>輔導建議</td><td></td><td></td></tr>
<tr><td colspan="3"></td></tr>
<tr><td rowspan="7">參考例</td><td colspan="3">幼兒行為採樣記錄例</td></tr>
<tr><td>採樣對象：小班　小今</td><td colspan="2">目標行為：數數能力</td></tr>
<tr><td>全程觀察時間：一學期</td><td colspan="2">每週觀察時間：星期二 9:00~9:30</td></tr>
<tr><td>觀察地點：小班探索角</td><td colspan="2">觀察者：李老師</td></tr>
<tr><td colspan="3">個案分析：
小今數數能力優異，除了速度比同儕幼兒快以外，正確性和複合程度也很突出，……。</td></tr>
<tr><td colspan="3">觀察記錄：
6 月 7 日——小今數 150 顆彈珠，完全正確；費時 1'24"。
6 月 14 日——小今兩數一數，100 支鉛筆，完全正確；費時 1'48"。</td></tr>
<tr><td>行為分析</td><td></td><td></td></tr>
<tr><td></td><td>輔導建議</td><td></td><td></td></tr>
</table>

表 10-9 類別性幼兒情緒表達觀察與記錄表舉例

<table>
<tr><td colspan="3">觀察主題（圈選）：</td></tr>
<tr><td colspan="3">觀察對象（C）： 班／姓名 C1 C2 C3
觀察者（T/P/O）：</td></tr>
<tr><td colspan="3">全程觀察時間： 年 月 日 時 分~ 年 月 日 時 分</td></tr>
<tr><td colspan="3">觀察地點／場所／設施：（簡圖）</td></tr>
<tr><td colspan="3">觀察行為性質：外顯、規則、團體</td></tr>
<tr><td colspan="3">觀察行為類型：自然情境、非結構性、完全參與者、參與觀察、事先設定的標的行為</td></tr>
<tr><td colspan="3">觀察與記錄呈現方式與方法：
（質）文字敘述法——雙向細目
（量）檢核表——評定式檢核表／時間本位——範圍單位分析法</td></tr>
<tr><td colspan="3">觀察與記錄內容 1： 年 月 日 時 分~ 時 分</td></tr>
<tr><td rowspan="3">參考例</td><td colspan="2">評定式檢核表
觀察對象：大班幼兒 觀察行為：分享得獎的喜悅
<table><tr><th>表現檢核</th><th>等級評定</th></tr><tr><td>□陳述事實
□說明喜悅的心情
□分享的重點
□互相鼓勵的話</td><td>□尚可
□中等
□良好
□優秀</td></tr></table></td></tr>
<tr><td>行為分析</td><td></td></tr>
<tr><td>輔導建議</td><td></td></tr>
<tr><td rowspan="3">參考例</td><td colspan="2">範圍分析觀察記錄例
<table><tr><td>時間範圍：8:30~9:00</td><td>觀察對象：大黃班幼兒</td></tr><tr><td>焦點行為：分享得獎的喜悅</td><td>觀察地點：大黃班教室</td></tr><tr><td>觀察時程：10 分</td><td>觀察者：朱老師</td></tr><tr><td colspan="2">範圍分析觀察記錄：
就每天獲得獎勵的小朋友，分享得獎的喜悅。
整體觀察——樂於分享快樂的心情。
性別觀察——男女生表達情緒的語氣，以及說話的表情。
興趣觀察——喜悅、自信、謙虛、互相鼓勵和讚美。</td></tr></table></td></tr>
<tr><td>行為分析</td><td></td></tr>
<tr><td>輔導建議</td><td></td></tr>
</table>

表 10-10　類別性幼兒生活習慣觀察與記錄表舉例

<table>
<tr><td colspan="4">觀察主題（圈選）：</td></tr>
<tr><td colspan="4">觀察對象（C）：　班／姓名 C1　C2　C3
觀察者（T/P/O）：</td></tr>
<tr><td colspan="4">全程觀察時間：年　月　日　時　分~　年　月　日　時　分</td></tr>
<tr><td colspan="4">觀察地點／場所／設施：（簡圖）</td></tr>
<tr><td colspan="4">觀察行為性質：外顯、規則、團體</td></tr>
<tr><td colspan="4">觀察行為類型：自然情境、非結構性、完全參與者、參與觀察、事先設定的標的行為</td></tr>
<tr><td colspan="4">觀察與記錄呈現方式與方法：
（質）文字敘述法——博多稿
（量）次數統計法——劃記法／事件本位——軼事記錄法</td></tr>
<tr><td colspan="4">觀察與記錄內容 1：年　月　日　時　分~　時　分</td></tr>
<tr><td rowspan="5">參考例</td><td>時間</td><td>次數</td><td>備註（文字說明）</td></tr>
<tr><td></td><td>卌</td><td>收拾玩具</td></tr>
<tr><td></td><td>卌　卌</td><td>撿拾地上玩具</td></tr>
<tr><td>行為分析</td><td></td><td></td></tr>
<tr><td>輔導建議</td><td></td><td></td></tr>
<tr><td rowspan="3">參考例</td><td colspan="3">軼事記錄法例

OR
TE：TC 衝突行為　｜　TC：大班幼兒（LCTC）
TC-A：小奇　TC-B：安安
OP：2005.2.12 Am 9:20~
RC：
2005.2.12 Am 9:20
TC-A 和 TC-B 因為玩積木開始發生 TE。
TC-A 因為 TC-B 搶著蓋房子而生氣，不讓 TC-B 再拿積木，TC-B 不滿，動手去搶……。</td></tr>
<tr><td>行為分析</td><td></td><td></td></tr>
<tr><td>輔導建議</td><td></td><td></td></tr>
</table>

表 10-11　類別性幼兒異常習癖觀察與記錄表舉例

<table>
<tr><td colspan="4">觀察主題（圈選）：</td></tr>
<tr><td colspan="4">觀察對象（C）：　班／姓名 C1　C2　C3
觀察者（T/P/O）：</td></tr>
<tr><td colspan="4">全程觀察時間：　年　月　日　時　分~　年　月　日　時　分</td></tr>
<tr><td colspan="4">觀察地點／場所／設施：（簡圖）</td></tr>
<tr><td colspan="4">觀察行為性質：外顯、規則、團體</td></tr>
<tr><td colspan="4">觀察行為類型：自然情境、非結構性、完全參與者、參與觀察、事先設定的標的行為</td></tr>
<tr><td colspan="4">觀察與記錄呈現方式與方法：
（質）文字敘述法——詳案敘述
（量）次數統計法——劃記法／事件本位——敘事描述法法</td></tr>
<tr><td colspan="4">觀察與記錄內容 1：　年　月　日　時　分~　時　分</td></tr>
<tr><td rowspan="6">參考例</td><td>時間</td><td>次數</td><td>備註（文字說明）</td></tr>
<tr><td></td><td>卌</td><td>向下專注丟擲 5 次</td></tr>
<tr><td></td><td>卌　卌</td><td>很有興趣地連續朝下丟擲 10 次</td></tr>
<tr><td>行為分析</td><td></td><td></td></tr>
<tr><td>輔導建議</td><td></td><td></td></tr>
<tr><td colspan="3"></td></tr>
<tr><td rowspan="3">參考例</td><td colspan="3">以敘事描述法觀察記錄幼兒入廁習慣例

OR
TE：TC 入廁習慣　｜　TC：LC/MC/SCTC
OP：2005.2.1 Am 8:30~
RC：
2005.2.1 Am 8:30
晨間團體律動後，所有幼兒依序入廁。
LCTC：會先拉上布簾，再準備拉起裙襬／脫下長褲—脫下小內褲—坐下—入廁—穿妥褲子—整理服裝—沖水—拉開布廉—洗手—離開廁所……等一連串入廁的相關動作……。
MCTC：有些 MCTC 會做出如同 LCTC 的入廁動作，有些則不敢拉上布簾，或是在廁所和洗手台間才拉上褲子……。
SCTC：不敢拉上布簾，都在廁所和洗手台間才拉上褲子，或是仍然需要老師協助……。</td></tr>
<tr><td>行為分析</td><td></td><td></td></tr>
<tr><td>輔導建議</td><td></td><td></td></tr>
</table>

表 10-12 類別性自閉症幼兒觀察與記錄表舉例

<table>
<tr><td colspan="3">觀察主題（圈選）：</td></tr>
<tr><td colspan="3">觀察對象（C）： 班／姓名 C1 C2 C3
觀察者（T/P/O）：</td></tr>
<tr><td colspan="3">全程觀察時間： 年 月 日 時 分~ 年 月 日 時 分</td></tr>
<tr><td colspan="3">觀察地點／場所／設施：（簡圖）</td></tr>
<tr><td colspan="3">觀察行為性質：外顯、規則、團體</td></tr>
<tr><td colspan="3">觀察行為類型：自然情境、非結構性、完全參與者、參與觀察、事先設定的標的行為</td></tr>
<tr><td colspan="3">觀察與記錄呈現方式與方法：
（質）文字敘述法——摘要題綱
（量）評定量表——人物本位——日記式記錄法</td></tr>
<tr><td colspan="3">觀察與記錄內容 1： 年 月 日 時 分~ 時 分</td></tr>
<tr><td rowspan="3">參考例</td><td colspan="2">日記式觀察記錄法例
<table>
<tr><td>觀察對象：小熊班 皓皓（男）</td><td>觀察記錄者：陳老師</td></tr>
<tr><td>觀察日期：2005.2.28（星期一）</td><td>觀察地點：創世紀幼兒園、社區公園</td></tr>
<tr><td>觀察主題：一天的活動</td><td>記錄分段：每 30 分為一觀察段落</td></tr>
<tr><td colspan="2">8:30：皓皓由媽媽送到園裡，在李老師協助下脫鞋、放妥衣物，洗手，開始吃早餐。和他坐在一起用餐的是活潑好動的真真。皓皓看來有些餓，吃得很快；真真和他說話，沒有搭腔。
9:00：皓皓用完餐，把餐具放在收拾盤後，就去拿黏土。上星期五玩黏土時，皓皓很投入，很用心的做了一個彩色球。才拿到黏土，集合作晨間律動的音樂響了，李老師來帶每一個小朋友到團體活動室去。……
9:30：回到班級，今天要健行到社區公園，並且做體適能遊戲，皓皓戴上小黃帽，揹起水壺前打開壺蓋看看裡面的水有多少。……</td></tr>
</table></td></tr>
<tr><td>行為分析</td><td></td></tr>
<tr><td>輔導建議</td><td></td></tr>
</table>

表 10-13　類別性過動幼兒觀察與記錄表舉例

<table>
<tr><td colspan="3">觀察主題（圈選）：</td></tr>
<tr><td colspan="3">觀察對象（C）：　　班／姓名 C　1C2　C3
觀察者（T/P/O）：</td></tr>
<tr><td colspan="3">全程觀察時間：　年　月　日　時　分~　年　月　日　時　分</td></tr>
<tr><td colspan="3">觀察地點／場所／設施：（簡圖）</td></tr>
<tr><td colspan="3">觀察行為性質：外顯、規則、團體</td></tr>
<tr><td colspan="3">觀察行為類型：自然情境、非結構性、完全參與者、參與觀察、事先設定的標的行為</td></tr>
<tr><td colspan="3">觀察與記錄呈現方式與方法：
（質）文字敘述法——雙向細目
（量）評定量表——兩極式評定量表／時間本位——持續時間記錄法</td></tr>
<tr><td colspan="3">觀察與記錄內容 1：　年　月　日　時　分~　時　分</td></tr>
<tr><td rowspan="3">參考例</td><td colspan="2">幼兒行為的兩極式觀察記錄量表例
大多數　經常　有時候　偶爾　完全不會
5　4　3　2　1
□　□　□　□　□</td></tr>
<tr><td>行為分析</td><td></td></tr>
<tr><td>輔導建議</td><td></td></tr>
<tr><td rowspan="3">參考例</td><td colspan="2">持續時間記錄幼兒單項行為例
觀察行為：脫鞋　　觀察對象：小班　淑怡
持續時間：上午到園 8:30~8:40　　觀察地點：創世紀幼兒園
8:45~8:55……

持續時間記錄幼兒兩項以上行為例
觀察行為：到園、打招呼、脫鞋 ｜ 觀察對象：小班　淑怡
持續時間：上午到園 8:30~8:40，8:45~8:55…… ｜ 觀察地點：創世紀幼兒園
觀察記錄：
淑怡從爸爸車上下來，和爸爸說再見後，拿著小書包轉身走進園裡；小啟從她背後走上來跟她道早：兩個人一起坐下來脫鞋……。</td></tr>
<tr><td>行為分析</td><td></td></tr>
<tr><td>輔導建議</td><td></td></tr>
</table>

表 10-14　類別性發展遲緩兒童行為觀察與記錄表舉例

<table>
<tr><td colspan="2">觀察主題（圈選）：</td></tr>
<tr><td colspan="2">觀察對象（C）：　　班／姓名 C1　C2　C3
觀察者（T/P/O）：</td></tr>
<tr><td colspan="2">全程觀察時間：　年　月　日　時　分~　年　月　日　時　分</td></tr>
<tr><td colspan="2">觀察地點／場所／設施：（簡圖）</td></tr>
<tr><td colspan="2">觀察行為性質：外顯、規則、團體</td></tr>
<tr><td colspan="2">觀察行為類型：自然情境、非結構性、完全參與者、參與觀察、事先設定的標的行為</td></tr>
<tr><td colspan="2">觀察與記錄呈現方式與方法：
（質）文字敘述法——博多稿
（量）評定量表——必選式評定量表／時間本位——計算次數記錄法</td></tr>
<tr><td colspan="2">觀察與記錄內容 1　持續時間：　年　月　日　時　分~　時　分</td></tr>
<tr><td>參考例</td><td>幼兒行為必選式觀察記錄量表例
觀察主題：能用筷子夾彈珠（精細動作）
□是　自行夾出／□優秀　□頭提示夾出／□良好　仿作夾出／□通過
□否　動作正確／□尚可　模仿操作／□待練習　完全不會／□需加強
<table>
<tr><td>行為分析</td><td></td><td></td></tr>
<tr><td>輔導建議</td><td></td><td></td></tr>
</table></td></tr>
<tr><td>參考例</td><td>幼兒連續性行為計算次數記錄例
<table>
<tr><td colspan="3">觀察行為：離座</td><td colspan="3">觀察對象：小班　明芬</td></tr>
<tr><td colspan="3">觀察時間：上午 9:00~9:40</td><td colspan="3">觀察地點：小班活動室</td></tr>
<tr><td colspan="6">觀察記錄：○＝在座　×＝離座</td></tr>
<tr><td>編號</td><td>出現標記</td><td>備註</td><td>編號</td><td>出現標記</td><td>備註</td></tr>
<tr><td>1</td><td>○</td><td></td><td>7</td><td>○</td><td></td></tr>
<tr><td>2</td><td>○</td><td>與人交談</td><td>8</td><td>○</td><td></td></tr>
<tr><td>3</td><td>×</td><td></td><td>9</td><td>×</td><td></td></tr>
<tr><td>4</td><td>×</td><td></td><td>10</td><td>×</td><td></td></tr>
<tr><td>5</td><td>×</td><td>取玩具</td><td>11</td><td>○</td><td>注視老師</td></tr>
<tr><td>6</td><td>○</td><td></td><td>12</td><td>○</td><td></td></tr>
</table>
<table>
<tr><td>行為分析</td><td></td><td></td></tr>
<tr><td>輔導建議</td><td></td><td></td></tr>
</table></td></tr>
</table>

多元共同型態與多元組合型態二者相輔相成，可以併容為不同幼兒對象的觀察與記錄，進行相同方式、個別行為間（individual intra-behavior）的瞭解；亦可針對單一幼兒個案，以不同的多元方式進行行為觀察與記錄，探討個別內在行為（individual inter-behavior）的特質。

惟各表所統整的方法，旨在提供選擇參考與應用實例；面對日益成長的幼兒，因人（幼兒、教師、家長或其他觀察者）、因事（歷次觀察與記錄目標）、因時空與環境等各項因素，多元與彈性選用，應是最佳法則與可行之道。

本章重點

單項方法

重點一

一、對象的取樣

㈠依照年齡分層取樣：

依據幼兒年齡進行安置的編班型態，是取樣的第一步。

㈡請教班級導師：

班級導師對幼兒行為的瞭若指掌，是進行幼兒行為觀察與記錄前重要的背景資料。

章-節-項：10-1-1

重點二

二、行為的確定

㈠依據學理基礎的闡述：

從發展心理學的理論依據，彙整幼兒在各年齡階段與關鍵期裡，所發展的主要行為。

㈡參考照顧者的經驗法則：

照顧者的長期相處經驗，能提供幼兒行為觀察與記錄的第一手資料，建立更完整的背景文獻。

章-節-項：10-1-2

重點三

三、方法的選用

㈠行為的屬性：

由於幼兒在相同時間內，通常交互顯現各種行為，在確定觀察的焦點行為後，更必須瞭解行為的屬性。

㈡方法的特質：

質性敘述適合靜態與抽象屬性的行為。量化記錄可以表現動態與具體化的行為。

章-節-項：10-1-3

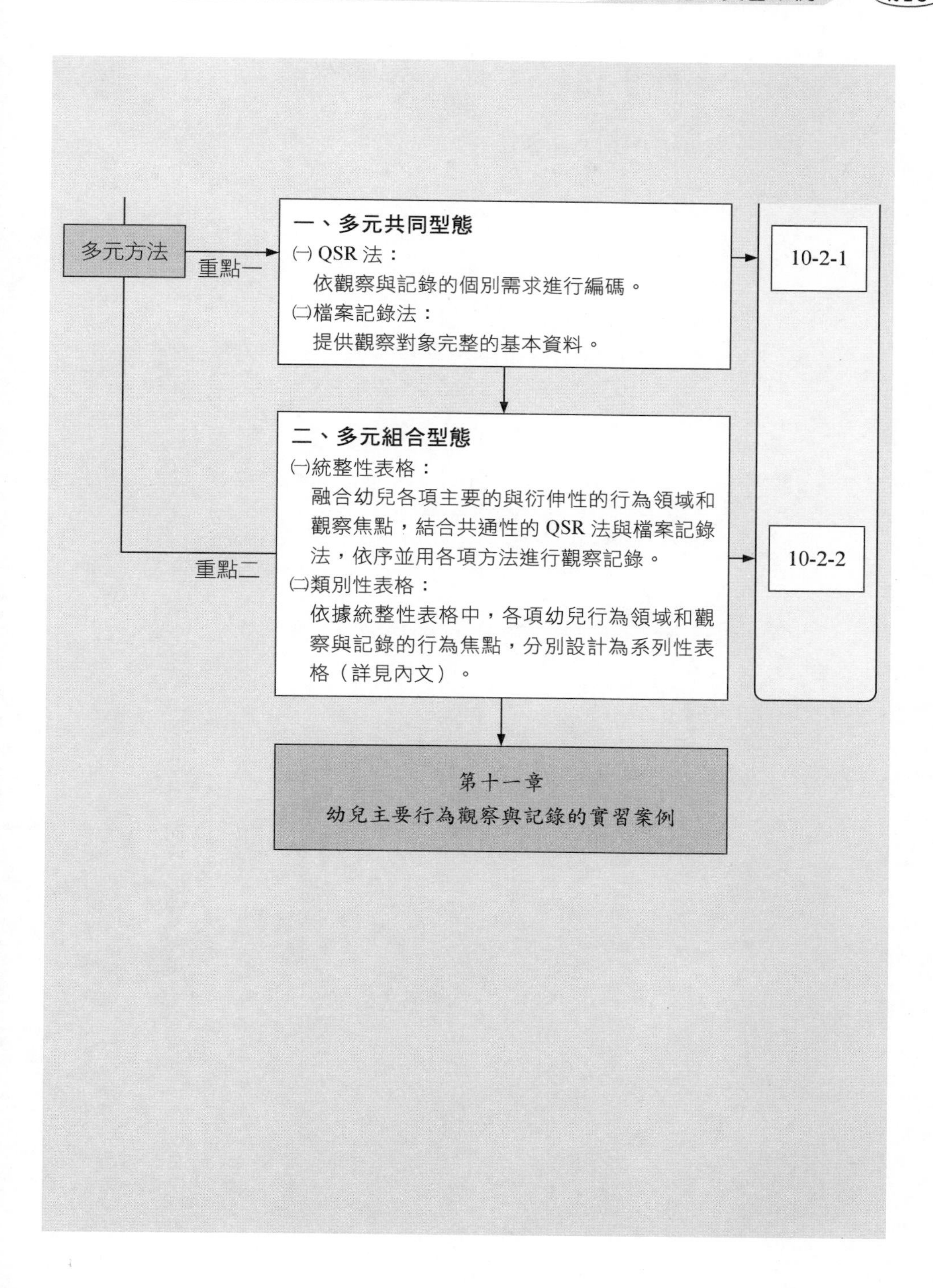
多元方法
重點一
一、多元共同型態
㈠ QSR 法：
依觀察與記錄的個別需求進行編碼。
㈡檔案記錄法：
提供觀察對象完整的基本資料。
10-2-1
重點二
二、多元組合型態
㈠統整性表格：
融合幼兒各項主要的與衍伸性的行為領域和觀察焦點，結合共通性的 QSR 法與檔案記錄法，依序並用各項方法進行觀察記錄。
㈡類別性表格：
依據統整性表格中，各項幼兒行為領域和觀察與記錄的行為焦點，分別設計為系列性表格（詳見內文）。
10-2-2
第十一章
幼兒主要行為觀察與記錄的實習案例

第十一章

幼兒主要行為觀察與記錄的實習案例

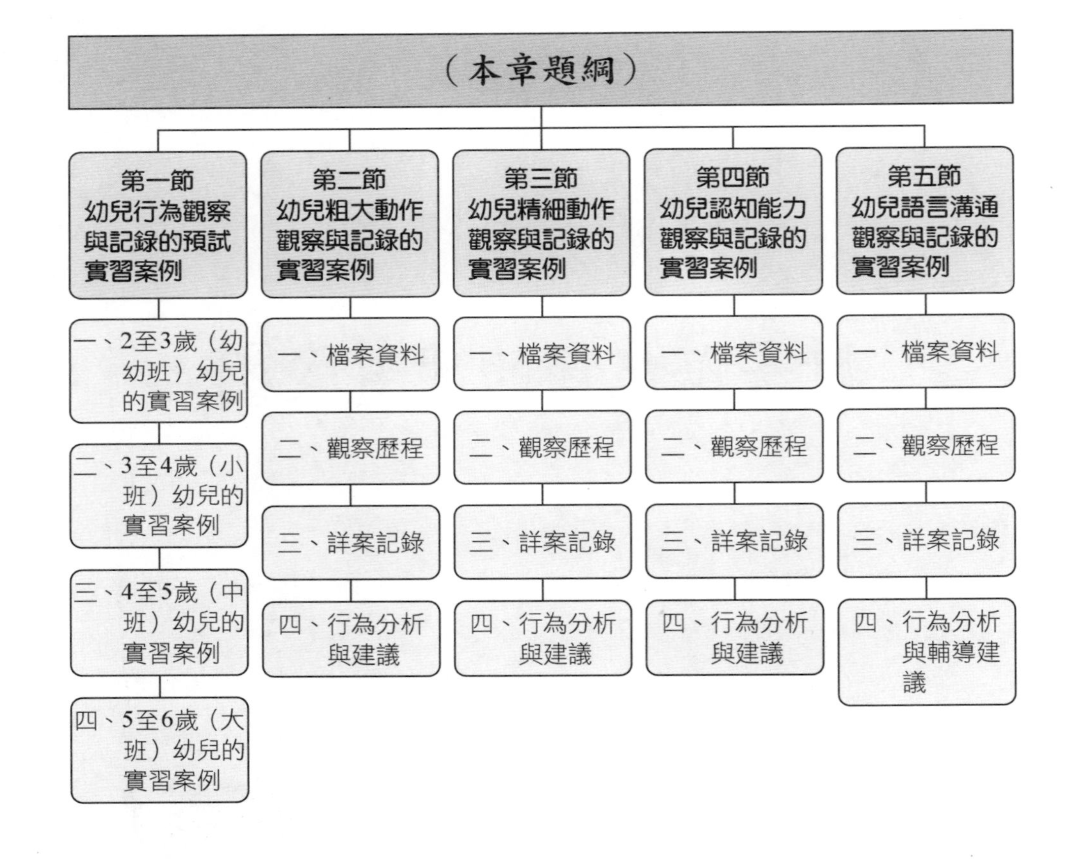
（本章題綱）
第一節
幼兒行為觀察與記錄的預試實習案例
一、2至3歲（幼幼班）幼兒的實習案例
二、3至4歲（小班）幼兒的實習案例
三、4至5歲（中班）幼兒的實習案例
四、5至6歲（大班）幼兒的實習案例
第二節
幼兒粗大動作觀察與記錄的實習案例
一、檔案資料
二、觀察歷程
三、詳案記錄
四、行為分析與建議
第三節
幼兒精細動作觀察與記錄的實習案例
一、檔案資料
二、觀察歷程
三、詳案記錄
四、行為分析與建議
第四節
幼兒認知能力觀察與記錄的實習案例
一、檔案資料
二、觀察歷程
三、詳案記錄
四、行為分析與建議
第五節
幼兒語言溝通觀察與記錄的實習案例
一、檔案資料
二、觀察歷程
三、詳案記錄
四、行為分析與輔導建議

對幼兒的主要行為進行觀察與記錄，旨在掌握並配合幼兒發展的序階，反映幼兒成長的事實現況，以達到輔導幼兒健全發展的目標。

本章在進行系列性實習時，首先，呈現進行預試研究（pilot study）中幼兒個案行為觀察與記錄的圖片案例；其次，漸進配合表格與書面化的觀察與記錄，其統合性與完整性，係以追求學用合一的功能性為目標。

第一節　幼兒行為觀察與記錄的預試實習案例

配合幼兒園的編班方式與作息型態，有關預試性的實徵研究，係以個案為中心（case-based），參照第十章應用單項方法的個案實習案例，由本書作者，分就幼兒班別取樣，呈現於幼兒園現場觀察的圖片記錄，至於動態的影像記錄則存載於附錄光碟中。

預試觀察與記錄的時間，為 2005 年 10 月 13 日上午 8:00~11:00 之間，觀察幼兒在班級中所表現的各項行為。各項預試實習案例觀察與記錄的內容，列述如下：

一、2至3歲（幼幼班）幼兒的實習案例

㈠相同個案的不同行爲

（閱讀）

（手指取物）

（攀爬）

㈡同一個案的相同行爲

（小肌肉：穿線）

（小肌肉：串珠）

（小肌肉：刷牙練習）

㈢不同個案的相同行爲

（大肌肉：踩踏）

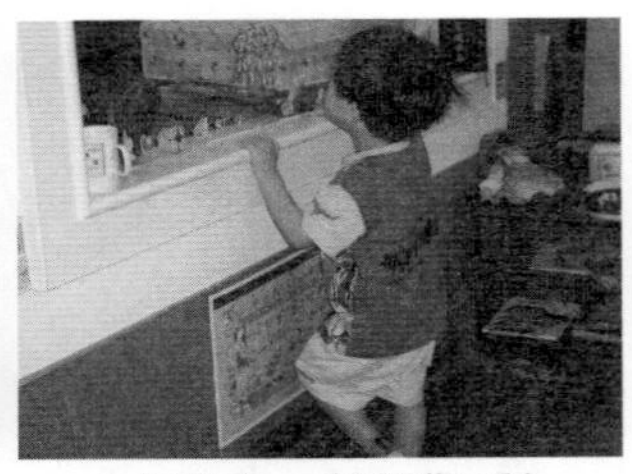

（大肌肉：墊腳觀看）

（大肌肉：走動操作）

㈣不同個案不同行爲

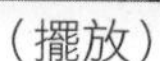

（擺放）

（拼排）

（觸按）

二、3 至 4 歲（小班）幼兒的實習案例

㈠相同個案的不同行爲

（溝通）

（搔頭）

（下樓梯）

㈡同一個案的相同行爲

（精細動作：夾彈珠）

（精細動作：操弄火車）

（精細動作：手指取物）

㈢不同個案的相同行為

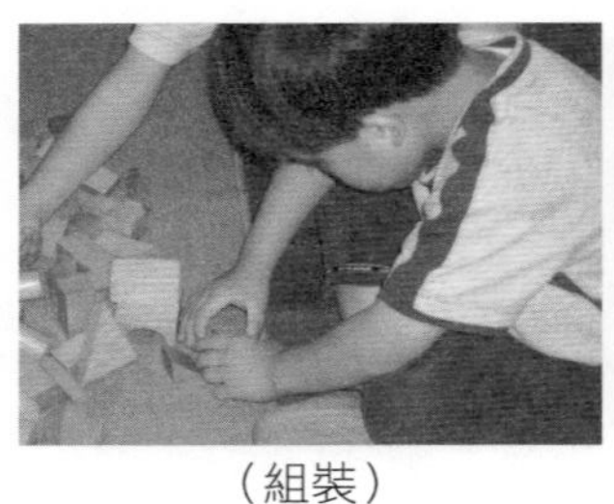

（組裝）

（拼湊）

（排列）

㈣不同個案不同行為

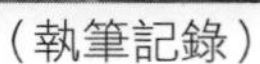

（執筆記錄）

（單腳跳）

（趴睡）

三、4至5歲（中班）幼兒的實習案例

㈠相同個案的不同行為

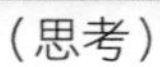

（思考）

（交談）

（走線）

㈡同一個案的相同行爲

（情緒：爭執）

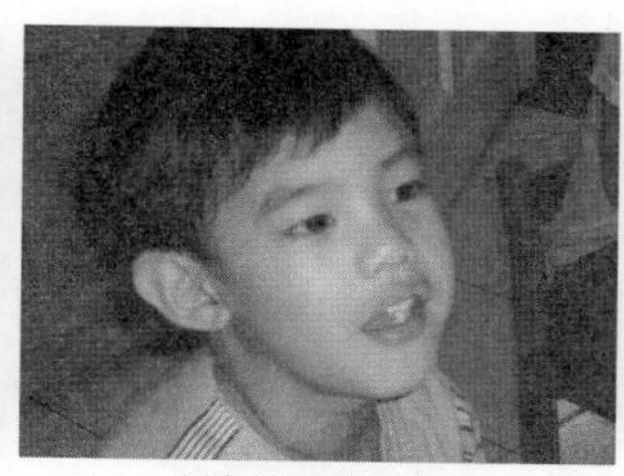
（情緒：愉快）

（情緒：沈思）

㈢不同個案的相同行爲

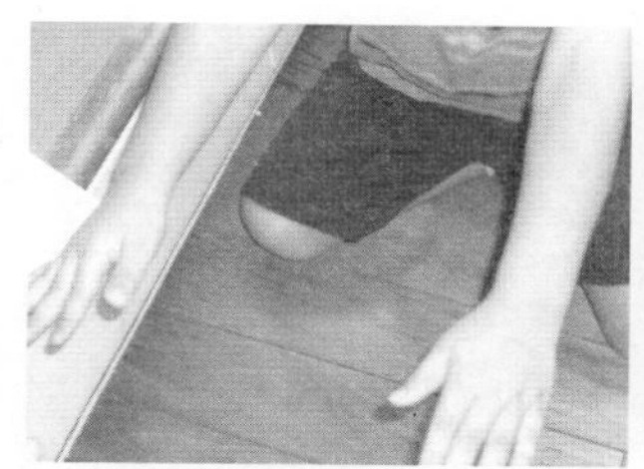
（小肌肉：手掌分合）

（小肌肉：畫圖）

（小肌肉：拿湯匙）

㈣不同個案不同行爲

（扶板走動）

（挑選玩具）

（觀察）

四、5至6歲（大班）幼兒的實習案例

㈠相同個案的不同行爲

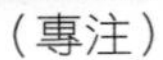
（專注）

（畫圖）

（木工）

㈡同一個案的相同行爲

（認知：注視）

（認知：觀察）

（認知：專注）

㈢不同個案的相同行爲

（精細動作：堆疊）

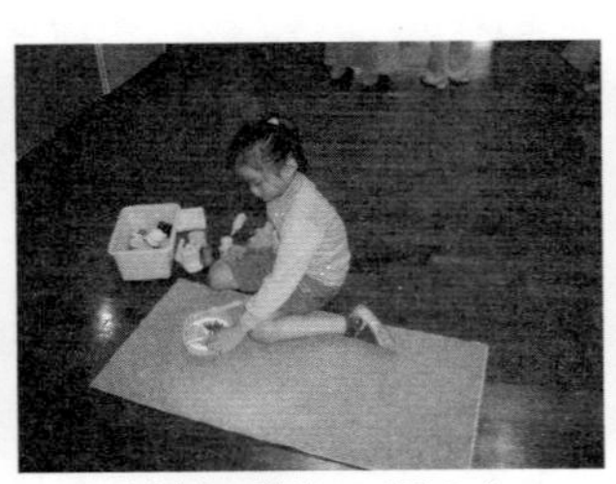
（精細動作：組合）

（精細動作：抓取）

㈣不同個案不同行爲

（紙工）

（討論）

（判斷）

在有限的時間與有限的空間內，可以獲得如此豐富與多元的幼兒行為訊息，咸信所有關懷幼兒成長者，包括：幼兒家長、教師、幼兒教育工作者以及社會大眾，只要秉持對於幼兒發展與心理學的瞭解，加上掌握幼兒行為觀察與記錄基本概念，和相關實務知能（例如參照本書所列舉的各項實例與表格），對於發展中的幼兒行為進行系列性的觀察與記錄，其成效與可行性是可觀的。

第二節　幼兒粗大動作觀察與記錄的實習案例

自第二節開始，係針對幼兒園中選取的樣本，作為進行幼兒各項行為觀察與記錄的實習案例。

在進行粗大動作的觀察與記錄時，係以 2 至 3 歲幼幼班的幼兒作為個案。在呈現體例上，包括：檔案資料、觀察歷程、詳案記錄、行為分析與建議等項。謹依序陳述如下：

一、檔案資料

㈠觀察對象：幼幼班　佑佑

㈡觀察記錄者：翔翔老師

㈢觀察時間：2005 年 10 月 19 日 9:00~10:00

㈣觀察地點：親親幼兒園

㈤背景資料：

1. 家庭史

佑佑是獨子，和爺爺、父親、母親同住，距離就讀的托兒所很近。

2. 家庭樹系

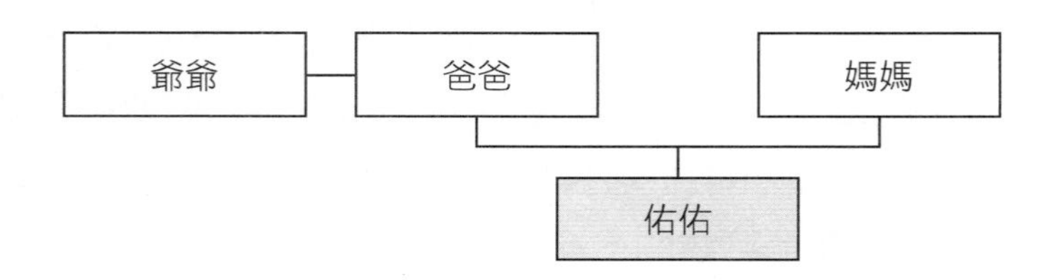

3. 學習記錄

3 歲起上托兒所，先編入幼幼班，在園內老師指導下學習適應團體生活。每週入園時間為星期一到星期五，上午 9:00~11:30。

㈥ QSR 代號說明：

編碼別	符號意義	符號內容
1	標的行為	B
2	觀察記錄者	O
3	幼兒	C
4	性別	1 男生，2 女生
5~6	行為動作	P 是撿玩具，G 是遊戲

二、觀察歷程

<table>
<tr><td colspan="4">觀察主題（圈選）：粗大動作觀察與記錄</td></tr>
<tr><td colspan="4">觀察對象（C）：幼幼班　　姓名：佑佑
觀察者（T/P/O）：翔翔老師</td></tr>
<tr><td colspan="4">全程觀察時間：2005 年 10 月 19 日 9:00~10:00</td></tr>
<tr><td colspan="4">觀察地點／場所／設施：（略）</td></tr>
<tr><td colspan="4">觀察行為性質：外顯、不規則、團體</td></tr>
<tr><td colspan="4">觀察行為類型：自然情境、非結構性、完全參與者、參與觀察、非事先設定的標的行為</td></tr>
<tr><td colspan="4">觀察與記錄呈現方式與方法：
（質）文字敘述法——詳案敘述／分欄標記
（量）次數統計法——劃記法／時間本位——持續時間記錄法</td></tr>
<tr><td colspan="4">觀察與記錄內容 1　持續時間：2005 年 10 月 19 日 9:00~10:00</td></tr>
<tr><td>動作</td><td>時間</td><td>次數</td><td>備註（文字說明）</td></tr>
<tr><td>撿玩具</td><td>0900~0905</td><td>卌 ///</td><td>佑佑一次撿了 5 個玩具，但還是有些掉落下來</td></tr>
<tr><td>繞椅子</td><td>0920~0940</td><td></td><td>玩遊戲</td></tr>
<tr><td></td><td></td><td></td><td></td></tr>
</table>

<table>
<tr><td>觀察行為：撿玩具、上、下樓梯</td><td>觀察對象：佑佑</td></tr>
<tr><td>持續時間：9:00~10:00</td><td>觀察地點：親親幼兒園</td></tr>
<tr><td colspan="2">觀察記錄：
和小朋友一起玩玩具，直到老師來。老師要他們把玩具收拾放好，可是還是會漏掉幾個玩具沒有收。
然後會拿自已的水壺，喝水；可是他沒有用吸管喝，反而是把蓋子打開，拿到嘴邊喝。老師要小朋友們一起去上廁所，然後等大家回到教室來。
老師進行晨間檢查，也就是要所有小朋友把手放在桌上讓老師檢查，如果有不合格的人，老師會請他們回去告訴爸媽，請爸媽幫他們注意。
晨檢完，老師一樣要大家複誦之前教過的歌曲；發音是在牙牙學語的階段，會聽老師的口令。聽著老師的口令，到外面穿鞋子，會知道自己的鞋子應該放的地方；可是卻經常左右腳不分，需老師在旁觀看。會知道自己的性別排隊排在前面（因為老師說：男生排在前面，女生排在後面）。下樓梯是需扶著扶梯才能下，且下樓梯是只會一隻腳下樓，所以動作緩慢了一點。
開始做活動，一開始要他們按照自己的號碼排隊，可是佑佑不會分單雙數（二組競賽），也需老師一個一個排，但是知道自己的號碼。活動一：跑步：老師要他們每個人須繞過椅子跑回原處。</td></tr>
</table>

<table>
<tr><td>行為分析</td><td rowspan="2">另見行為分析與建議</td></tr>
<tr><td>輔導建議</td></tr>
</table>

三、詳案記錄

日期：2005 年 10 月 19 日

時間	過程
9:00~9:05	跟小朋友一起玩玩具，直到老師來。老師會叫他們把玩具收起來放，可是還是會漏掉幾個玩具。然後會認自己的水壺，喝水，可是他沒有用吸管喝，反而是把蓋子打開，拿到嘴邊喝。
9:10~9:15	老師要他們一起去上廁所，等同學進到教室來。
9:20~9:25	老師幫他們做晨檢，也就是要把他們的手放在桌上讓老師檢查，如果有不合格的人，老師會請他們回去告訴爸媽，請爸媽幫他們注意。晨檢完，老師一樣要他們複誦之前教過的歌曲；發音是在牙牙學語的階段，會聽老師的口令。
9:30~9:35	聽著老師的口令，到外面穿鞋子，會知道自己的鞋子放哪；可是左右腳不分，需老師在旁觀看。會知道自己的性別排隊排在前面（因為老師說：男生排在前面，女生排在後面）。下樓梯是需扶著扶梯才能下，且下樓梯是只會一隻腳下樓，所以動作緩慢了一點。
9:40~9:45	開始做活動。一開始要他們按照自己的號碼排隊，可是佑佑不會分單雙數（二組競賽），也需老師一個一個排，但是知道自己的號碼。 活動一：跑步：老師要他們每個人需繞過椅子跑回原點，等到換佑佑跑時，他不是跑自己的跑道，而是跟著別的同學一起跑，而且沒有競賽的觀念，要等人一起跟他跑。跑完之後，隊伍會亂掉，不知道自己排在哪裡，反而跟一旁的同學玩起來了。 活動二：單腳跳：重複活動一的動作，佑佑這次知道要跑自己的跑道，可是他還是會等別人，然後再一起出發。回來時，還是不知道自己要排哪裡，還是跟同學玩；在跟同學玩的時候，與同學發生爭執，然而，老師將他隔離，不讓他參與活動，在旁觀看活動。 活動三：倒著走：由於佑佑沒有參與倒著走的活動，無法得知他是否會倒著走！
9:50~9:55	活動結束，老師要小朋友上樓洗手，佑佑跟著同學一起上樓洗手，並把鞋子脫掉，換上室內拖鞋。 佑佑上完廁所知道要洗手，可是在洗手時，會跟其他的同學玩水。

四、行為分析與建議

(一)觀察時間

每星期四、五，每次 1 小時。

(二)分析內容

1. 弱勢

(1)刺激的感受與動作反應間連結性較慢。

(2)容易情緒暴躁，會對其他小朋友動手。

(3)注意力不夠集中。

2. 優勢

(1)粗大動作協調性尚佳（例如：跑步、單腳跳）。

(2)容易和其他小朋友打成一片。

(三)輔導建議

1. 宜動、靜態交替教學，使幼兒有機會鍛鍊粗動作。

2. 在情緒影響下，佑佑的粗動作出現攻擊現象，可透過行為改變技術進行輔導（改自：李弘翔，2005）。

第三節　幼兒精細動作觀察與記錄的實習案例

在進行精細動作的觀察與記錄時，係以 4 至 5 歲中班幼兒作為個案。在呈現體例上，包括：檔案資料、觀察歷程、詳案記錄、行為分析與建議等項。謹依序陳述如下：

一、檔案資料

㈠觀察對象：中班　心心

㈡觀察記錄者：程程老師

㈢觀察時間：2005 年 10 月 21 日

㈣觀察地點：親親幼兒園

㈤背景資料：

1. 家庭史

心心是家中長女，另有一個弟弟，全家四人，是典型的小家庭。

2. 家庭樹系

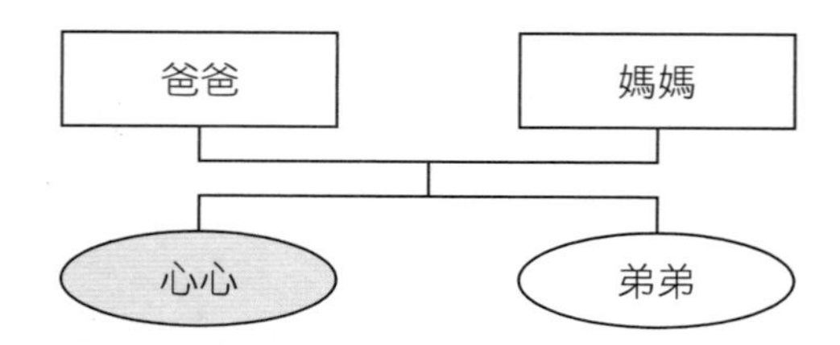

㈥ QSR 代號說明：

編碼別	符號意義	符號內容
1	標的行為	B
2	觀察記錄者	O
3	幼兒	C
4	性別	1 男生，2 女生
5~7	行為動作	CV 換鞋，JF 躲起來，WH 洗手

二、觀察歷程

觀察主題（圈選）：精細動作觀察與記錄

觀察對象（C）：中班　心心
觀察者（T/P/O）：程程老師

全程觀察時間：2005 年 10 月 21 日 9:00~9:50

觀察地點／場所／設施：（略）

觀察行為性質：不規則

觀察行為類型：自然情境、非結構性、完全參與者、參與觀察、非事先設定的標的行為

觀察與記錄呈現方式與方法：
（質）文字敘述法——摘要題綱
（量）次數統計法——圖示法／時間本位——計算次數記錄法

觀察與記錄內容 2　持續時間：2005 年 10 月 21 日 9:00~9:50

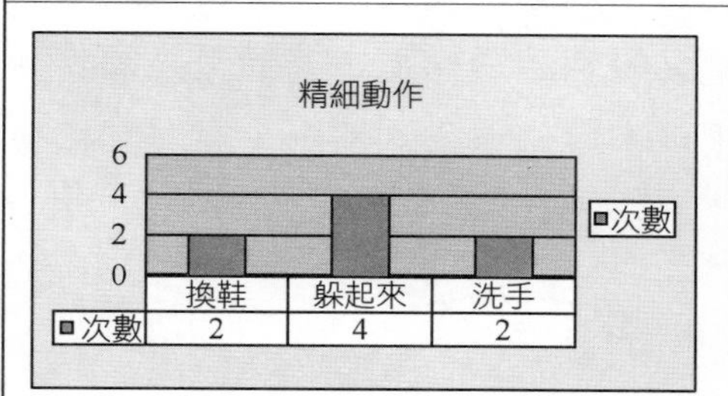

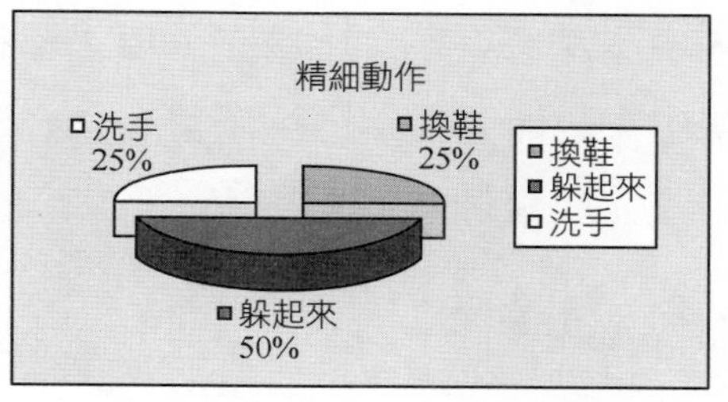

幼兒連續性行為計算次數記錄案例

觀察行為：換鞋、躲起來、洗手			觀察對象：中班　心心		
觀察時間：9:00~9:50			觀察地點：教室		
觀察記錄：○＝換鞋　×＝躲起來　Δ＝洗手					
編號	出現標記	備註	編號	出現標記	備註
1	○		5	×	
2	○		6	×	
3	×		7	Δ	
4	×		8	Δ	

行為分析	另見行為分析與建議
輔導建議	

三、詳案記錄

日期：2005 年 10 月 21 日

㈠到園

心心由媽媽送到幼兒園後，就自己將書包拿到樓上教室裡放好，並且走下樓梯排隊，老師安排她站在到第一隊裡。

㈡戶外活動

賽跑、倒退跑開始以前，心心獨自一人躲在溜滑梯下方，後來由老師將她帶出來才加入行列；但是開始各項活動以後，卻非常賣力的參與各項比賽，只是每比賽完一項，還是又躲到溜滑梯下，老師又必須將她帶出來。而且在倒退跑項目，心心出現不會倒退跑的情形，在老師指導下才完成這個項目。

㈢點心時間

回到教室，心心將球鞋換下，再上一次洗手間，老師要求必須確實把手洗乾淨；隨後回到教室，拿起自己的碗和湯匙，非常安靜與乖巧地坐在自己的座位上，等待老師發點心。

四、行為分析與建議

㈠觀察時間

每星期四、五，每次 1 小時。

㈡分析內容

1. 弱勢

⑴同儕互動能力有待加強。

⑵表達能力欠佳，必須練習語音。

2. 優勢

⑴精細動作手指協調性佳（繫鞋帶）。

⑵能自行把手洗乾淨。

㈢輔導建議

1. 宜給予正確指導與示範。
2. 須積極提供練習機會，以提高純熟度，提供多元化遊戲活動。
3. 應及早介入語言學習機會（改自：蔡秉程，2005）。

第四節　幼兒認知能力觀察與記錄的實習案例

在進行認知能力的觀察與記錄時，係以 5 至 6 歲大班幼兒作為個案。在呈現體例上，包括：檔案資料、觀察歷程、詳案記錄、行為分析與建議等項。謹依序陳述如下。

一、檔案資料

㈠觀察對象：青青幼兒園大班　玟玟

㈡觀察記錄者：珊珊老師

㈢觀察時間：2005 年 10 月 1 日

㈣觀察地點：親親幼兒園

㈤背景資料：

1. 妊娠史

玟玟是自然分娩不足週的寶寶，出生時體重 3,150 公克，身高 47 公分。媽媽在懷孕過程中嚴重害喜。

2. 家庭史

玟玟是長女，有一個兩歲半的妹妹，家裡還有奶奶同住；全家共計 5 人。

3. 家庭樹系

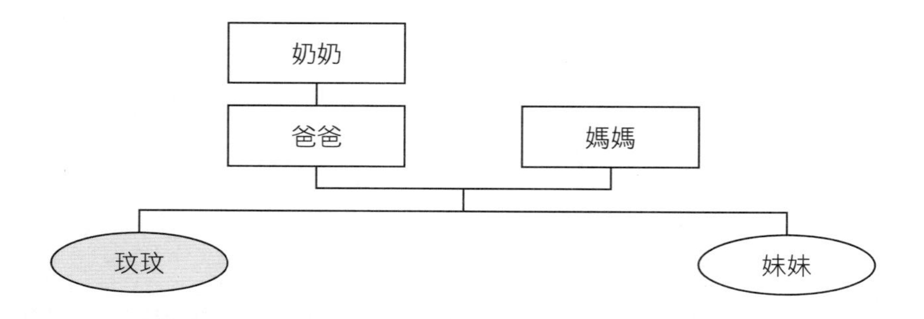

4. 疾病史

1 歲 6 個月時長過玫瑰疹，2 歲 7 個月入園時也得過腸病毒。

5. 學習記錄

⑴啟蒙：出生 8、9 個月父母就開始讓玟玟聽英文CD，以及看英文認字圖片等。1 歲以後每天聽音樂、而且爸爸也會在睡前講英文故事給玟玟聽。

⑵體能：除了愛看兒童律動節目外，奶奶常會帶玟玟到中山大學打太極拳，到仁愛公園騎腳踏車，以及到麥當勞溜滑梯等；同時，媽媽也將玟玟放在大球上，讓玟玟練習抓力。

6. 入園後記錄

2 歲 7 個月入園，很快就能適應幼兒園的學習環境，並且能和其他小朋友相處融洽，3 歲開始上舞蹈課、英文課，4 歲時再加入音樂及美術課程。

㈥ QSR 代號說明：

編碼別	符號意義	符號內容
1	標的行為	B：代表類化行為
2	幼兒	C：被觀察者　玟玟
3	觀察與記錄者	T：珊珊老師
4~5	家長	P1：爸爸，P2：媽媽
6	性別	a：男生，b：女生
7~10	幼兒園	D1：大班，D2：中班，D3：小班，D4：幼幼班

二、觀察歷程

雙向細目&兩極式評定量表	
觀察對象：大班　玟玟（C）	觀察者：珊珊老師（T）
觀察日期：2005 年 10 月 1 日	觀察地點：玟玟家
時間範圍：9:30~14:00	觀察時程：11:00~11:45
焦點行為	表現
顏色、大小 多元類化問題（B）	☐大多數　☐經常　☑有時候　☐偶爾　☐完全不會
行為項目	表現
1. 小熊有二種顏色、三種大小，分二堆時會以顏色分類	☑大多數　☐經常　☐有時候　☐偶爾　☐完全不會

2. 小熊有二種顏色、三種大小，分二堆時會以大小分類	☐大多數	☐經常	☐有時候	☐偶爾	☑完全不會
3. 二堆內會依大小排列	☐大多數	☐經常	☑有時候	☐偶爾	☐完全不會
4. 小熊有二種顏色、三種大小，分三堆時會以顏色分類	☐大多數	☐經常	☐有時候	☑偶爾	☐完全不會
5. 小熊有二種顏色、三種大小，分三堆時會以大小分類	☐大多數	☐經常	☐有時候	☑偶爾	☐完全不會
6. 小熊有三種顏色、三種大小，分三堆時會以顏色分類	☑大多數	☐經常	☐有時候	☐偶爾	☐完全不會
7. 小熊有三種顏色、三種大小，分三堆時會以大小分類	☐大多數	☑經常	☐有時候	☐偶爾	☐完全不會

間距記錄法	
觀察行為：顏色、大小多元類化問題（B）	觀察對象：大班（D1）李玟玟（C）
觀察時間：11:00~11:45	間距時間：5分鐘
觀察地點：玟玟家中	觀察者：劉伊珊（T）
觀察記錄： 11:00~11:10　11:15~11:25　11:30~11:40　11:40~11:45 （11:04，2'31"）（11:17，2'39"）（11:36，2'52"）	
備註（行為觀察記錄）： 在小熊有二種顏色，但卻分三堆時，玟玟還是依二種顏色分類，沒有注意到小熊的大小其實是不一樣的，是可以用大、中、小來歸類的。	
影片記錄檔案名稱	2005年10月1日小熊分類-1，2005年10月1日小熊分類-2 2005年10月1日小熊分類-3

三、詳案記錄（以認知學習歷程為主）

日期：2005 年 10 月 1 日

㈠幼幼班（D4）時期

1. 幼兒園記錄

2003 年 6 月 28 日入園，在幼幼班（松鼠班）到 2003 年 8 月 1 日後就轉入小班就讀，短短一個月內，玟玟不但適應良好，而且在班上表現突出，特別是在臺上跳舞及表演，都相當認真及有自信。

2. 家庭記錄

1 歲起就特別愛看跳舞的節目，尤其是冰上芭蕾，時常是目不轉睛，也奠定玟玟對舞蹈的興趣。幼幼班時的玟玟是個超愛乾淨的小孩，從不會拿畫筆亂塗鴉家俱及牆壁。此外，玟玟 2 歲多時，就能記得家人及親朋好友的名字及照片。

㈡小班（D3）時期

1. 幼兒園記錄

2003 年 8 月 1 日起進入小班（企鵝班）就讀，當時身高 98 公分、體重 16 公斤，由於玟玟比同班小朋友提早入學，所以比同班小朋友矮小一些，但在畫畫、樂器敲打、跳舞及生活習慣的學習上，卻比其他的小朋友還認真且更用心。另外，玟玟喜歡粉紅色，上學時穿的、用的都是粉紅色系的呢。

2. 家庭記錄

此時玟玟，除了喜愛跳舞，時常蹦蹦跳跳外，也漸漸開始喜歡看卡通電影，例如：怪戰電力公司、星際寶貝等，看的可是英文版的呢！玟玟看動畫時，媽媽也會在旁解釋。對於見過的人，玟玟都能輕易的記住

「那個人帶了什麼東西」。但是玟玟有個壞習慣，就是出門一定要吵著爸爸買東西給她。

㈢中班（D2）時期

1. 幼兒園記錄

2004年8月1日玟玟進入中班（海豚班），玟玟是班上的小老師，常常協助老師教其他的小朋友，學習能力很強。學校舉辦表演活動時，玟玟也當主持人及喊口令的小朋友。從中班開始，幼兒園每次週會安排生活認知課程，例如：打果汁、烹飪、包水餃、逛超市，以及參觀百貨公司、科工館、美術館等戶外活動，玟玟都非常興奮，回家後也能滔滔不絕的轉述過程給家人聽。

2. 家庭記錄

喜歡上學的玟玟，回家後跟媽媽的對話，總是說：「老師說……」，總是不忘當老師的傳令兵，在家玟玟也是媽媽的好幫手，會洗自己的碗，照顧妹妹。中班後，玟玟也開始學彈鋼琴、學 ABC 及ㄅㄆㄇ。這時期的玟玟有個壞習慣，就是容易掉東西，經常把東西搞丟了。

㈣大班（D1）時期

1. 幼兒園記錄

2005年8月1日，玟玟進入大班（飛龍班），是班上的小組長，在學校參加鼓樂隊。此時期的玟玟，最喜愛的還是美術課和舞蹈課，但是遇到珠算課時，玟玟會有些不耐煩，有時還會故意裝忙，不想寫珠算作業。

2. 家庭記錄

玟玟除了會照顧妹妹，大班以後也懂得如何禮讓妹妹了。進入大班，玟玟的課業壓力變重了，除了算數、寫字、珠算、寫英文，更辛苦的是學校現在開始學口風琴，口風琴的指法與鋼琴的彈法完全不同，玟玟也習慣將鋼琴的彈法，用在口風琴上，因此時常被老師糾正，媽媽看見玟玟學得這麼辛苦，真是捨不得！

四、行為輔導建議

在觀察寫回家作業及在做實驗活動時，發現玟玟很容易分心，而且有注意力不集中的現象；寫作業時會把「21」當成「12」，把十位數與個位數顛倒而會錯意，造成錯誤。

所以對玟玟的行為輔導，建議應著重在「如何集中注意力」，提出了幾項活動設計如下：

㈠「老師說」遊戲

這項屬於團體活動的遊戲是一個口令，孩子做一個動作。但必須是有一個「老師說」的號令，孩子的回應動作才能得到獎勵或進級；如果只聽到口令就回應的動作，會被淘汰出局。這種遊戲是訓練孩子注意聽老師或父母的口語。起先只給一個口令，孩子的技能和反應愈來愈成熟，口令便可加多或變得更複雜。

㈡尋寶遊戲

在一張地圖中把關鍵的地點標示出來，然後要孩子照著地圖，到各地點尋寶；例如：在爸爸衣櫥中找到一件黑色大衣，把口袋中紙條找出來等等。最後一個地方，預期可以找到孩子們最喜歡的餅乾或小玩具。

㈢閃示卡片

卡片上面的文字或圖畫讓孩子迅速的過目後，要能立即說出卡片上的文字或事物。閃示卡不但能訓練孩子的視覺記憶，更可以培養注意力。老師或父母可以把辨認閃示卡當作遊戲。根據幼兒答對的次數，給予獎品。最好的辦法是讓孩子參與卡片製作，以激發興趣並提高辨識機會。卡片上的事物包羅萬象，例如：卡通、動物、生活常識、數學等等無所不包，而且可以和其他課程的學習活動一併實施。

㈣兒歌律動

教孩子輕唱一些有趣、富律動的兒歌。每日一小段，可以增進孩子傾聽、專注和記憶能力。

㈤猜謎遊戲

蒐集一些好玩的謎題來作為機智問答的題材，同時鼓勵孩子自己設計謎題來考父母或老師。這種訓練對孩子的傾聽和思考能力很有益處。

㈥玩紙牌和擲骰子

這是需要孩子集中注意力的遊戲，能有助於數目計算能力。

㈦電腦的遊戲

在學習程度範圍內的電腦遊戲，對幼兒有很大的幫助，尤其是手眼協調、注意力集中以及辨別力，透過電腦遊戲的媒介，尤可啟發潛能（改自：劉伊珊，2005）。

第五節 幼兒語言溝通觀察與記錄的實習案例

在進行語言溝通的觀察與記錄時，係以3至4歲幼兒作為個案（尚未入園就讀）。在呈現體例上，包括：檔案資料、觀察歷程、詳案記錄、行為分析與建議等項。謹依序陳述如下：

一、檔案資料

㈠觀察對象：小宇（3 歲 11 個月）

㈡觀察記錄者：婉婉老師

㈢觀察時間：2005 年 10 月 22 日

㈣觀察地點：小宇家中

㈤背景資料：

1. **妊娠史**

⑴懷孕期間有嘔吐症狀，也會特別想睡覺，但並沒有使用藥物來減輕症狀。

⑵媽媽在懷孕期間最喜歡吃魚（肉魚、紅鯛）。

⑶懷孕期間並沒有特注重胎教，認為一切要順其自然是最好的。

2. **家庭史**

家中有爺爺、奶奶、爸爸、媽媽和 2 個妹妹，住附近的姑姑也常會回娘家和大家相聚。

3. **家庭樹系**

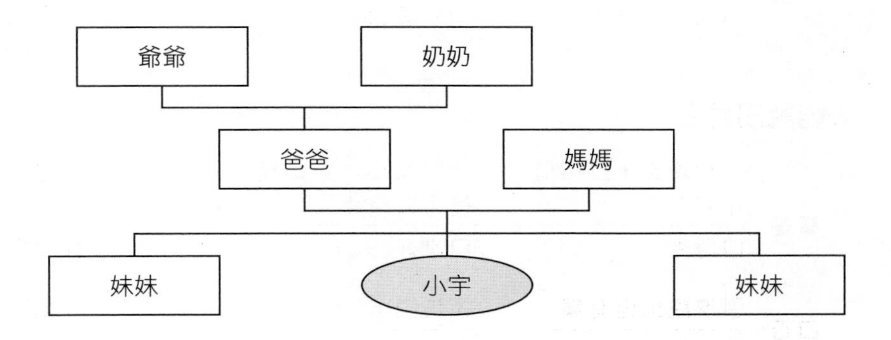

4. **疾病史**

小宇小時候是喝母奶，從小就很健康。除了打過預防針外，沒有生病到醫院打針過。

㈥ QSR 代號說明：

代號	人物
C2	被觀察者：小宇
I2	觀察與記錄者：婉婉老師
P2-2	父母：小宇媽媽
O2	其他：儒儒叔叔

二、觀察歷程

透過必選式量表記錄觀察歷程的內容，如下：

1. 問句末會接「嗎」、「呢」字

	自行說出，且結構正確	自行說出，雖結構不正確，但可以理解	引導說出
■是	□優秀	■良好	□通過
	引導說出但有誤	模仿說出	完全不會
□否	□尚可	□待練習	□需加強

2. 能說出姓名

	自行說出，且結構正確	自行說出，雖結構不正確，但可以理解	引導說出
■是	□優秀	□良好	■通過
	引導說出但有誤	模仿說出	完全不會
□否	□尚可	□待練習	□需加強

3.能回答簡單的「怎樣」、「為什麼」、「有多少」、「多久」等的問題

	自行說出，且結構正確	自行說出，雖結構不正確，但可以理解	引導說出
■是	■優秀	□良好	□通過
	引導說出但有誤	模仿說出	完全不會
□否	□尚可	□待練習	□需加強

4.能用簡單的過去式表達

	自行說出，且結構正確	自行說出，雖結構不正確，但可以理解	引導說出
□是	□優秀	□良好	□通過
	引導說出但有誤	模仿說出	完全不會
■否	□尚可	□待練習	■需加強

5.能敘述發生的事情

	自行說出，且結構正確	自行說出，雖結構不正確，但可以理解	引導說出
■是	□優秀	□良好	■通過
	引導說出但有誤	模仿說出	完全不會
□否	□尚可	□待練習	□需加強

6.能敘述日常用品的功用

	自行說出，且結構正確	自行說出，雖結構不正確，但可以理解	引導說出
■是	□優秀	■良好	□通過
	引導說出但有誤	模仿說出	完全不會
□否	□尚可	□待練習	□需加強

7.能用「要」、「想要」、「必會」表達將要發生的事

■是

自行說出，且結構正確	自行說出，雖結構不正確，但可以理解	引導說出
■優秀	□良好	□通過

□否

引導說出但有誤	模仿說出	完全不會
□尚可	□待練習	□需加強

8.能正確地問問題

■是

自行說出，且結構正確	自行說出，雖結構不正確，但可以理解	引導說出
□優秀	■良好	□通過

□否

引導說出但有誤	模仿說出	完全不會
□尚可	□待練習	□需加強

9.能用「一雙、一對、一群、一堆」來表達

□是

自行說出，且結構正確	自行說出，雖結構不正確，但可以理解	引導說出
□優秀	□良好	□通過

■否

引導說出但有誤	模仿說出	完全不會
□尚可	■待練習	□需加強

10.能依事情發生的先後加以敘述

■是

自行說出，且結構正確	自行說出，雖結構不正確，但可以理解	引導說出
□優秀	□良好	■通過

□否

引導說出但有誤	模仿說出	完全不會
□尚可	□待練習	□需加強

三、詳案記錄（利用連續記錄法）

日期：2005 年 10 月 22 日~11 月 1 日

㈠第一次

觀察行為：語言表達（多字句）	觀察對象：小宇（C2，3 歲 7 個月）
觀察時間：10/22 16:23~16:41	連續時間：18 分鐘
觀察地點：C2 家中	觀察者：周婉渝
觀察記錄： 　　初次見面時 C2 似乎不太多話，P2-2 對我們的來歷、訪問似乎也抱持著些些的不信任的感覺。C2 看起來有點沒精神，P2-2 說今天 C2 的身體有點不適、感冒了。C2 在客廳看電視，不太理人。 　　19:25，於是邊問 P2-2 有關懷 C2 當時的問題及一些 C2 的成長背景，邊看 C2 有沒有什麼特別的行為及說話內容。 　　16:38，C2 的反應還是一直在看電視。P2-2 說今天先不要讓他太累，所以這次的觀察只好就此結束。 　　16:42，離開 C2 家。	

㈡第二次

觀察行為：語言表達（多字句）	觀察對象：小宇（C2，3 歲 7 個月）
觀察時間：10/29 16:25~17:48	連續時間：83 分鐘
觀察地點：O2 家中	觀察者：婉婉老師
觀察記錄： 　　今天和 C2 約在 O2 家中見面，O2 同為學程同學，I2 原是藉由 O2 認識 P2-2 及 C2 進而訪問；而 O2 觀察對象為 C2 的妹妹。 　　16:25 左右 C2 與妹妹一同到 O2 家中，O2 拿了小饅頭給 C2 及妹妹，希望能藉由此吸引注意力，C2 似乎對零食感到很有興趣，一直搶妹妹的小饅頭，為了想拉近與 C2 的關係，於是開始問 C2 問題：	

I2：「C2（C2的名字），現在幾歲了？」但C2並未理會，依舊跟妹妹在搶零食。搶了零食之後便開始在O2家客廳玩耍。和上次初次見面相較之下，C2非常活潑。一下子拿筆筒的筆玩，一下子去拿櫃子的物品玩，要不然就是將櫃子的東西全拿出來。

I2此次觀察拿了一個麥當勞快樂兒童餐的玩具，此玩具有個滾輪印章，希望能藉由此拉進與C2的關係。16:47時試著拿著玩具希望引起C2注意。約16:51左右，C2才開始注意。

I2：「弟弟！你看哦——這個玩具」「它可以往前跑——」（滾輪在下面），「往前跑就有圖案跑出來了，有沒看到——」，「麥當勞的圖案——」

C2：「麥當勞——」（C2的「勞」字發音怪怪的）

I2：「對啊！喜不喜歡吃麥當勞？」

C2：「爸爸帶我去吃麥當勞——。」

17:08左右C2拿起筆想要畫畫的樣子，I2拿了之前印滾輪章的白紙問C2：「C2要畫畫嗎？」「這邊有筆，來——」（將筆蓋打開），做出畫畫的樣子。但C2拿的是毛筆，開始畫，並邊畫邊拿桌上其他東西（剪刀、耳扒子等）。

I2：「這個畫沒有顏色，這個才有顏色。」（拿著紅色的筆）

I2：「來——這是什麼顏色？」（約略問了二、三次）

C2回答：「紅色。」過了三十秒左右，C2拿了桌上的杯子和水壺，將杯子弄了點水，並將毛筆沾上水，開始在白紙上畫……。

I2：「你在畫什麼？」「跟姊姊講你在畫什麼好不好——」

C2：「……。」（接著拿著紅筆開始在已濕的紙張上畫，之後又拿毛筆沾水在上面畫）

I2：「可以跟姊姊講你在畫什麼嗎？」此時妹妹看著C2的動作感覺很好奇，並且想模仿並試著想拿C2手上的毛筆。

C2：「不要」，「這個顏色——」（拿另一隻筆給妹妹）。接著持續10分鐘左右在畫畫，畫到紙都破掉了。

17:27之後又持續最初的行為，開始在客廳到處弄，開始玩電視機上的開關及放在電視機前的長尺，尋找客廳裡的物品。並從桌子下方找出一包薯條，且打開它開始吃起來（此行為為I2及O2都不注意時C2所做的）。

17:45左右P2-2來O2家中，P2-2：「回家吃飯囉！」但看到C2手上的巧克力馬上喊「不可以吃巧克力，他還在咳。」I2準備要將C2手上的零食拿起來前，C2便將它放到嘴巴裡了。但之後還是強行將零食從嘴裡拿出來。

17:48，C2及妹妹離開O2家。

㈢第三次

觀察行為：語言表達（多字句）	觀察對象：小宇（C2，3 歲 7 個月）
觀察時間：11/05　19:21~20:16	連續時間：55 分鐘
觀察地點：O2 家中	觀察者：婉婉老師

觀察記錄：

約 19:21 左右，C2 與家人吃飽飯後至O2 家中，可能因為見面幾次較熟了，所以看得出來很活潑的樣子。由於此次訪問帶著數位相機，而 C2 似乎沒有看過或很少看到數位相機，所以對此物品相當感興趣。19:24 要準備開始拍攝時，C2 一直靠過來想看數位相機的液晶螢幕內容。

對於自己的親人出現在小小的畫面中，C2 似乎很感興趣。於是 I2 指著畫面中的人物問 C2，「這個是誰？」

C2 回答「這個是媽媽！」畫面轉向 C2 的妹妹，I2 再問 C2「那這個是誰？」

「這是、這是永琪——」（有點含糊不清）。

I2：「永琪跟誰？」C2 看了約 10 秒左右，想要搶相機，一直看著相機的LCD，然後說「不對、不對」。

I2：「不對？有什麼不對？」C2 一直抓著相機（連鏡頭）。

I2：「你手手要走開哦，手手檔住了。」

C2：「哦——」，但 C2 一直按相機上的功能鍵，明顯對相機感到十分的好奇，且一直想把相機搶過去玩。但 I2 害怕 C2 可能把相機弄壞，先將電源關掉，跟 C2 說「哇——沒了！」希望 C2 打消玩相機的念頭。但似乎沒有辦法，C2 直說：「我修好的啦——」（文法明顯怪怪的，似乎是要說，「我會把它修好的」）且一直重複這些動作和語言。

I2 欲將相機收起來，但 C2 又將它從機盒拿出，且一直按上面的按鍵，企圖打開電源。這種情形持續約 10 至 15 分鐘，C2 才放棄。

19:43 左右，C2 開始在客廳玩，但C2 沒有穿拖鞋在客廳跑，於是P2-2 就問：「你的鞋鞋咧？」

C2 跟著媽媽走：「鞋鞋？」C2：「對，穿鞋鞋！」P2-2 準備拿拖鞋給 C2：「你穿這雙！」

C2：「好ㄅㄚ！媽媽！」穿好拖鞋後便開始玩玩具，從玩具車、跟妹妹搶鑰匙圈、騎木馬……等。雖然中間說了不少簡短的話，但很多都聽不太懂。

20:03 C2 之後轉向另一個訪問者 O2，跟 O2 說：「去拍這個樓『ㄑㄧ』、樓『ㄑㄧ』——」。

P2-2 指正是發音為「樓梯、樓梯——」，但C2 還是講「拍這個樓『ㄑㄧ』」。I2 及O2 亦跟C2 指正，是樓梯，但C2 似乎聽不太懂，直說「拍這個這個——」，

O2 則對 C2 問：「哪個？」

C2 回答：「不『ㄒㄧˋ』（是）這個」（重複約五、六次）。

O2：「這個是什麼名字。」

C2：「樓『ㄑㄧ』——這個。」，之後跟 C2 說了多次還是沒辦法改正。

20:06 左右，C2 看見 I2 又將數位相機打開，於是又跑到 I2 旁邊看相機。此時螢幕上的畫面是妹妹在騎木馬。於是，I2 問 C2：「永琪在幹嘛？」

C2 答：「騎馬、永琪在騎馬——」（此時口音怪怪的）。

C2 看著螢幕問：「那哥哥——哥哥在哪裡——？」（這邊的哥哥指的是他自己），「姊姊跟哥哥——在哪裡？」（姊姊指的是 I2）

C2 似乎覺得很奇怪為什麼沒辦法看到自己跟 I2，試著能在 LCD 中看到自己。此時另一個訪問者 O2 入鏡。

I2 便問 C2：「那是誰？」C2 回答：「叔叔——那是叔叔——。」但還是一直在想如何能看到自己。

20:10 左右，C2 開始跟妹妹玩，拿著 O2 的鑰匙圈丟給妹妹，叫妹妹「接住」（此時的「接」，音近似於「切」的音）。O2 跟 C2 說，「來——給叔叔——」，C2 說：「這個青蛙啊——」（「青」發音不清楚）。

20:16，C2 開始跟媽媽玩踢球，約玩 4 至 5 分鐘左右，C2 開始流汗，因為 C2 前一陣子感冒才好，怕又感冒了，所以就帶 C2 下去換衣服，結束今天的訪問。

㈢第四次觀察

觀察行為：語言表達（多字句）	觀察對象：小宇（C2，3 歲 7 個月）
觀察時間：11/11 1 9:24~20:19	連續時間：55 分鐘
觀察地點：C2 及 O2 家中	觀察者：婉婉老師

觀察記錄：

再次約在 C2 家中，I2 與 O2 約在 19：24 左右 C2 與妹妹吃完飯後至 C2 家。但 C2 一直吵著「我要去叔叔（指的是 O2）的家」，也一直阻止 I2 拍攝（用手擋住鏡頭）及叫 I2 把相機「關起來——」（起的音近於ㄐㄧˇ）。於是 19:32 時與 P2-2 及妹妹至 O2 家中。

相較於前幾次，這次 C2 較熟悉 O2 家，跟我們也較熟。因為上次至 O2 家中，C2 的反應屬於非常好奇、好動的情形、一直在客廳跑來跑去及東拿、西拿，於是這次在事前就將易碎物及零食藏起來。希望能刺激 C2 聽到聲音，於是打開了迪士尼頻道。

C2 一進 O2 家，和上次一樣便很興奮到處東拿拿、西摸摸。雖這次將大部分的物品收於較不易拿取的地方。但 C2 仍好奇火力全開到處玩，P2-2 便在後面忙於善後及阻止拿取危險物品。

約 19:46，便跟 C2 說：「再這樣，我要回家了。」

於是C2 便馬上回答：「不要回家、不要回家。」但還是繼續拿著筆筒在玩。

於是P2-2 再度說「回家、回家」，C2 回答：「不要、不要」（邊跑邊說）。

可能 P2-2 在身邊的關係，和前幾次相較，C2 的說話次數明顯較少。且 P2-2 只要看到 C2 要拿物品，便馬上阻止及將手上的物品拿走。20:03，P2-2 開始顯得有點不耐煩，便跟 C2 說「姊姊要睡覺了，回家！」

C2 回答「沒有，沒有要睡覺。」此時C2 走到沙發上說「看電視」、「我……我跟姊、姊、姊要看電視」，說話有點不順暢的感覺。

此時正在播玩具總動員，P2-2 問 C2 說「那是什麼？」

C2 回答「玩具ㄗㄨㄥˇ ㄉㄨㄥˇ ㄩㄢˊ」。

之後雖然P2-2 一直對C2 問些零散的問題，但C2 似乎專注於電視。回答的內容大部分是「是」、「哦」之類的。反倒是妹妹這次講的話很多，C2 在P2-2 面前似乎話會比較少。

19:57 電視約看了 10 分鐘之後，便又拿起沙發旁的盒子開始玩。P2-2 於是又跟C2 說「不要亂動，要不然就回家哦」，C2 似乎很想待在O2 家，於是比剛才收斂了一些。過了一分鐘後，又開始玩，於是P2-2 這次以較強烈的語氣說「放著！要不然就回家！」

C2 將盒子放回原位後，便開始在沙發玩，口中喃喃地說著話（聽不清楚）。20:00 這種情形約過了二分半後，便停了下來，此時「玩具總動員」也播完了，可能是因為這次都把零食藏起來了，所以便跟 P2-2 吵著說「要吃乖乖，去買乖乖」（不過乖乖兩字不是很清楚，剛開始還沒聽出來，是P2-2 重複之後才聽出來的）。P2-2 被數次吵得有點不耐煩，便不悅的說「好啦！（臺）」於是C2 便很高興的跑到門附近說「好啦（臺）！快點買乖乖！（國）」

20:11 離開前，C2 並沒有主動說 BYE-BYE，I2 和 P2-2 提醒後才跟 I2 和 O2 說 BYEBYE。

約 20:19 左右，看著 C2 跟在 P2-2 旁邊開開心心的拿著一包乖乖回家去。

四、行為分析與輔導建議

㈠行爲分析

此次觀察的小朋友個性相當活潑，雖然剛開始與他拉近距離花了不少時間，而一旦比較熟稔以後，發現個案是一個非常好動的小朋友。

在語言發展發面，小朋友在後面兩次的觀察中，和第一、二次比較起來話多了不少。但是卻能發現許多問題。雖然小朋友喃喃自語的說了不少話，但卻有不少話語讓人無法理解或是錯誤的話語。

在多字句方面的發展程度正常，但會有在多字句及語法發展階段常有的動詞、名詞混淆及斷詞困難（如：以「我拿一個『蓋章』給你」代表「我拿一個『印章』給你蓋」）的現象。

在其他用法方面，除了過去式的使用未發現小朋友使用，雖試圖引導說出或希望小朋友模仿說出，但小朋友都未說出。根據和小朋友互動的情形推究可能原因，應該是與小朋友的關係不夠良好，小朋友不願說出，而不是不會說。

訪談中發現小朋友的母親為大陸新娘，為大陸閩南地區的人，雖未講明省籍，但依口音推測為沿海地區。小朋友的母親說話時，無論是國臺語都並未有明顯的語調，家中以閩南語為主要語言，小朋友國臺語都會說。但國語有時卻有奇怪、類似外省腔的感覺；推測小朋友可能有聲調錯誤的問題。

小朋友在說話時，常常說出來的話讓人聽不太懂，雖然小朋友只要多說幾次就可以瞭解，但發現似乎可能是講太快的關係（推估），造成語暢異常。

而在構音方面，較明顯的問題可能是「樓梯」的「梯」；在觀察時明顯發現這個問題，當時馬上給予小朋友正確的發音，但是無法改正。

不知是小朋友已經習慣了這種講法，還是無法發出正確的音（見表11-1）。

表11-1　語言發展可能的異常現象

	異常行為	例子	備註
1	構音問題	1.無法將「ㄊ」和「ㄑ」的發音說清楚，如「樓梯」會變成「樓七」。 2.無法將「ㄐ」與「ㄑ」分別清楚，「騎馬」會變成「擠馬」；「接著」會變成「切著」（近似音）。 3.「關起來」會變成「關擠來一」（近似）。 4.「叔叔的家」會變成「讀讀的家」。	
2	聲調錯誤	1.「玩具總動員」會變成「玩具總懂員」。 2.「修好啦」會變成「朽好啦」。 3.「麥當勞」會變成「買ㄉㄤˊ勞」。	
3	語暢較快	1.「我把它修好啦」會變成「我修的啦」。 2.「等一下」會變成「等下」。	待觀察。
4	其他異常	1.「關起來」會變成「關擠來一」（尾音會拖長）。 2.「在那裡」會變成「在哪裡一」（尾音會拖長）。 3.「我要去叔叔的家」中的「叔叔」會特別小聲，甚至有聽不到的情形。 4.小朋友講話常常讓人感覺有外省腔，雖然母親為大陸新娘，但其臺語及國語聽不出來與一般人有什麼不同的地方。	小朋友在「ㄚ」、「ㄞ」、「一」、「ㄝ」等音的語尾都會加「一」的音。

㈡輔導建議

此次觀察最大問題可能在於與被觀察者的關係不夠熟悉，一直等到有較好的互動行為後才開始，觀察、互動時間無法充分引導被觀察者的行為。因此，就上述發現被觀察者可能的問題行為，提出下列輔導與建議：

1. 多與小朋友玩「傾聽聲音」的遊戲，建立注意聽別人發音、說話的習慣。
2. 多和小朋友玩雙唇、舌頭的遊戲，由慢速的口腔動作到快速的靈活移動。
3. 提醒小朋友慢慢將話語說完，或重複其內容並要求小朋友的複誦。
4. 陪小朋友一起朗讀，藉由朗讀過程訓練小朋友的咬字清晰。
5. 針對小朋友每個錯音加以訂正，由單音、詞彙、短句、長句、日常對話，經由不斷練習才能逐步修正到穩定正確發音（改自：周婉瑜，2005）。

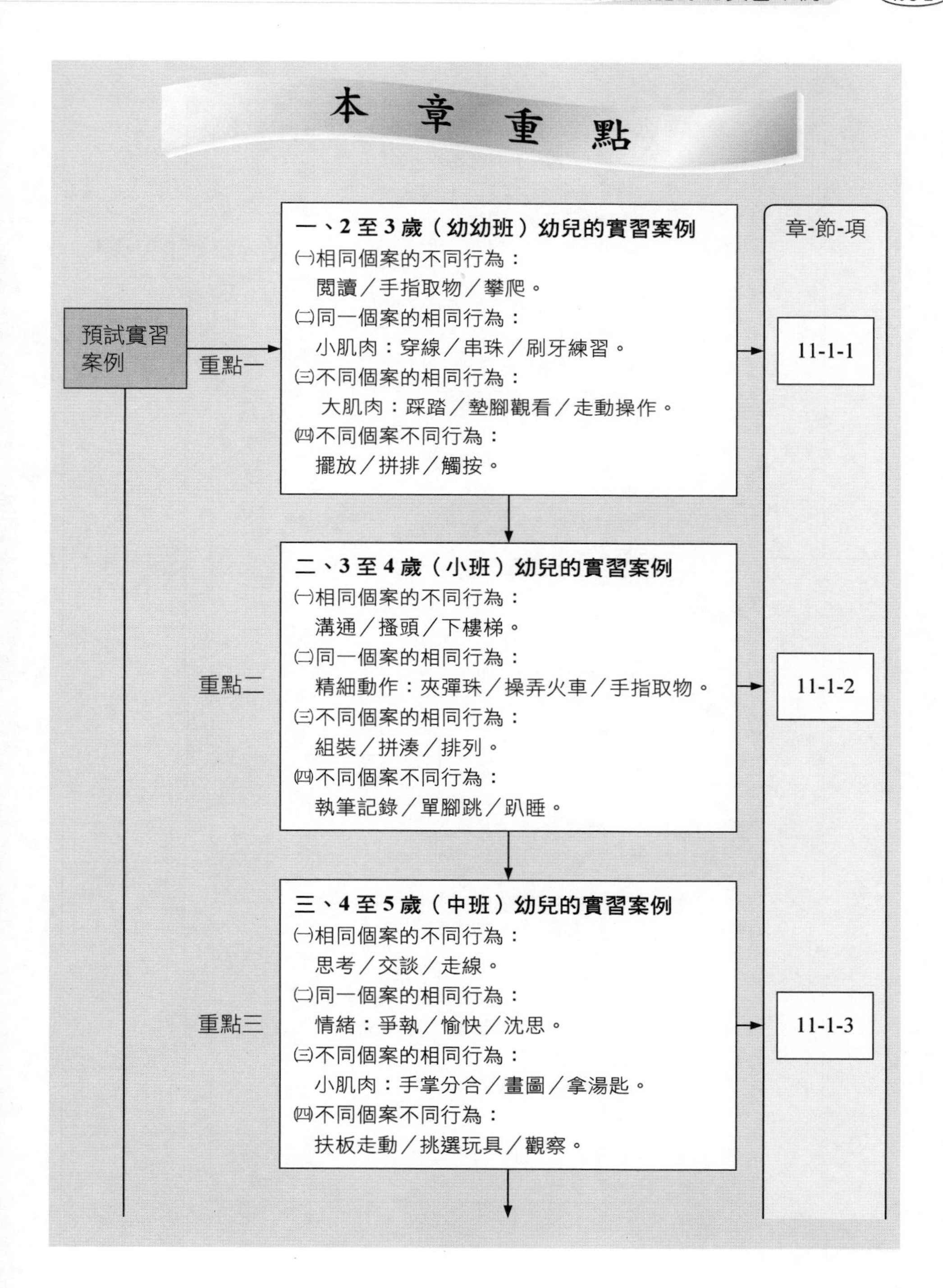
本章重點
預試實習案例
重點一
一、2至3歲（幼幼班）幼兒的實習案例
㈠相同個案的不同行為：
閱讀／手指取物／攀爬。
㈡同一個案的相同行為：
小肌肉：穿線／串珠／刷牙練習。
㈢不同個案的相同行為：
大肌肉：踩踏／墊腳觀看／走動操作。
㈣不同個案不同行為：
擺放／拼排／觸按。
章-節-項
11-1-1
重點二
二、3至4歲（小班）幼兒的實習案例
㈠相同個案的不同行為：
溝通／搔頭／下樓梯。
㈡同一個案的相同行為：
精細動作：夾彈珠／操弄火車／手指取物。
㈢不同個案的相同行為：
組裝／拼湊／排列。
㈣不同個案不同行為：
執筆記錄／單腳跳／趴睡。
11-1-2
重點三
三、4至5歲（中班）幼兒的實習案例
㈠相同個案的不同行為：
思考／交談／走線。
㈡同一個案的相同行為：
情緒：爭執／愉快／沈思。
㈢不同個案的相同行為：
小肌肉：手掌分合／畫圖／拿湯匙。
㈣不同個案不同行為：
扶板走動／挑選玩具／觀察。
11-1-3

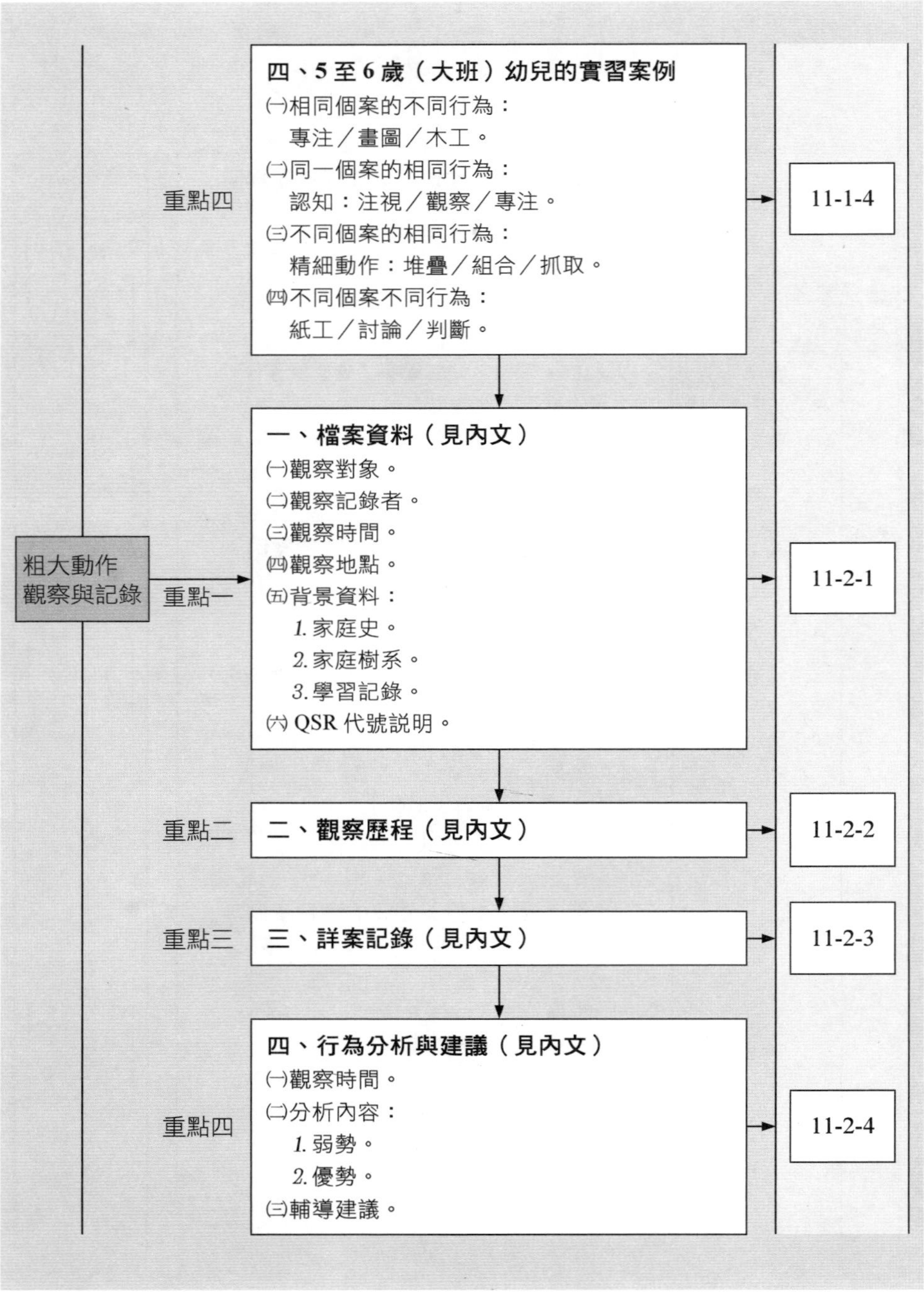

粗大動作觀察與記錄

重點四

四、5至6歲（大班）幼兒的實習案例

㈠相同個案的不同行為：
專注／畫圖／木工。
㈡同一個案的相同行為：
認知：注視／觀察／專注。
㈢不同個案的相同行為：
精細動作：堆疊／組合／抓取。
㈣不同個案不同行為：
紙工／討論／判斷。

→ 11-1-4

重點一

一、檔案資料（見內文）

㈠觀察對象。
㈡觀察記錄者。
㈢觀察時間。
㈣觀察地點。
㈤背景資料：
1. 家庭史。
2. 家庭樹系。
3. 學習記錄。
㈥ QSR 代號說明。

→ 11-2-1

重點二

二、觀察歷程（見內文）

→ 11-2-2

重點三

三、詳案記錄（見內文）

→ 11-2-3

重點四

四、行為分析與建議（見內文）

㈠觀察時間。
㈡分析內容：
1. 弱勢。
2. 優勢。
㈢輔導建議。

→ 11-2-4

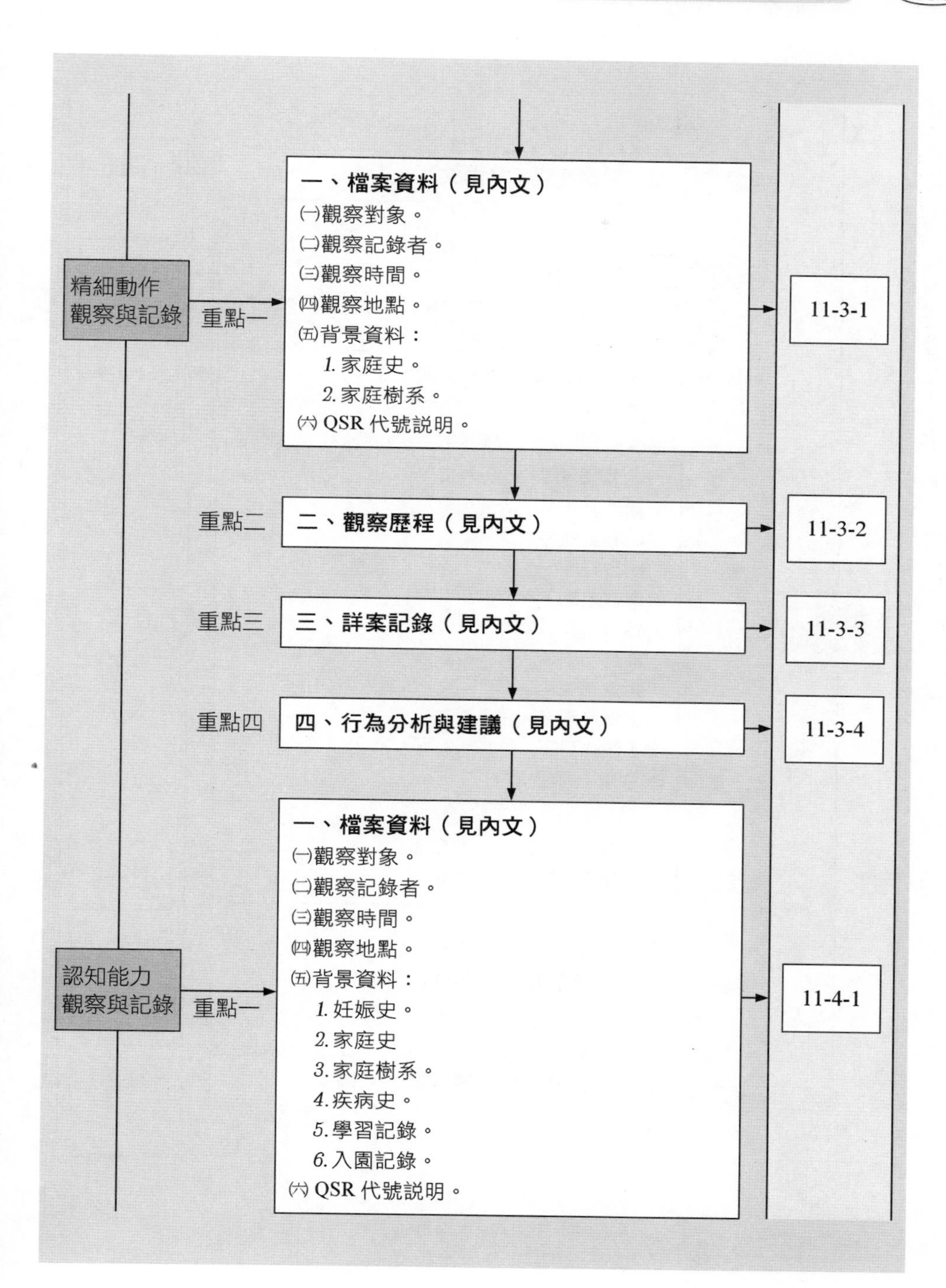
精細動作
觀察與記錄
重點一
一、檔案資料（見內文）
㈠觀察對象。
㈡觀察記錄者。
㈢觀察時間。
㈣觀察地點。
㈤背景資料：
1. 家庭史。
2. 家庭樹系。
㈥ QSR 代號說明。
11-3-1
重點二
二、觀察歷程（見內文）
11-3-2
重點三
三、詳案記錄（見內文）
11-3-3
重點四
四、行為分析與建議（見內文）
11-3-4
認知能力
觀察與記錄
重點一
一、檔案資料（見內文）
㈠觀察對象。
㈡觀察記錄者。
㈢觀察時間。
㈣觀察地點。
㈤背景資料：
1. 妊娠史。
2. 家庭史
3. 家庭樹系。
4. 疾病史。
5. 學習記錄。
6. 入園記錄。
㈥ QSR 代號說明。
11-4-1

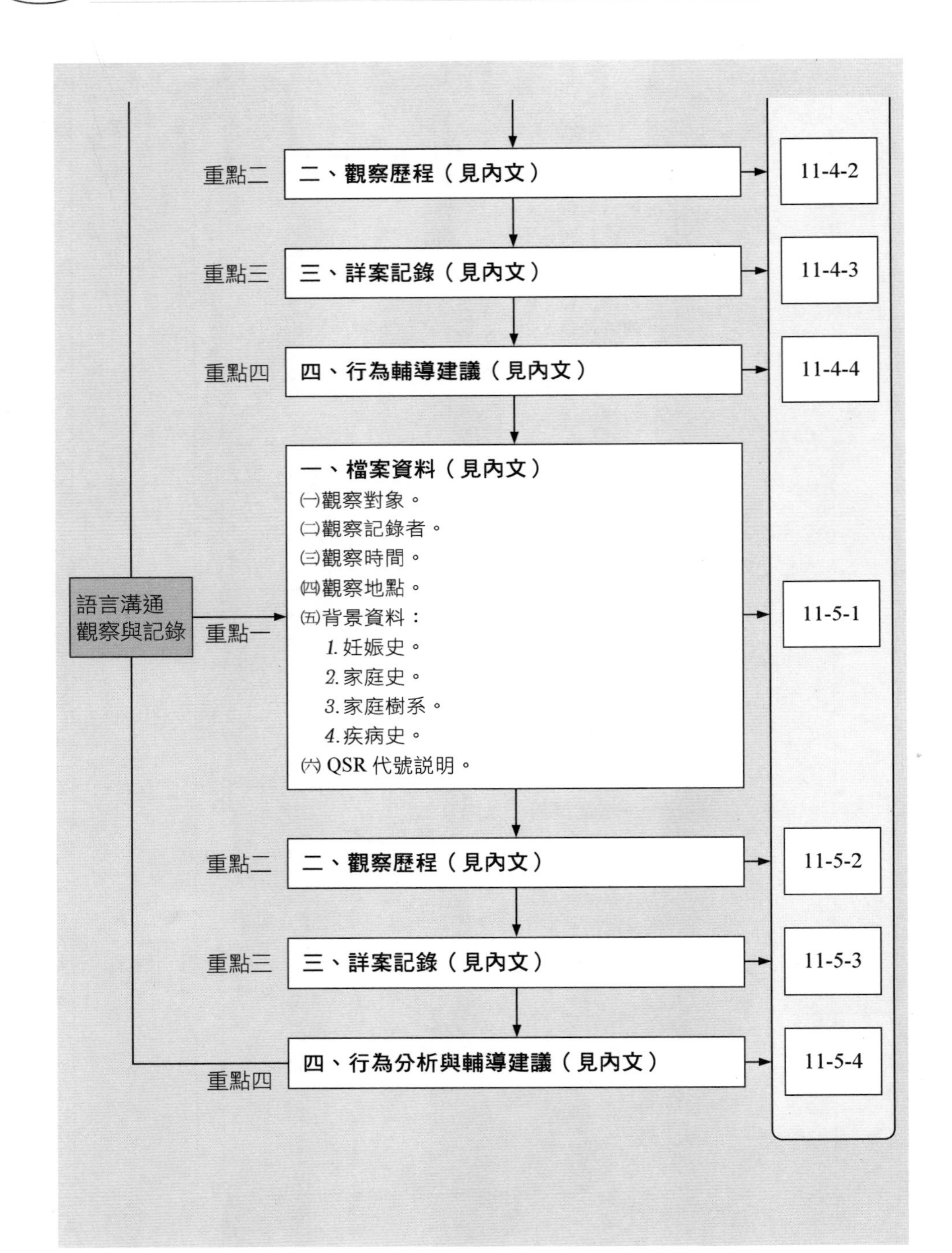
重點二
二、觀察歷程（見內文）
11-4-2
重點三
三、詳案記錄（見內文）
11-4-3
重點四
四、行為輔導建議（見內文）
11-4-4
語言溝通觀察與記錄
重點一
一、檔案資料（見內文）
㈠觀察對象。
㈡觀察記錄者。
㈢觀察時間。
㈣觀察地點。
㈤背景資料：
1.妊娠史。
2.家庭史。
3.家庭樹系。
4.疾病史。
㈥ QSR 代號説明。
11-5-1
重點二
二、觀察歷程（見內文）
11-5-2
重點三
三、詳案記錄（見內文）
11-5-3
重點四
四、行為分析與輔導建議（見內文）
11-5-4

參考書目

一、中文部分

內政部（2004）。兒童與青少年福利法。臺北：內政部。

王文科（2001）。教育研究法（六版一刷）。臺北：五南。

任恩儀（2005）。參與「學前資優幼兒多元智能與問題解決方案」幼兒語文特質之研究。臺北：國立臺灣師範大學特殊教育學系未出版碩士論文。

光復書局編輯部（1975）：家庭的醫學——兒童篇。臺北：光復。

李弘翔（2005）。*2*至*3*歲幼兒粗大動作行為。高雄：國立高雄應用科技大學未出版之專題報告。

林清山（2005）。心理與教育統計學。臺北：東華。

周婉瑜（2005）。*3*至*4*歲幼兒認知能力觀察與記錄。高雄：國立高雄應用科技大學未出版之專題報告。

邱皓政（2004）。量化研究與統計分析。臺北：五南。

洪蘭譯，Gleitman, H.著（1999）。心理學。臺北：遠流。

胡海國編譯，Hurlock原著（1986）。發展心理學。臺北：桂冠。

張春興（2001）。教育心理學。臺北：東華。

張春興（2004）。心理學辭典。臺北：東華。

國民健康局（2004）。兒童生長發展量表。臺北：內政部國民健康局。

黃世鈺（2005）。幼兒教材教法——認知導向幼兒充實制學習方案。臺北：五南。

蔡秉程（2005）。*4*至*5*歲幼兒精細動作行為。高雄：國立高雄應用科技大學未出版之專題報告。

劉伊珊（2005）。*5*至*6*歲幼兒的認知能力觀察與記錄。高雄：國立高雄應用科技大學未出版之專題報告。

二、英文部分

Bailery, K. D.（1987）. *Methods of social research.*（3nd ed.）. New York: The Free Press.

Baillargeon, R. & Wang, S.（2002）. Event Categorization in Infancy. *Trends in Cognitive Sci-*

ence, 6, 85-93.

Bartsch, K., Horvath, K., & Estes, D.（2003）. Young children's talk about learning events. *Cognitive development*, 18, 177-191.

Berdent, T. J.（1992）. *Child Development*. FL: Holt Rinehart & Winston Inc.

Bijorklund, D. F. & Rosenblum, K. E.（2001）. Children's use of multiple and variable addition strategies in a game context. *Developmental Science*, 4, 184-194.

Borg, W, R. & Gall, M. D.（1989）. *Educational Research: An Introduction*. New York: longman.

Brooker, L.（2003）.Integrating New Technologies in UK Classrooms: Lessons for Teachers from Early Years Practitioners. *Childhood Education,* Vol.79, 261-67.

Bruce, J., Davis, E. P., & Gunnar, M. R.（2002）. Individual differences in children's cortisal response to beginning of a new school year. *Psychoneuroendocrinology*, 27, 635-650.

Bruner, J. S.（1964）. The course of cognitive course. *American Psychologist*, 19, 1-15.

Carlson, S. M. & Moses, L. J.（2001）. Individual Differences in inhibitory control and theory of mind. *Child Development*, 72, 1032-1053.

Caron, A. J., Butler, S., & Brooks, R.（2002）. Gaze following at 12 and 14 months: Do the eyes matter? *British Journal of Developmental Psychology*, 20, 225-240.

Casasola, M., & Cohen, L. B.（2002）. Infant spatial categorization of containment, support or tight-fit spatial relations. *Development Science*, 5, 247-264.

Chao, R. K.（2001）. Extending research on the consequences of parenting style for Chinese Americans and European Americans. *Child Development*, 72（6）, 1832-1843.

Coller, A. & Systems, R.（1972）. *The Observation of Classroom Behavior in Early Childhood Education*. Boston: Allyn & Bacon.

Danoff-Burg, J. A.（2002）. Be a Bee and Other Approaches To Introducing Young Children to Entomology. *Young Children,* Vol.57, 42-46.

Davies, S. P.（2000）. Memory and planning processes in solutions to well structured problem. *Quartely Journal of Experimental Psychology: Human-Experimental-Psychology*, 53（A）, 1186-1201.

Donna, M.（2004）. *Research and Evaluation Methods in Special Education*. Thousand Oaks, California: Corwin Press.

Duncan, R. M.（2000）, Experimental studies of the forms and functions of private speech in young adults. *Dissertation Abstract, International*, 60, (7-B), 3552.

Erikson, E. H. (1963). *Childhood and Society*. (2nd ed.). New York: Norton.

Fireman, G., Kose, G., & Solomon, M. J. (2003). Self-observation and learning: the effect of watching oneself on problem solving performance. *Cognitive development,* 18, 339-354.

Flicker, E. S. & Hoffman, J. A. (2002). Developmental Discipline in the Early Childhood. *Classroom.Young Children,* Vol.57, 82-89.

Frankel, J. R. & Wallen, N. E. (2003). *How to design and Evaluate Research in education*. Boston: The McGraw-Hill Companies, Inc.

Freud, S. (1930). *Civilization and its discontents. In Standard Edition* (Vol.21). London: Mcmillian Press.

Goodman, Y. (1986). Children coming to know literacy. In W. H. Teale & E. Sulzby (Eds.). *Emergent literacy: writing and reading*. Norwood, NJ: Ablex.

Grieshaber, S., Halliwell, G., Hatch, J. A., & Walsh, K. (2000). Child Observation as Teachers' Work in Contemporary Australian Early Childhood Program. Australia: Press.

Havighurst, R. J. (1972). *Developmental tasks and education* (2nd ed.). New York: Mckay.

Hess, R. D. (1959). Imprinting. *Science,* 130, 133-141.

Hess, R. D. (1973). *Imprinting: Early experience and the developmental psychology of attachment*. New York: Van Nostrand.

Holliday, R. E., Reyna, V. F., & Hayes, B. K. (2002). Memory process underlying misinformation effects in child vitness. *Developmental Review*, 22, 37-77.

Hughus, F. (2002). *Child Development*. Boston: Allyn & bacon.

Huffman, D. G. & Cummings, E. M. (2002). *Children's reaction to martial conflict simulations featuring mutual hostility and parental depression*. Unplished manuscript.

International Ply Ltd, (2002). *NVavio: Getting Start in NVivo*. Australia: International Ply Ltd Published.

Inhlder, B. & Piaget, J. (1958). *The growth of logical thinking from Childhood to Adolescnce*. New York: Basic Books.

Jackson, R. (1968). *Child Language, aphasia, and phonolongical universals*. The Hague: Mouton.

Jones, S. S., & Smith, L. B. (2002). How children know the relevant properties for generalizing object names. *Developmental Science*, 5, 219-232.

Lewis, B., Freebairn, L., & Taylor , H. G.（2000）.Academics outcomes in children with histories of speech sound disorders. *Journal of Communication Disorders*, 33, 11-30.

Li, C. & Thompson, S.（1977）. The acquisition of tone in Mandarin speaking children. *Journal of Child language*, 4, 185-199.

Malone, D. M. & Denno, D.（2003）. Decision Making in Early Childhood Intervention. *Early Childhood Education Journal,* Vol.30, 265-73.

Manfra, L.（2003）. Awareness of the use of private speech in preschool children. In A. Winsler（Chair）, *Awareness, attitudes, and beliefs concerning children'sprivate speech: perspectives from children, parents, and techers*. Symposium presented at the biennial meeting of the Society for Research in Child Development, Tampa, FL.

McQueen, R. & knussen, C.（2002）. *Research Methods for Social Science. An Introduction.* New York: Prenice Hall.

Miller, P. H.（1989）. *Theories of developmental psychology.*（2nd ed.）. New York: W. H. Freeman.

Newcombe, N.（2003）. Some control controls to much. *Child development*, 74, 1050-1062.

Owen, K.（1987）. *The World of Child.* New York: Macmillan.

O'Neill, D. K., & Chongm, C. F.（2001）. Preschool school children's difficulty understanding the typesof information obtained through the five senses. *Child Development*, 803-815.

Paradise, E. P., Dollaghan, C. A., Cambell, T. F., Feldman, H. M., Bernard, B. S., & Colborn, D. K.（2000）. Language, speech sound production, and cognition in 3-year-old children in relation to otitis media in their first three years of life. *Pediatrics*, 105, 1119-1130.

Piaget, J.（1929）. *The Children's concepts of the world.* London: Routledge & Kegan Paul.

Piaget, J.（1955）. *The language and thought of the child.* New York: Meridian Books.

Piaget, J.（1962）. *Play, dreams, and imitation in childhood.* New York: Norton.

Piaget, J.（1969）. *The mechanism of perception.* New York: Basic Books.

Piaget, J.（1975）. *The child and reality.* New York: Vickin Press.

Reyna, V. F., Holliday, R. E., & Marche, I.（2002）. Explainingthe developmentof false memories. *Developmental Review*, 22, 456-489.

Richards, D. D. & Siegler, R. S.（1984）. The effects of task requirements on children's life judgments. *Child Development*, 55, 1687-1696.

Ridley, S. M., William, R. A., & Oates, C. S.（2000）. *Observed Engagement as an Indicator of*

Child Care Program. North Carolinal: University Press.

Ruffman, T., Rustin, C., Garnham, W., & Memon. A. J. (2001). Source Monitoring and false memories in children: relation to certainly and executive function. *Journal of Experimental Child Psychology*, 80, 95-111.

Shriberg, L. D., Friel-Patti, S. F., Flipsen, P., & Brown, R. (2000). Otitis media, fluctuant hearing loss, and speech outcomes: A preliminary structural equation model. *Journal of Speech, Language, and Hearing Research*, 43, 100-120.

Siegler, R. S. (1983). Information processing approaches to development. In P. H. Mussen (Series Ed.) & W. Kessen (Vol Ed.). *Handbook of child psychology. Vol.1. History, theory, and methods* (pp.129-211). New York: Wiley.

Siegler, R. S. (2000). Unconscious insight. *Current directions in Psychological Science*, 9, 79-83.

Sloutsky, V. M. & Fisher, A.V. (2001). How much does a shared name make the things similar? *Child Development*, 72, 1695-1709.

Squire, S. & Byrant, P. (2003). Children'smodels of division. *Cognitive development,* 18, 335-376.

Szagun, G. (2001). Learning different regularities. *First learning,* 21, 109-131.

Thomas, R. M. (1979). *Comparing theories of Child Development*. Belmont, CA: Wadsworth.

Tomlinson-Keasey, C., Eisert, D. C., & Kahle, L.R., (1979). The structure of concrete operational thought. *Child Development*, 50, 1153-1163.

Valler, T. (1981). *Using Piagetian tasks in assessing levels of cognitive development in children*. Unpublished manuscript.

Villiers, J. Z. & Pyers, J. (2002). Complements to cognition: A longitudinal study of the relationship between complex syntax and false-belief understanding. *Cognitive development*, 17, 1037-1061.

Vorauer, J. D. & Kuhmyr, S. M. (2002). Is this about you or me? Self-versus other-directed judgements and feelings in response to intergroup interactions. *Personality and Social Psychology Bulletin*, 27, 706-719.

Vygotsky, L. S. (1962). *Thought and language*. Cambridge, MA: MIT Press.

Winsler, A., Diaz, R. M., & Montero, I. (2000). Verbal self-regulation over time in preschool children. *Journal of Child Psychology*, 41, 875-886.

Whorf, B. L.（1956）. *language, thought and reality*. Cambridge, MA: MIT Press.

Young, J. W., Biu, O., PethkongKathon, J., Kanani, P., & Adolphl K. E.（2002）. *Continuity and discontinuity in motor skill acquisition*. International society for Development Psychology, Orlando, FL.

索引

一、人名部分

二、主題部分（I）（漢英對照）

一劃

二劃

三劃

四劃

五劃

六劃

七劃

八劃

九劃

十劃

十一劃

十二劃

十三劃

十四劃

十五劃

十六劃

十七劃

十八劃

十九劃

二十劃

二十三劃

二十五劃

三、主題部分（II）（英漢對照）

A

B

C

D

E

F

G

H

I

L

M

Q

R

S

國家圖書館出版品預行編目資料

幼兒行為觀察與紀錄／黃世鈺著.
--初版.--臺北市：五南，2006［民95］
面；　公分
參考書目：面
含索引
ISBN 978-957-11-4350-7（平裝附光碟片）
1.學前教育　　2.兒童心理學
523.23　　95008502

1IQI

幼兒行為觀察與紀錄

作　　者－黃世鈺(293)
發 行 人－楊榮川
總 編 輯－王翠華
主　　編－陳念祖
責任編輯－雅典編輯排版工作室　李敏華
出 版 者－五南圖書出版股份有限公司
地　　址：106台北市大安區和平東路二段339號4樓
電　　話：(02)2705-5066　傳　　真：(02)2706-6100
網　　址：http://www.wunan.com.tw
電子郵件：wunan@wunan.com.tw
劃撥帳號：01068953
戶　　名：五南圖書出版股份有限公司

台中市駐區辦公室/台中市中區中山路6號
電　　話：(04)2223-0891　傳　　真：(04)2223-3549
高雄市駐區辦公室/高雄市新興區中山一路290號
電　　話：(07)2358-702　傳　　真：(07)2350-236

法律顧問　元貞聯合法律事務所　張澤平律師

出版日期　2006年6月初版一刷
　　　　　2012年9月初版三刷

定　　價　新臺幣420元

凝煉知識品味閱讀